JN055468

埼玉県の教員採用試験過去問シリーズ❽

2025年度版

埼玉県・さいたま市の
音楽科

過去問

協同教育研究会 編

協同出版

本書には，埼玉県・さいたま市の教員採用試験の過去問題を収録しています。各問題ごとに，以下のように5段階表記で，難易度，頻出度を示しています。

難易度

非常に難しい	☆☆☆☆☆
やや難しい	☆☆☆☆
普通の難易度	☆☆☆
やや易しい	☆☆
非常に易しい	☆

頻出度

◎	ほとんど出題されない
◎◎	あまり出題されない
◎◎◎	普通の頻出度
◎◎◎◎	よく出題される
◎◎◎◎◎	非常によく出題される

※本書の過去問題における資料，法令文等の取り扱いについて

本書の過去問題で使用されている資料や法令文の表記や基準は，出題された当時の内容に準拠しているため，解答・解説も当時のものを使用しています。ご了承ください。

はじめに～「過去問」シリーズ利用に際して～

教育を取り巻く環境は変化しつつあり，日本の公教育そのものも，教員免許更新制の廃止やGIGAスクール構想の実現などの改革が進められています。また，現行の学習指導要領では「主体的・対話的で深い学び」を実現するため，指導方法や指導体制の工夫改善により，「個に応じた指導」の充実を図るとともに，コンピュータや情報通信ネットワーク等の情報手段を活用するために必要な環境を整えることが示されています。

一方で，いじめや体罰，不登校，暴力行為など，教育現場の問題もあいかわらず取り沙汰されており，教員に求められるスキルは，今後さらに高いものになっていくことが予想されます。

本書の基本構成としては，出題傾向と対策，過去5年間の出題傾向分析表，過去問題，解答および解説を掲載しています。各自治体や教科によって掲載年数をはじめ，「チェックテスト」や「問題演習」を掲載するなど，内容が異なります。

また原則的には一般受験を対象としております。特別選考等については対応していない場合があります。なお，実際に配布された問題の順番や構成を，編集の都合上，変更している場合があります。あらかじめご了承ください。

最後に，この「過去問」シリーズは，「参考書」シリーズとの併用を前提に編集されております。参考書で要点整理を行い，過去問で実力試しを行う，セットでの活用をおすすめいたします。

みなさまが，この書籍を徹底的に活用し，教員採用試験の合格を勝ち取って，教壇に立っていただければ，それはわたくしたちにとって最上の喜びです。

協同教育研究会

CONTENTS

第1部　埼玉県・さいたま市の音楽科出題傾向分析…………3

第2部　埼玉県・さいたま市の教員採用試験実施問題…………9

▼2024年度教員採用試験実施問題……………………10

▼2023年度教員採用試験実施問題……………………57

▼2022年度教員採用試験実施問題……………………106

▼2021年度教員採用試験実施問題……………………155

▼2020年度教員採用試験実施問題……………………201

▼2019年度教員採用試験実施問題……………………249

▼2018年度教員採用試験実施問題……………………306

第１部

埼玉県・さいたま市の
音楽科
出題傾向分析

埼玉県・さいたま市の音楽科　傾向と対策

埼玉県の音楽科の問題は，出題傾向分析からも分かるようにどの分野からも偏りなく出題されている。そのため，問題数は少なくないが，基本的な知識を問うものがほとんどである。また，解答はマークシートによる選択式である。なお2012年度まではリスニング問題が毎年出題されていたが，2013年度以降出題されていない。近年の傾向として，2016年度から，それまで数年出題のなかった作編曲問題が再び出題されるようになった(高等学校)が，2020年度以降は出題されていない。また，2018年度には，指導案の作成問題が出題された(高等学校)が，2019年度は出題がなく，指導内容を書くだけのものが出題された。2020年度以降は高等学校二次試験がなくなり，作編曲問題も指導内容の記述もなくなっている。しかし，どの年も幅広い分野から出題されているため，緻密な対策が求められることに変わりない。

学習指導要領の問題については，項目ごとに正しい文章を選ぶもの，空欄の語句を選ぶものが中心である。年度によって出題数は異なる。一方，音楽の専門的な問題は出題数が多く，分野も多岐にわたる。特に譜例による総合問題，日本伝統音楽の問題，ギター，リコーダー等の楽器奏法の問題は細かく出題される。高等学校においては音楽史や音楽用語についてさらに細かい知識が求められる。

以上の傾向からみて，次のような対策が必要であることが分かる。

学習指導要領の問題は正誤判断を中心に出題されるが，紛らわしい選択肢が多い。項目，学年ごとに正確に覚え，迷わず選択できるよう学習指導要領を読み込んでおこう。音楽の専門的な問題は，まず楽典などの音楽理論は全問正解できるよう細かく学習しておくこと。また出題頻度の高い楽器奏法について，リコーダーやギターの運指を中心に正確に覚えておくことが必要である。これらは学習を重ね必要事項を十分に覚えておけば確実に点数を稼げるポイントなので，取りこぼしのないようにしよう。日本伝統音楽についても例年細かく出題されている。特に和楽器の奏法や楽譜に関してはよく知っておきたい。高等学校においては，特に音楽史や音楽用語について，事典や文献を活用して十分学習しよう。音楽史は幅広い歴史区分から出題されるので，暗記中心の対策が不可欠である。また世界の諸民族の音楽についても，楽器の名称と地域を対にして覚え，自分の言葉で説明できるようにしておくこと。楽譜を用いた出題も多いので，知識のみの学習でなく，実際に楽譜を見ながら楽曲に触れ，分析し特徴や背景などを整理しておくとよいだろう。具体的な作品を挙げ，音楽理論や楽典について問う問題も多いため，幅広い知識が問われていると言えるだろう。また2020年度の高等学校の問題では国際コンクールやチャリティーコンサート，近現代のポップス音楽などからも出題があった。2023年度はプリペアードピアノの楽譜から楽器名を答える問題など，2024年度はショパンコンクールの受賞結果や無形文化遺産についての問題も出題されているように，幅広い音楽知識が求められている。日頃から様々な音楽に興味を持ち，情報収集しておく必要がある。

高等学校の二次試験は2020年度以降行われていないが，語句説明や論述問題，作編曲問題，指導案作成等の対策も行っておこう。作編曲問題については過去問を参考に学習するのがよい。指導案作成は，学習指導要領と教科書を照らし合わせて作成しておくことにより，学習指導要領に関する出題や，授業の実施においても役立つであろう。

過去5年間の出題傾向分析

分類	主な出題事項		2020年度	2021年度	2022年度	2023年度	2024年度
A 音楽理論･楽典	音楽の基礎知識		●	●	●	●	●
	調と音階		●	●	●	●	●
	音楽の構造			●	●	●	●
B 音楽史	作曲家と作品の知識を問う問題		●	●	●	●	●
	音楽様式，音楽形式の知識を問う問題		●	●	●	●	●
	文化的背景との関わりを問う問題			●	●		
	近現代の作曲家や演奏家についての知識		●	●	●	●	●
C 総合問題	オーケストラスコアによる問題		●	●	●	●	
	小編成アンサンブルのスコア，大譜表（ピアノ用楽譜）による問題		●		●	●	●
	単旋律による問題		●	●	●	●	●
D 楽器奏法	リコーダー		●	●	●	●	●
	ギター		●	●	●	●	●
	楽器分類			●	●		
E 日本伝統音楽	雅楽		●	●		●	●
	能・狂言		●	●		●	●
	文楽			●		●	●
	歌舞伎		●	●	●		●
	長唄等		●	●	●		
	楽器（箏，尺八，三味線）		●	●	●	●	●
	民謡・郷土芸能		●		●	●	●
	総合問題			●	●		
F 民族音楽	音楽のジャンルと様式	(1)アジア（朝鮮，インド，トルコ）	●	●		●	
		(2)アフリカ　打楽器		●		●	
		(3)ヨーロッパ，中南米	●	●	●		
		(4)ポピュラー		●	●		
	楽器	(1)楽器分類（体鳴，気鳴，膜鳴，弦鳴）		●	●	●	●
		(2)地域と楽器		●	●		●

分類	主な出題事項		2020年度	2021年度	2022年度	2023年度	2024年度
G 学習指導要領	(A)中学校	目標	●	●			●
		各学年の目標と内容	●	●	●	●	●
		指導計画と内容の取扱い	●	●	●	●	●
		指導要領と実践のつながり					
	(B)高校	目標	●	●		●	●
		各学年の目標と内容	●	●	●	●	●
		指導計画と内容の取扱い	●	●			●
H 教科書教材	総合問題		●	●	●	●	●
	旋律を書かせたりする問題			●	●		
	学習指導要領と関連させた指導法を問う問題						
I 作曲・編曲	旋律，対旋律を作曲						
	クラスの状況をふまえた編成に編曲						
	新曲を作曲						
J 学習指導案	完成学習指導案の作成						
	部分の指導案の完成						
	指導についての論述						

第2部

埼玉県・さいたま市の教員採用試験実施問題

2024年度　実施問題

【中学校】

【１】次の(1)～(3)の問いに答えなさい。

(1)　次の①，②のそれぞれの楽譜について，2音間の音程を正しく表しているものを，以下の1～4の中から1つずつ選びなさい。

①

1　重増5度　　2　完全5度　　3　減5度　　4　増5度

②

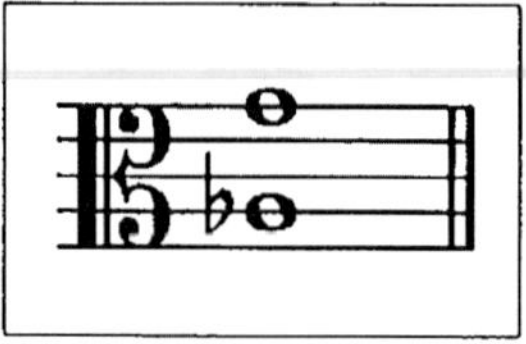

1　増7度　　2　長7度　　3　短7度　　4　減7度

(2)　次の楽譜の和音を正しく表しているものを，以下の1～4の中から1つ選びなさい。

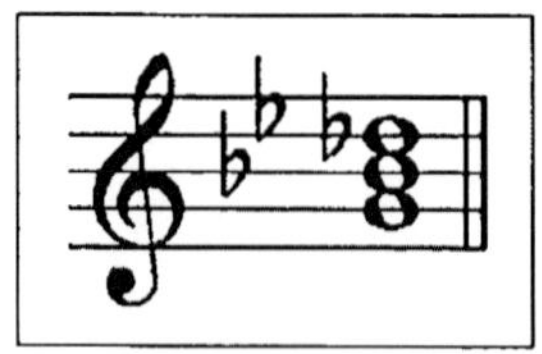

1　減三和音　　2　長三和音　　3　増三和音　　4　短三和音

(3)　第4倍音と第6倍音の音程として最も適切なものを，次の1～4の中から1つ選びなさい。

1　完全5度　　2　完全8度　　3　長3度　　4　完全4度

(☆☆◎◎◎◎)

【2】次の用語とその説明の組み合わせとして適切でないものを，1～4の中から1つ選びなさい。

	用語	説明
1	ポリフォニー	多声音楽。複数の声部が，それぞれの旋律的独立性を保持しつつ動く音楽形態のこと。
2	ホモフォニー	ある1声部が主旋律をうけもち，他声部はそれを和声的に伴奏する音楽形態または音楽様式のこと。
3	カコフォニー	単旋律の音楽形態または音楽様式のこと。
4	ヘテロフォニー	同一旋律を多人数で同時に演奏する場合，ある声部は変形や装飾をほどこすために一時的に原旋律から離れることがあるが，その時に生ずる形態のこと。

(☆☆☆☆◎◎)

【3】次の舞曲とその説明の組み合わせとして適切でないものを，1～4の中から1つ選びなさい。

	舞曲	説明
1	ガヴォット	17世紀のフランスの舞曲。中庸な速度で2分の2拍子，アウフタクト（普通は2つの4分音符）ではじまる。
2	ボレロ	18世紀末から19世紀にかけてスペインで人気のあった，中庸な4分の2拍子の歌曲及び舞曲。
3	マズルカ	リズムや踊り方に特徴をもつポーランドの民族舞踊，舞曲，歌。速度は緩急さまざまで，4分の3拍子か8分の3拍子である。
4	ギャロップ	18世紀の後半，一連の舞踏の終曲として流行した4分の2拍子の速い輪舞とその音楽。

(☆☆◎◎◎◎)

【4】次の楽譜を，小クラリネット(E♭クラリネット)で演奏した際の実音を示した楽譜として最も適切なものを，以下の1～4の中から1つ選びなさい。

(☆☆◎◎◎◎)

【5】次の楽譜の音を下属音とする短調の平行調の楽譜として正しいものを，以下の1～4の中から1つ選びなさい。なお，短調は和声短音階で表記してあります。

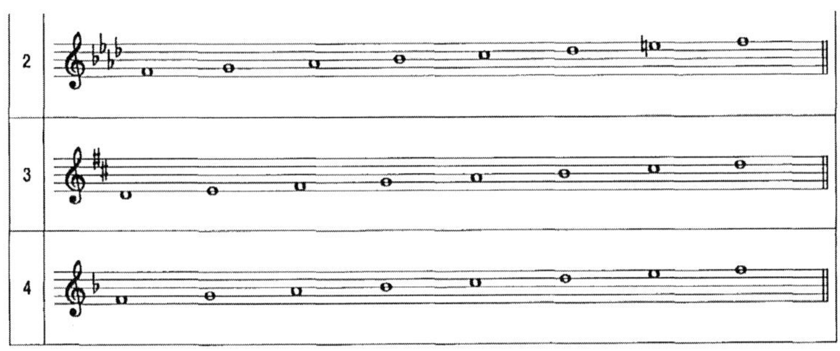

(☆☆◎◎◎◎)

【6】次の音楽用語の表記と意味の組み合わせとして適切でないものを，1～4の中から1つ選びなさい。

	表記	意味
1	alla marcia	行進曲ふうに
2	rinforzando	その前後に比して強く
3	pastorale	牧歌ふうに
4	tempo giusto	テンポを自由に加減する

(☆☆◎◎◎◎)

【7】次の楽譜の調性として最も適切なものを，以下の1～4の中から1つ選びなさい。なお，楽譜は調性によらない臨時記号を用いた楽譜で表しています。

1　E dur　　2　e moll　　3　A dur　　4　h moll

(☆☆◎◎◎◎)

【８】次の楽譜について，楽譜どおりに演奏した時の演奏時間として最も適切なものを，以下の1～4の中から1つ選びなさい。

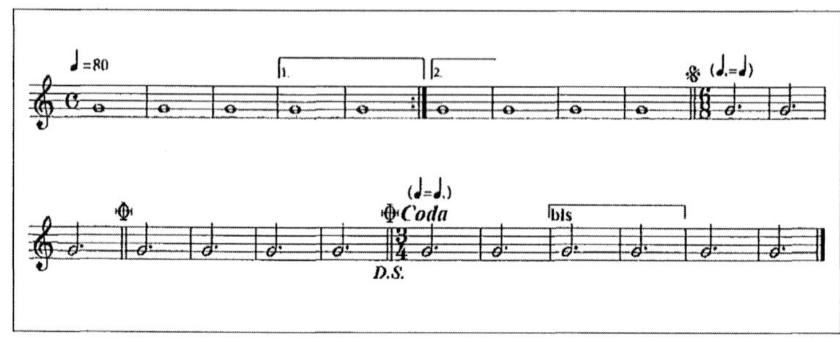

1　1分5秒　　2　1分9秒　　3　1分15秒　　4　1分19秒

(☆☆☆◎◎◎◎)

【９】次の(1)～(4)の問いに答えなさい。

(1)　次の楽譜の□にあてはまる3番の歌詞として最も適切なものを，以下の1～4の中から1つ選びなさい。

1　いつのひか　　2　さおのさき　　3　まぼろしか　　4　たえはてた

(2)　山田耕筰が編曲した「荒城の月」の楽譜として適切でない部分が含まれる段を，以下の1～4の中から1つ選びなさい。

1　1段目　　2　2段目　　3　3段目　　4　4段目

(3)　次の作品のうち，作詞者と作曲者の組み合わせが正しいものを，1～4の中から1つ選びなさい。

	作品	作詞者	作曲者
1	早春賦	林　　古溪	中田　　章
2	花の街	江間　章子	團　伊玖磨
3	夏の思い出	吉丸　一昌	中田　喜直
4	浜辺の歌	武島　羽衣	成田　為三

(4)　中学校学習指導要領(平成29年告示)「第2章　各教科　第5節　音楽　第3　指導計画の作成と内容の取扱い　2　(2)　ア　(ウ)」に示されている次の歌唱共通教材のうち，作曲された年が2番目に古いものを，1～4の中から1つ選びなさい。

1　花の街　　2　赤とんぼ　　3　夏の思い出　　4　浜辺の歌

(☆☆☆☆◎◎◎◎)

【10】次の(1)～(4)の問いに答えなさい。

(1)　「帰れソレントへ」の調の変化として最も適切なものを，次の1～4の中から1つ選びなさい。

1　主調→下属調　　2　主調→属調　　3　主調→同主調

4　主調→平行調

(2)　トマス・ルイス・デ・ビクトリアが作曲した「Ave Maria」の楽譜の一部として最も適切なものを，次の1～4の中から1つ選びなさい。

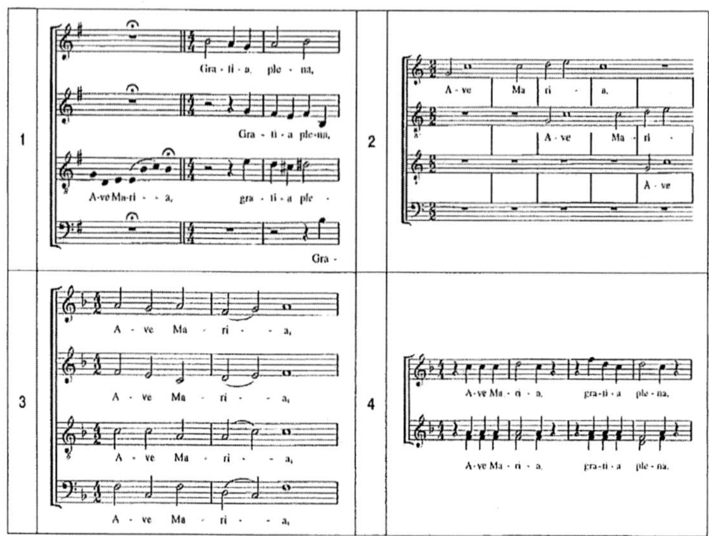

(3)　次の曲を作曲した人物の作品の一部として最も適切なものを，以下の1～4の中から1つ選びなさい。

(4)　ヴィンチェンツォ・ベッリーニが作曲した「Vaga luna, che

inargenti」の楽譜の一部として最も適切なものを，次の1～4の中から1つ選びなさい。

(☆☆☆☆◎◎◎◎)

【11】次の(1)～(3)の問いに答えなさい。

(1) 次の用語とその説明の組み合わせとして適切でないものを，1～4の中から1つ選びなさい。

	用語	説明
1	声明	仏教の儀式や法会で経典などを唱える声楽曲。平安時代に真言宗と天台宗の２系統の下で発展し，日本語によるものも成立した。
2	今様	「今（当世）風の」という意味をもつ当時の流行歌。平安時代中期から鎌倉時代初期にかけて流行し，庶民階層と貴族が共有した。
3	平曲	琵琶の伴奏で『平家物語』を語る声楽曲で，平家琵琶ともいう。声明の要素を取り入れながら鎌倉時代に成立し，室町時代に全盛期を迎えた。
4	長唄	三味線音楽の歌い物の一種目。箏と合奏される機会が多く，箏曲とともに伝承され発展した。胡弓（後には尺八）とも合奏され，その場合は三曲とも呼ばれる。

(2) 「木曽節」で用いられている音階として最も適切なものを，次の1～4の中から1つ選びなさい。

1 律音階　2 都節音階　3 民謡音階　4 琉球音階

(3) 平家(平曲)の語りで優美な場面に用いる曲節として最も適切なものを，次の1～4の中から1つ選びなさい。

1 拾　2 口説　3 折声　4 中音

(☆☆☆☆◎◎◎)

【12】次の(1)，(2)の問いに答えなさい。

(1) バロック(イギリス)式のリコーダーで次の楽譜の［ア］と［イ］の部分を演奏するとき，指番号の組み合わせとして最も適切なものを，以下の1～4の中から1つ選びなさい。

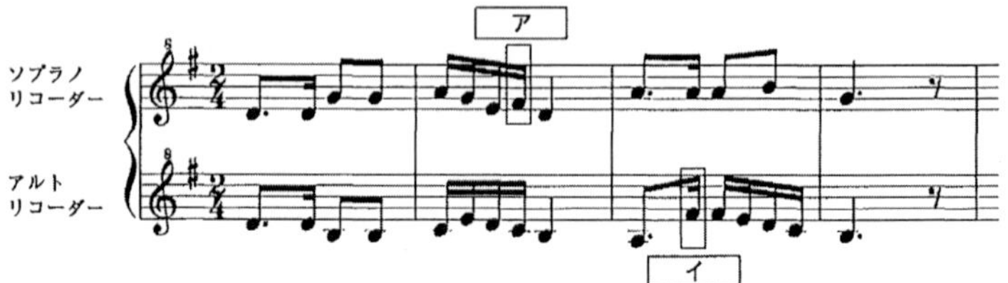

	ア	イ
1	0 1 2 4 5 6	0 2
2	0 1 2 3 5 6	1 2
3	0 1 2 4 5 6	1 2
4	0 1 2 3 5 6	0 2

(2) 「ノンレガート奏法」の説明として最も適切なものを，次の1～4の中から1つ選びなさい。

1 タンギングをし，音と音の間に短い隙間をつくって演奏する。

2 息の流れを切らずに，1音ずつタンギングをしながら，滑らかに演奏する。

3 最初の音だけタンギングをし，そのあとの音は息の流れを切らずに演奏する。

4 タンギングをし，一つ一つの音を短く切って弾むように演奏する。

(☆☆◎◎◎◎)

【13】次の(1)～(3)の問いに答えなさい。

(1) ギターのチューニングをした時に，第2弦・第4弦・第5弦の開放弦の音の組み合わせとして最も適切なものを，次の1～4の中から1つ選びなさい。

	第2弦	第4弦	第5弦
1	A	D	A
2	A	G	E
3	B	D	A
4	B	G	A

(2) ギターのコードを弾く際，左手の人さし指で2本以上の弦を同時に押さえる奏法として最も適切なものを，次の1～4の中から1つ選びなさい。

1 アルペッジョ　2 アル・アイレ　3 セーハ
4 アポヤンド

(3) 次のダイヤグラムが表しているコードとして最も適切なものを，以下の1～4の中から1つ選びなさい。ただし，○は開放弦，●は押さえる場所，×は弾かない弦を示しています。

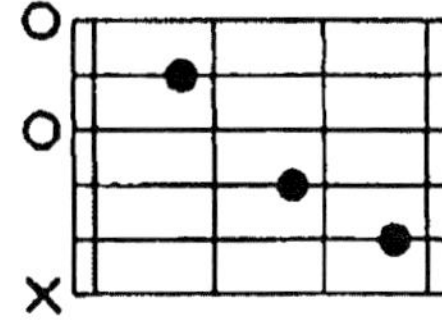

1 G　2 C　3 F　4 Em

(☆☆◎◎◎◎)

【14】次の(1)，(2)の問いに答えなさい。

(1) 箏の調弦について，次の五線譜で表されているものとして最も適切なものを，以下の1～4の中から1つ選びなさい。ただし，一を「二音」とします。

1 雲井調子　2 平調子　3 古今調子　4 乃木調子

(2) 「引き色」の奏法の説明として最も適切なものを，次の1～4の中から1つ選びなさい。

1　隣り合った2本の糸を，中指(角爪の場合は薬指側の角)でほぼ同時に弾く奏法。人さし指で弾くこともある。

2　親指と中指で同時に2本の糸を弾く奏法。弾いたあとはそれぞれ次の糸に当てて止める。2本の糸の音程は，1オクターブ，5度，4度などがある。

3　左手の全ての指を使って，柱から2cm程度左側のところをしっかりとつかんでおき，右手で糸を弾いたら，すぐに柱のほうに糸を引き寄せて音高を半音程度下げる。下げたらすぐに力を緩めて音高を戻す。

4　余韻を全音上げ下げする奏法。右手で糸を弾いたあとに，左手の人さし指と中指で柱の左側10～12cmぐらいの位置を押して，音高を全音上げる。上げたらすぐに力を緩めて音高を戻す。

(☆☆☆☆◎◎)

【15】次の(1)～(3)の問いに答えなさい。

(1)　三味線に関する説明として適切でないものを，次の1～4の中から1つ選びなさい。

1　ギターなど他の弦楽器と同様，左手で糸を押さえることによってさまざまな音高を得ることができ，この押さえるときの正しい位置のことを「サワリ」という。

2　歌舞伎や文楽の音楽，箏曲，民謡など幅広いジャンルで用いられており，棹の太さによって細棹，中棹，太棹に大別され，それぞれ「ばち」の形や音色に違いがある。

3　「本調子」，「二上り」，「三下り」などの調弦法があり，いっしょに演奏する楽器や声の高さなどに応じて，基準となる音の高さを変えて演奏する。

4　糸を弾く位置は，ばち皮(表皮のばちが当たる部分に貼られている半月状の薄い皮)を目安とし，棹の付け根から2.5cmぐらいのところで，ばちをばち皮に打ち下ろすようにして弾く。

(2) 篠笛に関する説明として適切でないものを，次の1～4の中から1つ選びなさい。

1 篠竹という種類の竹を切って作ることから，「篠笛」という名前が付けられ，現在では祭囃子や神楽，民謡，歌舞伎の音楽など幅広いジャンルで用いられている。

2 最も音域の低いものから順に「一本(または一本調子)」，「二本」…と呼ばれており，高い音域の笛ほど管の長さが長くなる。

3 演奏する際には，旋律の細かいニュアンスや音色などを感じ取ったり伝えたりするために唱歌を歌う。

4 タンギングをしないで演奏するため，同じ音が続くときは，押さえている指を指孔から一瞬離し，すぐにふさぐ「指打ち」という奏法を使う。

(3) 尺八に関する説明として適切でないものを，次の1～4の中から1つ選びなさい。

1 尺八の音色は，同じ音でも運指などを変えて演奏すると異なったイメージになり，また，同じ運指のまま息を鋭く吹くことで，1オクターブ高い音を出すことができる。

2 江戸時代には，宗教的な修行の一つとして，虚無僧と呼ばれる人たちが演奏していたが，明治時代になると一般の人たちも演奏するようになり，箏や三味線との合奏も盛んになった。

3 左手を上にして構え，右手の中指を一孔と二孔の間に置き，その真裏に親指を置いて支えとし，指孔は右手の薬指，人さし指，左手の中指，人さし指，親指でふさいで演奏する。

4 標準的な楽器の全長が，一尺八寸であることから尺八という名前が付いたといわれているが，実際には一寸刻みでいろいろな長さの楽器がある。

(☆☆☆◎◎◎)

【16】次の楽器とその説明についての組み合わせとして最も適切なものを，1～4の中から1つ選びなさい。

	楽器	説明
1	タブラー	北インドの音楽で用いられる2個1対の太鼓。右手で演奏する低音のタブラー（木製の胴）と左手で演奏する高音のバーヤ（金属製の胴）からなる。
2	タンソ	朝鮮半島の音楽で用いられる竹製の縦笛。指孔は5つ，全長は約40cmで日本の尺八を短く細くしたような形状をしている。
3	ドゥドゥク	パキスタンに伝わる弦楽器。弦の数は12本で，右手の指先で弦をはじいて音を出す。
4	ウード	アラブ諸国の音楽で用いられる管楽器。芦製のリードを付けて演奏する。同じような仕組みをもつ楽器としてケーナがある。

(☆☆☆☆◎◎◎◎)

【17】次の用語とその説明の組み合わせとして適切でないものを，1～4の中から1つ選びなさい。

	用語	説明
1	交響曲	「ともに響く」というギリシア語に由来する。基本的にソナタ形式の楽章を含む多楽章の管弦楽曲をさす。
2	オペラ	19世紀半ばに誕生したオーケストラによる標題音楽，もしくは総合芸術の一種。
3	ラプソディー	狂詩曲。元来は，古代ギリシアの叙事詩をさしていたが，19，20世紀には，叙事的，英雄的，民族的な色彩を帯びた幻想ふうの自由な形式の器楽曲の曲種名として使われた。
4	変奏曲	ある特定の主題とその変奏からなる形式。

(☆☆◎◎◎◎)

【18】ベドルジフ・スメタナが作曲した「ブルタバ」(連作交響詩「わが祖国」から)の標題と楽譜の一部の組み合わせとして適切でないものを，次の1～4の中から1つ選びなさい。

	標題	楽譜
1	聖ヨハネの急流	フルート
2	森の狩猟	ホルン（実際は1オクターヴ下）
3	ビシェフラトの動機	フルート，ピッコロ（実際は1オクターヴ上）
4	農民の結婚式	ヴァイオリン，クラリネット

(☆☆◎◎◎◎)

【19】ルートヴィヒ・ヴァン・ベートーヴェンが作曲した「交響曲第5番ハ短調」の各楽章の特徴を表している言葉の組み合わせとして最も適切なものを，次の1～4の中から1つ選びなさい。

	第1楽章	第2楽章	第3楽章	第4楽章
1	ソナタ形式	主題と変奏	複合三部形式	ソナタ形式
2	ロンド形式	複合三部形式	二部形式	ロンド形式
3	変奏曲形式	複合三部形式	主題と変奏	二部形式
4	ソナタ形式	ロンド形式	複合三部形式	ソナタ形式

(☆☆☆◎◎◎◎)

【20】アントーニオ・ヴィヴァルディが作曲した「春」(「和声と創意の試み」第1集「四季」から)で「泉はそよ風に誘われ，ささやき流れていく」というソネットが添えられた楽譜の一部として最も適切なものを，次の1～4の中から1つ選びなさい。

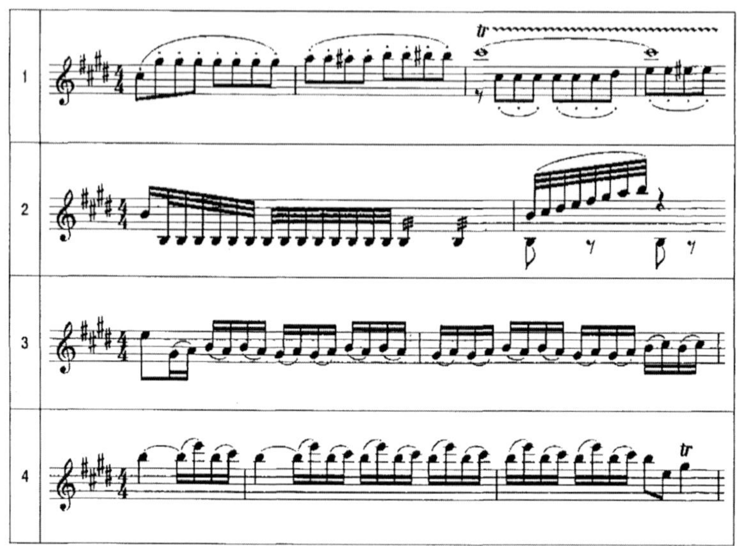

(☆☆◎◎◎◎)

【21】次の作品名と劇中の音楽の組み合わせとして適切でないものを，1～4の中から1つ選びなさい。

	作品名	劇中の音楽
1	The Phantom of the Opera	
2	The Lion King	
3	West Side Story	
4	Cats	

(☆◎◎◎)

【22】次の(1)，(2)の問いに答えなさい。

(1) 能や狂言で用いられる八拍子を単位とするリズムとして適切でないものを，次の1～4の中から1つ選びなさい。

1 大ノリ　2 平ノリ　3 中ノリ　4 太ノリ

(2) 能「船弁慶」で静御前と平知盛の怨霊の二役を演じる役柄として最も適切なものを，次の1～4の中から1つ選びなさい。

1 間狂言　2 子方　3 シテ　4 ワキ

(☆☆☆☆◎◎◎)

【23】次の(1)～(4)の問いに答えなさい。

(1) 歌舞伎の演目として適切でないものを，次の1～4の中から1つ選びなさい。

1 新版歌祭文　2 高砂　3 京鹿子娘道成寺
4 義経千本桜

(2) 次の文章を読み，(　　)の中に入る語順の組み合わせがすべて適切なものを，以下の1～4の中から選びなさい。

残楽は(　ア　)と読み，雅楽の管絃の中で，しばしば行われる演奏形態です。各パートの首席奏者の競演と(　イ　)の派手な技法を示すことを目的として行われるものです。管絃の曲の中でも比較的小規模な曲をまず平常どおりに演奏してから，箏の全員と管楽器および琵琶の首席奏者だけで引き続きさらに数回，曲を反復します。この間に(　ウ　)の順にしだいにやめていき，最後には(　エ　)が残ります。この演奏法は，本来即興で行われるものです。

	ア	イ	ウ	エ
1	のこりがく	箏	笙，横笛	篳篥，箏，琵琶
2	ざんがく	箏	篳篥，琵琶	横笛，笙，箏
3	のこりがく	琵琶	篳篥，箏	横笛，笙，琵琶
4	ざんがく	琵琶	笙，横笛	篳篥，箏，琵琶

(3) 次の文楽の用語とその説明の組み合わせとして適切でないものを，1～4の中から1つ選びなさい。

	用語	説明
1	船底	人形を操る場所。人形と観客の視線がほぼ平行になるように，少し低くなっている。
2	御簾内（下手）	舞台下手にある小部屋。この中で笛，太鼓，鼓，鉦などによる囃子や，風，雨などの効果音を演奏する。
3	小幕	人形が出入りする場所。
4	すっぽん	花道にあるせりで，亡霊や妖怪を登退場させる仕掛け。

(4)　次の組踊の用語とその説明の組み合わせとして適切でないものを，1～4の中から1つ選びなさい。

	用語	説明
1	立方	せりふ，演技，舞踊によって登場人物の喜怒哀楽を表現する。あらゆる役柄を男性が演じる。
2	地謡	音楽を担当する。三線を演奏しながら歌う「歌三線」を中心に，笛，箏，胡弓，太鼓などで編成される。
3	せりふ（唱え）	琉球王府のあった，首里の士族が用いていた言葉が使われる。登場人物の性別や身分，役柄によって唱え方が異なり，抑揚は「沖縄（琉球）音階」に基づいている。
4	主遣い	人形の首と右手を担当する。観客に顔を見せて操る出遣いの場合は，紋付き袴を着る。

(☆☆☆☆◎◎)

【24】次は，中学校学習指導要領(平成29年告示)「第2章　各教科　第5節　音楽　第2　各学年の目標及び内容　〔第1学年〕　2　内容　A　表現(3)」の一部です。(　①　)，(　②　)に入る語句の組み合わせとして正しいものを，以下の1～4の中から1つ選びなさい。

> (3)　創作の活動を通して，次の事項を身に付けることができるよう指導する。
> イ　次の(ア)及び(イ)について，表したいイメージと関わらせて理解すること。
> (ア)　(　①　)の特徴
> (イ)　(　②　)や反復，変化，対照などの構造上の特徴

	①	②
1	音のつながり方	音素材の特徴及び音の重なり方
2	曲想と音楽の構造	課題や条件に沿った音の選択
3	音のつながり方	課題や条件に沿った音の選択
4	曲想と音楽の構造	音素材の特徴及び音の重なり方

(☆☆◎◎◎◎◎)

【25】次は，中学校学習指導要領(平成29年告示)「第2章　各教科　第5節　音楽　第2　各学年の目標及び内容　〔第2学年及び第3学年〕　1　目標　(1)」の全文です。(　①　)，(　②　)に入る語句の組み合わせとして正しいものを，以下の1～4の中から1つ選びなさい。

> (1)　(　①　)などとの関わり及び音楽の多様性について理解するとともに，(　②　)を生かした音楽表現をするために必要な歌唱，器楽，創作の技能を身に付けるようにする。

	①	②
1	曲想と音楽の構造や背景	思いや意図
2	楽器の音色や響きと奏法	創意工夫
3	曲想と音楽の構造や背景	創意工夫
4	楽器の音色や響きと奏法	思いや意図

(☆☆◎◎◎◎◎)

【26】次は，中学校学習指導要領(平成29年告示)「第2章　各教科　第5節　音楽　第2　各学年の目標及び内容　〔第2学年及び第3学年〕　2　内容　A　表現　(2)」の一部です。(　①　)，(　②　)に入る語句の組み合わせとして正しいものを，以下の1～4の中から1つ選びなさい。

> (2)　器楽の活動を通して，次の事項を身に付けることができるよう指導する。
> イ　次の(ア)及び(イ)について理解すること。
> (ア)　曲想と(　①　)との関わり
> (イ)　(　②　)と奏法との関わり

	①	②
1	音楽の構造や曲の背景	多様な楽器の音色や響き
2	音楽の構造	楽器の音色や響き
3	音楽の構造	多様な楽器の音色や響き
4	音楽の構造や曲の背景	楽器の音色や響き

(☆☆◎◎◎◎◎)

【27】次は，中学校学習指導要領(平成29年告示)「第2章　各教科　第5節　音楽　第2　各学年の目標及び内容　〔第2学年及び第3学年〕　2　内容　B　鑑賞　(1)」の一部です。(　①　)，(　②　)に入る語句の組み合わせとして正しいものを，以下の1～4の中から1つ選びなさい。

> (1)　鑑賞の活動を通して，次の事項を身に付けることができるよう指導する。
> イ　次の(ア)から(ウ)までについて理解すること。
> (イ)　音楽の特徴とその背景となる(　①　)，他の芸術との関わり
> (ウ)　我が国や郷土の伝統音楽及び(　②　)の特徴と，その特徴から生まれる音楽の多様性

	①	②
1	文化や歴史	アジア地域の諸民族の音楽
2	文化的・歴史的背景	諸外国の様々な音楽
3	文化や歴史	諸外国の様々な音楽
4	文化的・歴史的背景	アジア地域の諸民族の音楽

(☆☆◎◎◎◎◎)

【28】中学校学習指導要領(平成29年告示)「第2章　各教科　第5節　音楽　第3　指導計画の作成と内容の取扱い　2　(10)」において，理解し，活用できるよう取り扱う「用語や記号など」として示されていないものを，次の1～4の中から1つ選びなさい。

1　Largo　　2　Andante　　3　Allegro　　4　Moderato

(☆☆◎◎◎◎◎)

【29】中学校学習指導要領(平成29年告示)「第2章　各教科　第5節　音楽　第3　指導計画の作成と内容の取扱い　2　(1)」において，各学年の「A表現」及び「B鑑賞」の指導に当たって取り扱うこととして示されていないものを，次の1～4の中から1つ選びなさい。

1　音楽によって喚起された自己のイメージや感情，音楽表現に対する思いや意図，音楽に対する評価などを伝え合い共感するなど，音や音楽及び言葉によるコミュニケーションを図り，音楽科の特質に応じた言語活動を適切に位置付けられるよう指導を工夫すること。

2　音楽活動を通して，それぞれの教材等に応じ，音や音楽が生活に果たす役割を考えさせるなどして，生徒が音や音楽と生活や社会との関わりを実感できるよう指導を工夫すること。なお，適宜，自然音や環境音などについても取り扱い，音環境への関心を高めることができるよう指導を工夫すること。

3　知覚したことと感受したこととの関わりを基に音楽の特徴を捉えたり，思考，判断の過程や結果を表したり，それらについて他者と共有，共感したりする際には，適宜，体を動かす活動も取り入れるようにすること。

4　表現したり鑑賞したりする多くの曲について，それらを創作した著作者がいることに気付き，学習した曲や自分たちのつくった曲を大切にする態度を養うようにするとともに，それらの著作者の創造性を尊重する意識をもてるようにすること。また，このことが，音楽文化の継承，発展，創造を支えていることについて理解する素地となるよう配慮すること。

(☆☆◎◎◎◎◎)

【高等学校】

次の1～40について，(1)～(4)の中から1つずつ選びなさい。

【1】林古溪作詞，成田為三作曲の「浜辺の歌」を扱う授業において，生徒への指導内容として誤っているものを選びなさい。

(1)　A(a　a′)B(b　a′)の2部形式で構成されていることを示す。

(2)　8分の6拍子の拍子感や「さざなみ」や「流れ」を表現しているように聞こえるピアノの16分音符に着目させる。

(3)　1番の歌詞は，「明日になったら浜辺を散歩しよう」という心情が描かれている。

(4)　詩の1行の文字数が，前半は「七文字＋五文字」で，後半は「六文字＋六文字」に変化していることを確認させる。

(☆☆☆◎◎◎◎)

【2】混声合唱とオーケストラのためのカンタータ「土の歌」に含まれる曲名を選びなさい。

(1)　紅葉　　(2)　落葉松　　(3)　河口　　(4)　大地讃頌

(☆☆☆☆◎◎◎)

【3】J.W.ゲーテの詩「Heidenröslein」に曲をつけていない作曲家を選びなさい。

(1) A.ヴィヴァルディ　(2) F.シューベルト　(3) H.ヴェルナー
(4) J.ブラームス

(☆☆◎◎◎◎)

【4】E.d.カープア作曲「'O sole mio」の伴奏のもととなっている舞曲を選びなさい。

(1) タンゴ　(2) ハバネラ　(3) シチリアーナ
(4) タランテラ

(☆☆☆◎◎◎)

【5】「Vaga luna, che inargenti」の作曲家について説明しているものを選びなさい。

(1) 19世紀に活躍したオーストリアの作曲家。31年という短い生涯で1000曲にも及ぶ作品を残した。
(2) 19世紀に活躍したイタリアの作曲家。18歳でオペラ作曲家としてデビュー。全39作のオペラを書き上げたのち，40代半ばでオペラ界を引退した。
(3) 19世紀後半から20世紀初頭にかけて活躍したフランスの作曲家。特にフランス歌曲の分野で大きな功績を残した。
(4) 19世紀のイタリア・オペラを代表する作曲家。34年という短い生涯で10作のオペラと数十曲に及ぶ歌曲を残した。

(☆☆☆◎◎)

【6】G.パイジエッロ作曲「うつろな心」に関する説明として誤っているものを選びなさい。

(1) 原語名は「Nel Cor più non mi sento」で，直訳すると「もう私の心には感じられない」である。
(2) 作曲者はバロック時代のイタリアの作曲家で，コレッリやヴィヴァルディとともに活躍した。

(3)　オペラブッファ「美しき水車小屋の娘」の第2幕で歌われるアリアである。

(4)　ベートーヴェンのピアノ曲やパガニーニのヴァイオリン曲など，この曲の旋律を主題にした変奏曲がある。

(☆☆☆☆◎◎)

【7】次の(A)～(D)のアリアの曲名と，その曲がオペラの中で歌われる場面を説明した(ア)～(エ)の文章の組み合わせが正しいものを選びなさい。

(A)　Lascia ch' io pianga　　(B)　La donna è mobile

(C)　O mio babbino caro　　(D)　Voi che sapete

(ア)　ラウレッタが恋人である親族の一人リヌッチョと共に，父ジャンニ・スキッキに混乱解消の相談と，結婚の許可を懇願する。

(イ)　ケルビーノが密かに憧れを抱く伯爵夫人の前で，かねてからの思いを綴った自作の歌を，スザンナのギターにのせて披露する。

(ウ)　十字軍の英雄リナルドの婚約者アルミレーナがイェルサレムの王に捕らわれた際に歌う。

(エ)　マントヴァ公爵に娘ジルダをもて遊ばれた道化師リゴレットは，公爵への復讐を計画する。酒場に現れた公爵は，リゴレットとジルダに見られているとは知らず，この陽気な歌を歌う。

(1)　(D)－(ア)　(2)　(C)－(ウ)　(3)　(B)－(エ)　(4)　(A)－(イ)

(☆☆☆☆◎◎◎)

【8】次の文があらわす語を選びなさい。

詩歌において，語尾や語頭が同一の響きを持つ言葉を，一定の場所に繰り返し配置すること。

(1)　rhyme　(2)　riff　(3)　ostinato　(4)　refrain

(☆☆☆☆◎◎)

【9】次の(A)～(D)の曲のうち，アンドリュー・ロイド＝ウェバー作曲のミュージカル「オペラ座の怪人」の中で歌われる曲の組み合わせとして正しいものを選びなさい。

(A)　Seasons of Love　　(B)　Angel of Music

(C)　I Dreamed a Dream　　(D)　All I Ask of You

(1)　(A)－(B)　　(2)　(A)－(C)　　(3)　(B)－(D)　　(4)　(C)－(D)

(☆☆☆☆◎◎◎)

【10】F.シューベルト作曲の歌曲集「冬の旅」に含まれていない曲を選びなさい。

(1)　辻音楽師　　(2)　セレナード　　(3)　菩提樹　　(4)　おやすみ

(☆☆☆☆◎◎◎◎)

【11】次の譜例のうち，L.v.ベートーヴェン作曲「レオノーレ」序曲第3番Op.72の曲中にあるファンファーレとして正しいものを選びなさい。

(1)

(2)

(3)

(4)

(☆☆☆☆◎◎◎)

【12】次の五重奏曲のうち，編成が誤っているものを選びなさい。

(1)　ピアノ五重奏曲　イ長調　D.667「ます」(F.シューベルト作曲)

(編成)ピアノ，第1ヴァイオリン，第2ヴァイオリン，ヴィオラ，

チェロ

(2)　木管五重奏のための3つの小品(J.イベール作曲)

(編成)フルート，オーボエ，クラリネット，ホルン，ファゴット

(3)　クラリネット五重奏曲　イ長調　K.581(W.A.モーツァルト作曲)

(編成)クラリネット，第1ヴァイオリン，第2ヴァイオリン，ヴィオラ，チェロ

(4)　弦楽五重奏曲　第1番　ヘ長調Op.88(J.ブラームス作曲)

(編成)第1ヴァイオリン，第2ヴァイオリン，第1ヴィオラ，第2ヴィオラ，チェロ

(☆☆☆☆◎◎)

【13】W.A.モーツァルトが作曲した交響曲のうち，第25番と同じ調性を持つ作品を選びなさい。ただし調性は第1楽章冒頭のものとします。

(1)　第38番　(2)　第39番　(3)　第40番　(4)　第41番

(☆☆☆☆◎◎◎)

【14】次は，ポピュラー・ミュージックのジャンルと代表的なアーティストの楽曲の組み合わせです。楽曲が発表された年の古い順に正しく並べたものを選びなさい。

(ア)　ハード・ロック／レッド・ツェッペリン「Stairway To Heaven」

(イ)　ユーロビート／ジョー・イェロー「U.S.A.」

(ウ)　ロックンロール／チャック・ベリー「Johnny B. Goode」

(エ)　フォーク・ロック／ボブ・ディラン「Blowin' In The Wind」

(1)　(ウ)→(エ)→(イ)→(ア)　(2)　(エ)→(ウ)→(イ)→(ア)

(3)　(ウ)→(エ)→(ア)→(イ)　(4)　(エ)→(ウ)→(ア)→(イ)

(☆☆☆☆◎◎)

【15】リコーダーについて説明した文として誤っているものを選びなさい。

(1)　舌を使って息を止めたり出したりする奏法をタンギングという。

(2)　テナー・リコーダーで，0123の指穴を塞ぐとCの音が鳴る。

(3)　左手の親指で裏穴の開き具合を操作することをサミングという。
(4)　ジョイントを調整することで音高をチューニングすることができる。

(☆☆☆◎◎◎◎)

【16】次のギターの奏法について説明した文として誤っているものを選びなさい。

(1)　第6弦から第1弦にむかって弾くことをアップ・ストロークという。
(2)　ダウン・ストロークとアップ・ストロークを交互に行うことを，オルタネイト・ストロークという。
(3)　左手で押さえたコードの音を分散させて弾く奏法をアルペッジョという。
(4)　ある音を弾いた後に，同じ弦の違うフレットを左手の指でたたくように素早く押さえて音を出す奏法をハンマリング・オンという。

(☆☆☆◎◎◎)

【17】テナー・サクソフォーンの記譜について説明した文として適切なものを選びなさい。

(1)　実音より長6度高く記譜される。
(2)　実音より長2度高く記譜される。
(3)　実音より長2度低く記譜される。
(4)　実音より長9度高く記譜される。

(☆☆☆☆◎◎◎)

【18】次の文章は，弦楽器の奏法について説明したものです。(　A　)～(　C　)にあてはまる語句の組み合わせとして正しいものを選びなさい。

> 弓のボーイングは，アップのときに(　A　)と書き，ダウンのときは(　B　)と書く。「ミュートをつけて弾きなさい」という指示は(　C　)と書く。

(1)　A　∨　　B　⊓　　C　con sord.
(2)　A　⊓　　B　∨　　C　col legno
(3)　A　⊓　　B　∨　　C　con sord.
(4)　A　∨　　B　⊓　　C　col legno

(☆☆☆◎◎◎)

【19】次のドイツ語で示された楽器のうち，体鳴楽器を選びなさい。

(1)　Posaune　　(2)　Becken　　(3)　Pauken　　(4)　Geige

(☆☆☆☆◎◎◎)

【20】2021年に行われた第18回ショパン国際ピアノコンクールで，2位(日本人最高位)となった人物を選びなさい。

(1)　牛田智大　　(2)　反田恭平　　(3)　角野隼斗　　(4)　小林愛実

(☆☆☆◎◎)

【21】ユネスコ総会において採択された無形文化遺産として誤っているものを選びなさい。

(1)　雅楽　　(2)　能楽　　(3)　歌舞伎　　(4)　平家琵琶

(☆☆☆◎◎)

【22】雅楽の中で，演奏に舞を伴わないものを選びなさい。

(1)　唐楽　　(2)　東遊　　(3)　催馬楽　　(4)　高麗楽

(☆☆☆◎◎◎)

【23】次の図は，雅楽で用いられる楽器です。正しい楽器名を選びなさい。

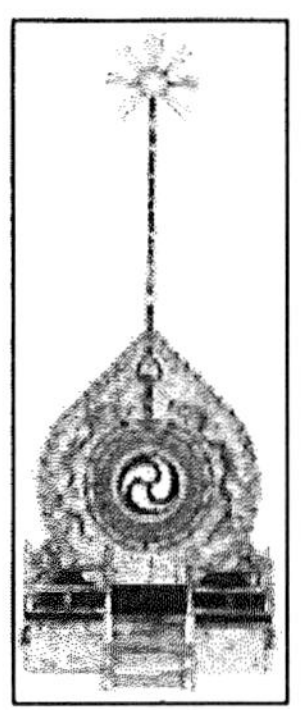

(1) 大太鼓　(2) 楽太鼓　(3) 鉦鼓　(4) 鞨鼓

(☆☆☆◎◎◎)

【24】能や狂言の音楽で用いられる「四拍子」の組み合わせとして正しいものを選びなさい。

(1) 笛・小鼓・大鼓・三味線　(2) 笛・小鼓・大鼓・太鼓
(3) 篠笛・太鼓・琵琶・三味線　(4) 笛・尺八・琵琶・三味線

(☆☆◎◎◎◎)

【25】山田検校が活躍した時期に西洋音楽史で起きた出来事として正しいものを選びなさい。

(1) F.リストが交響詩「前奏曲」を作曲した。
(2) J.S.バッハが誕生した。
(3) L.v.ベートーヴェンが「交響曲　第1番」を作曲した。
(4) C.ドビュッシーが誕生した。

(☆☆☆◎◎◎)

【26】次のうち，2023年に生誕100周年となる作曲家として正しいものを選びなさい。

(1) G.リゲティ　(2) S.ラフマニノフ　(3) E.ラロ

(4)　O.メシアン

(☆☆☆☆◎◎)

【27】次の(ア)～(エ)の作曲家を生誕順に正しく並べたものを選びなさい。

(ア)　A.ヴィヴァルディ　　(イ)　A.コレッリ

(ウ)　C.モンテヴェルディ　　(エ)　J.ハイドン

(1)　(イ)→(ウ)→(ア)→(エ)　　(2)　(イ)→(ウ)→(エ)→(ア)

(3)　(ウ)→(ア)→(エ)→(イ)　　(4)　(ウ)→(イ)→(ア)→(エ)

(☆☆☆◎◎◎)

【28】次の音楽に関する出来事の組み合わせのうち，同世紀でないものを選びなさい。

(1)　G.F.ヘンデル作曲オラトリオ「メサイア」の初演
　　－　長唄「京鹿子娘道成寺」の初演

(2)　蓄音機の発明
　　－　音楽取調掛の設置

(3)　電子楽器テルミンの発明
　　－　雑誌「赤い鳥」の刊行

(4)　ソナタ形式の発展
　　－　足利義満が観阿弥，世阿弥の能を観能

(☆☆☆◎◎◎)

【29】次の文章があらわす語を選びなさい。

ペルシア語で「声」を意味する。拍節のない自由なリズムで演奏される。声または楽器で演奏されたり，声と楽器を合わせて演奏されたりすることもある。伴奏には，セタール，サントゥール，ネイなどがよく用いられる。

(1)　アーヴァーズ　　(2)　カッワーリー　　(3)　オルティンドー

(4) セマー

(☆☆☆◎◎◎◎)

【30】次の楽器のうち，打楽器に分類されるものを選びなさい。

(1) チャランゴ　(2) ツィター　(3) バラフォン　(4) コラ

(☆☆☆◎◎◎◎)

【31】民族楽器「サウン・ガウ」の奏法として正しいものを選びなさい。

(1) 2本の弦の間に弓を通し，1本または2本の弦をこすって音を出す。

(2) 左手の親指で弦の端を押して音高を調節しながら，右手で弦をはじいて演奏する。

(3) 針金状のピックを人差し指にはめ，演奏する。

(4) 左手でフレットを押さえ，右手の親指にはめた爪で旋律を，それ以外の指で伴奏を弾く。

(☆☆☆◎◎)

【32】次の文章があらわす楽器を選びなさい。

シロアリに中を食われたユーカリの木の管が元来の形。管の端に唇を当てて振動させて発音する。

(1) ション　(2) ケーナ　(3) アルプホルン

(4) ディジェリドゥ

(☆☆☆☆◎◎◎)

【33】主にジャズで使用されるコードで，根音から数えて9，11，13番目などの音を加えたものを何というか選びなさい。

(1) オン・コード　(2) テンション・コード

(3) オーグメント・コード　(4) ディミニッシュ・コード

(☆☆☆◎◎◎)

【34】次の楽譜は，M.ラヴェル作曲「ボレロ」の一部である。この箇所で使用されている旋法を選びなさい。

(1)　ミクソリディア　(2)　エオリア　(3)　リディア
(4)　ドリア

(☆☆☆◎◎◎)

【35】次の楽譜は，I.ストラヴィンスキー作曲「春の祭典」の一部分です。(ア)と(イ)の和音(実音)をコードネームで表したとき，その組み合わせとして正しいものを選びなさい。

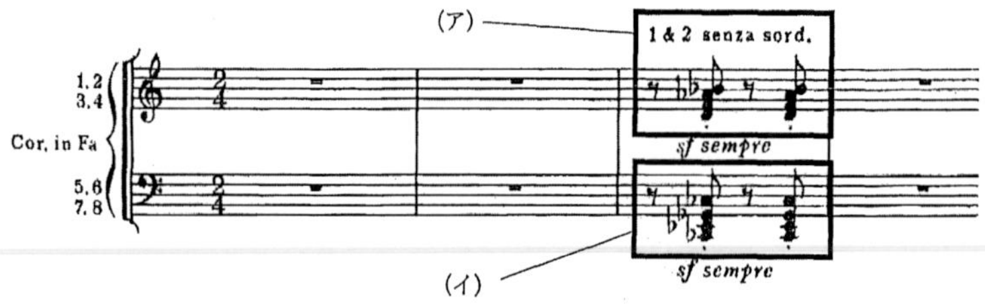

(1)　(ア)　F_7　(イ)　G♭　(2)　(ア)　$B^{♭}_7$　(イ)　C♭
(3)　(ア)　$E^{♭}_7$　(イ)　F♭　(4)　(ア)　$Ddim_7$　(イ)　B

(☆☆☆◎◎◎◎)

【36】打ち込みやオーディオ・ファイルを用いて音楽制作するソフトウェアを選びなさい。

(1)　DAW　(2)　MIDI　(3)　DTM　(4)　EDM

(☆☆☆◎◎◎)

【37】次は，高等学校学習指導要領(平成30年告示)の「第2章　各学科に共通する各教科　第7節　芸術　第2款　各科目　第1　音楽Ⅰ　1　目標」の一部です。文中の(　A　)，(　B　)に入る語句の組み合わせとして正しいものを選びなさい。

> (1)　曲想と音楽の構造や文化的・歴史的背景などとの関わり及び(　A　)とともに，(　B　)をするために必要な技能を身に付けるようにする。

(1)　A　音楽の多様性について理解する
　　B　表現上の効果を生かした音楽表現
(2)　A　音楽の多様性について理解する
　　B　創意工夫を生かした音楽表現
(3)　A　音楽文化の多様性について理解する
　　B　創意工夫を生かした音楽表現
(4)　A　音楽文化の多様性について理解する
　　B　表現上の効果を生かした音楽表現

(☆◎◎◎◎◎)

【38】高等学校学習指導要領(平成30年告示)の「第2章　各学科に共通する各教科　第7節　芸術　第2款　各科目　第2　音楽Ⅱ　2　内容　A　表現　(1)　歌唱」に身に付けることができるよう指導する技能として示されていないものを選びなさい。

(1)　表現形態の特徴や表現上の効果を生かして歌う技能
(2)　曲にふさわしい発声，言葉の発音，身体の使い方などの技能
(3)　他者との調和を意識して歌う技能
(4)　音楽を形づくっている要素の働きを変化させ，変奏や編曲をする技能

(☆◎◎◎◎◎)

【39】次は，高等学校学習指導要領(平成30年告示)の「第2章　各学科に共通する各教科　第7節　芸術　第2款　各科目　第3　音楽Ⅲ　〔共通事項〕」の一部です。文中の(　　)に入る語句として正しいものを選びなさい。

イ　音楽を形づくっている(　　)こと。

(1)　要素及び音楽に関する用語や記号などについて，音楽における働きと関わらせて理解する
(2)　要素の働きやその効果などに関する思考力，判断力，表現力等を育成する
(3)　要素や要素同士の関連を知覚し，音楽における働きと関わらせて理解する
(4)　要素及び音楽に関する用語や記号などについて，それらの働きを感受しながら，知覚したことと感受したこととの関わりについて理解する

(☆☆◎◎◎◎◎)

【40】次は，高等学校学習指導要領(平成30年告示)の「第2章　各学科に共通する各教科　第7節　芸術　第3款　各科目にわたる指導計画の作成と内容の取扱い」の一部です。文中の(　A　)～(　C　)に入る語句の組み合わせとして正しいものを選びなさい。

2　内容の取扱いに当たっては，次の事項に配慮するものとする。 (2)　各科目の特質を踏まえ，学校や地域の実態に応じて，(　A　)，(　B　)，(　C　)等の活用を図ったり，地域の人材の協力を求めたりすること。

(1)　A　文化施設　　B　社会教育施設
　　C　地域の文化財
(2)　A　大学　　B　研究機関
　　C　博物館
(3)　A　学校図書館　　B　地域の公共施設
　　C　情報通信ネットワーク
(4)　A　公民館　　B　図書館

C　博物館

(☆☆☆☆◎◎◎◎)

解答・解説

【中学校】

【1】(1)　①　4　　②　2　　(2)　1　　(3)　1

〈解説〉(1)　①　レとラは完全5度，ラに♯で半音広がり増5度である。②　ラ♭とソで長7度である。　(2)　ソ・シ♭・レ♭で，短3度＋短3度の減三和音である。　(3)　第4倍音は基音から2オクターブ，第6倍音は2オクターブと完全5度である。

【2】3

〈解説〉カコフォニーは，耳に不快な音や騒音を指す。選択肢3で説明されているのは，モノフォニーである。

【3】2

〈解説〉ボレロは4分の2拍子ではなく，4分の3拍子である。舞曲についての問題は頻出である。古典組曲についてもあわせて学習しておくこと。

【4】3

〈解説〉E♭管のクラリネットの実音は，記譜音より短3度高い。B durが調号♭4つのDes durになる。実音の旋律楽譜を，移調楽器用に書き換える問題とは逆になるので気をつけること。

【5】4

〈解説〉ソを下属音とする短調はd mollで，その平行調は調号♭1つのF durである。

【6】4

〈解説〉正しい意味は，「正確な速さで」である。「テンポを自由に加減する」のはtempo rubatoである。楽語は類義語や反対語をセットで覚えるとよい。

【7】2

〈解説〉ファに♯がついており，ドとレの♯は導音上がりとみられるので，e mollである。

【8】2

〈解説〉演奏時間(秒)＝拍子数×小節数×60÷メトロノームの指示表示で計算できる。小節数を正しくカウントし，拍子が変わるところで区切って計算しよう。4分の4拍子のところは4×12×60÷80＝36秒，8分の6拍子(＝2拍子)のところは2×10×60÷80＝15秒，4分の3拍子のところは3×8×60÷80＝18秒となり，あわせて69秒となる。

【9】(1)　4　　(2)　3　　(3)　2　　(4)　2

〈解説〉(1)　楽譜は歌唱共通教材の三木露風作詞・山田耕筰作曲「赤とんぼ」である。歌唱共通教材の作詞・作曲者名，旋律と歌詞はすべて覚えること。　(2)　山田耕筰の編曲は9小節目の1，2拍目のリズムが付点4分音符と8分音符になっている。滝廉太郎の原曲との違いについて問われることも多いので解答できるようにしておくこと。　(3)　誤りのある選択肢は作詞者が間違っており，1は吉丸一昌，3江間章子，4は林古溪が正しい。　(4)　選択肢1は1947年，2は1927年，3は1949年，4は1916年頃，「荒城の月」は1901年，「早春賦」は1913年，「花」は1900年である。

【10】(1)　3　　(2)　1　　(3)　4　　(4)　3

〈解説〉(1)　ハ短調から同主調のハ長調へと転調している。「帰れソレントへ」は同主調に転調することについての問いによく使用されるので，スコアを確認しておきたい。 (2) トマス・ルイス・デ・ビクトリアはスペインのルネサンス音楽の作曲家で，ポリフォニックな教会音楽の大家である。「Ave Maria」は2019年の全日本合唱コンクールの課題曲となった。 (3) 問題の楽曲はシューベルト作曲の歌曲「野ばら」である。選択肢1はシューマンの「美しき5月に」，2はモーツァルトの「春への憧れ」，3はメンデルスゾーンの「歌の翼に」，4はシューベルトの「菩提樹」である。 (4) 正答以外の選択肢1はマルティーニ作曲「愛の喜び」，2はヘンデル作曲「オンブラ・マイ・フ」，4はヘンデル作曲歌劇「リナルド」より「私を泣かせてください」である。

【11】(1) 4 (2) 1 (3) 4

〈解説〉(1) 長唄は歌舞伎の音楽にも使用され，江戸時代に発展した。細棹三味線を使用する。主要な楽曲は楽譜もあわせて確認しておくこと。4の説明は三曲についてである。 (2) 選択肢にあげられている日本の主要な4つの音階は楽譜に書けるようにしておきたい。

(3) 平曲は，旋律をともなわない「語り句」には素歌，ハズミの2種類と，旋律をともなう「引き句」には口説，拾，節，中音，初重，三重，折声などがある。1は勇壮でテンポの速い楽曲構成のもの，合戦描写などに用いられる。2は旋律的な動きが少なく，語るような口調で歌うところで用いられる。3は悲壮，悲哀な場面で用いられ，特殊な装飾音をつけて語られる。

【12】(1) 2 (2) 1

〈解説〉(1) アとイ両方とも二点嬰ヘ音である。アルトリコーダーもオクターブ記号で1オクターブ下げて記譜されているので気をつけよう。

(2) 正答以外の選択肢について，2はポルタート(テヌート)奏法，3はレガート奏法，4はスタッカート奏法である。

【13】(1) 3 (2) 3 (3) 2

〈解説〉(1) ギター開放弦は第6弦から，ミ・ラ・レ・ソ・シ・ミである。

(2)　アルペッジョ，アル・アイレ，アポヤンド奏法についても説明できるようにしておきたい。　(3)　主なコードのダイヤグラムは覚えておくこと。開放弦を理解していたら，フレットごとに半音上がるので音を読むことはできる。

【14】(1)　4　　(2)　3

〈解説〉(1)　平調子の調弦についてはよく出題されるが，乃木調子は珍しい。一をニ音とすると，♯などがつかない音程となることを覚えておきたい。　(2)　箏の奏法についてはよく学習しておくこと。実際に演奏しておきたい。正答以外の選択肢について，1はかき爪，2は合わせ爪，4は後押しの説明である。

【15】(1)　1　　(2)　2　　(3)　3

〈解説〉(1)「サワリ」ではなく，正しくは「勘所」である。「サワリ」は一の糸を弾いたときにでる共鳴音のことである。サワリ山とサワリの効果の仕組みを学習しておくこと。また，調弦法は3種類，楽譜に書けるようにしておきたい。　(2)　篠笛は長くて低い「一本調子」から短くて高い「十二本調子」まである。高い音域の笛ほど管の長さが長くなるのではなく，短くなる。　(3)　左手の中指ではなく正しくは薬指である。指孔は右手の薬指で一孔，人さし指で二孔，左手の薬指で三孔，人差し指で四孔，親指で五孔を押さえる。左手の中指は三孔と四孔の間に置く。

【16】2

〈解説〉誤りのある選択肢について，1のタブラーは高音，バーヤが低音で説明が逆になっている。3について，ドゥドゥクはアルメニアの民族楽器でダブルリードの木管楽器である。4のウードは琵琶の形に似た擦弦楽器である。

【17】2

〈解説〉選択肢2はオペラではなく「交響詩」の説明である。曲の形式について，協奏曲，即興曲，間奏曲，カプリチオーソなど説明できるようにしておきたい。

【18】1

〈解説〉1の楽譜の標題は「ブルタバの源流」である。フルートとクラリネットで水源から湧き出す水を表現している。ブルタバについての問題は頻出である。旋律と標題が正しく解答できるように学習しておくこと。

【19】1

〈解説〉教科書でもベートーヴェンの交響曲第5番でソナタ形式について学べるよう，教材として使用されている。ソナタ形式の調の展開，また，二部形式，ロンド形式，複合三部形式，変奏曲形式についても詳細に学習しておくこと。

【20】3

〈解説〉正答以外の選択肢のソネットは，1は「その後静まると，小鳥は魅力的な鳴き声とともに戻ってくる」，2は「黒い雲が空を覆い，春を告げるために選ばれた稲妻と雷鳴がやってくる」，4は「鳥たちが楽しい歌で挨拶をする」である。

【21】2

〈解説〉選択肢2の楽譜は「Aladdin」の「A Whole New World」である。ミュージカルの楽曲について，よく知られたものは楽譜から曲名が判断できるようにしておきたい。

【22】(1)　4　　(2)　3

〈解説〉(1)　能の謡にはリズム型があり，「平ノリ」「中ノリ」「大ノリ」

の3種類である。 (2) この演目ではシテが前後で役が対照的に変わるのが特徴的である。前シテが静御前で，後シテが平知盛，ワキが武蔵坊弁慶である。能の主な演目について，物語の内容を理解しておきたい。また，舞台の名称，音楽と謡について詳細に学習しておくこと。

【23】(1) 2 (2) 1 (3) 4 (4) 4

〈解説〉(1) 選択肢2は能の演目である。歌舞伎の主な演目の物語と見どころは学習しておくこと。舞台の名称，演出，音楽についても理解しておきたい。 (2)「残楽」とは雅楽の管弦で行われる変奏の一種で，普段目立たない存在の箏の特別な技巧を聞かせるために，打楽器，笙，笛は曲の途中で演奏をやめ，篳篥と琵琶も旋律の断片を弾きながら箏の演奏を引き立たせる奏法である。 (3) 選択肢4は歌舞伎の舞台の仕掛けである。文楽，歌舞伎，能の舞台の名称についての問題は頻出なので，覚えておくこと。 (4) 組踊は，琉球芸能である。立方の演者のせりふと演技，踊りで成り立っている。立方の演技や踊りは，琉球舞踊が基本となっている。選択肢4は文楽の用語説明である。

【24】1

〈解説〉中学校学習指導要領の内容から，第1学年のA表現の創作について語句の穴埋め選択式の問題である。内容については他の学年と，A表現の歌唱，器楽，B鑑賞の項目についても文言は覚えること。

【25】3

〈解説〉目標については，教科の目標，第1学年，第2学年及び第3学年の違いを整理して，文言は必ず覚えること。(1)は「知識及び技能」に関する事項で，第2学年及び3学年は「知識」に関することに，「背景」を加えている。「技能」に関することは，すべての学年において同様で，「創意工夫を生かした音楽表現をするために必要な技能」の習得を目指している。

【26】4

〈解説〉第2学年及び第3学年のA表現の器楽の内容について問われた。「知識」に関する資質・能力の事項で，第2学年及び3学年では第1学年の内容に加えて「曲の背景」との関わりを理解することを目指している。

【27】3

〈解説〉第2学年及び第3学年のB鑑賞の内容について問われた。第2学年及び3学年では，第1学年の「アジア地域の諸民族の音楽」だけでなく「諸外国の様々な音楽」とし，対象を広げて鑑賞活動をするよう求めている。

【28】1

〈解説〉指導計画の作成と内容の取扱いの，内容の取扱いについての配慮事項(10)から出題された。中学校3学年間で取り扱う「用語や記号」の中に，速度記号としては「Andante」「Moderato」「Allegro」の3つが挙げられている。他にあげられているものもすべて理解しておくこと。

【29】4

〈解説〉内容の取扱いについての配慮事項(1)はア～カまで6項目示されているのですべて確認しておくこと。選択肢4は小学校学習指導要領の「指導計画の作成と内容の取扱い」の内容である。

【高等学校】

【1】(3)

〈解説〉「浜辺の歌」の歌詞は，文語調で書かれている。1番の歌詞の「あした」は「明日」ではなく「朝」の意味である。「朝，浜辺を歩いていると」という歌詞である。また，2番の同じ部分の歌詞「ゆうべ」は「昨晩」ではなく「夕方」の意味である。文語調の歌詞の歌唱教材は意味を理解しておくこと。

【2】(4)

〈解説〉「土の歌」は大木惇夫作詞・佐藤眞作曲で，全7楽章あり，最後の第7楽章が「大地讃頌」である。合唱で頻繁に取り上げられるので，曲について理解しておきたい。同様に，丸山豊作詞・團伊玖磨作曲の混声合唱組曲「筑後川」の終曲「河口」も，合唱指導で対応できるよう学習しておきたい。

【3】(1)

〈解説〉1789年に出版されたゲーテの「野ばら Heidenröslein」は多くの作曲家によって曲がつけられている。選択肢にあげられている3曲のスコアを確認しておくこと。

【4】(2)

〈解説〉ハバネラのリズムはアルゼンチンでタンゴに取り入れられた。「‘O sole mio」のピアノ伴奏楽譜を見たことがあれば，すぐに判断ができる問題である。

【5】(4)

〈解説〉ベッリーニ作曲の「優雅な月よ」である。(1)はシューベルト，(2)はロッシーニ，(3)はフォーレの説明である。

【6】(2)

〈解説〉パイジエッロはバロック時代ではなく，古典派の作曲家である。この曲は1789年に初演された，オペラ「美しき水車小屋の娘」のなかのアリアである。ベートーヴェンがピアノ独奏用に編曲した「パイジエッロのオペラ『水車小屋の娘』二重奏『うつろな心』による6つの変奏曲」がよく知られている。

【7】(3)

〈解説〉選択肢(A)はヘンデル作曲のオペラ「リナルド」のアリア「私を

泣かせてください」，(B)はヴェルディ作曲のオペラ「リゴレット」のアリア「女心の歌」，(C)はプッチーニ作曲のオペラ「ジャンニ・スキッキ」のアリア「私のお父さん」，(D)はモーツァルト作曲のオペラ「フィガロの結婚」のアリア「恋とはどんなものかしら」である。

【8】(1)

〈解説〉説明文より「韻」のことだと判断できる。選択肢(1)は韻をふむことを表す。他の選択肢はいずれも，ある音型を繰り返す意味である。

【9】(3)

〈解説〉正答以外の選択肢の楽曲が歌われるミュージカルは，Aはジョナサン・ラートン作曲「レント」，Cはクロード＝ミシェル・シェーンベルク作曲「レ・ミゼラブル」である。

【10】(2)

〈解説〉選択肢(2)はシューベルトの歌曲集「白鳥の歌」の中に含まれている。シューベルトの3つの歌曲集「冬の旅」「白鳥の歌」「美しき水車小屋の娘」の歌曲はすべて確認しておくこと。

【11】(4)

〈解説〉正答以外の選択肢(1)はスッペ作曲のオペレッタ「軽騎兵」序曲，(2)はジョン・ウィリアムズ作曲「スター・ウォーズ」のテーマ曲，(3)はオペラ「ウィリアム＝テル」序曲のファンファーレである。

【12】(1)

〈解説〉ピアノ五重奏は一般的にピアノと弦楽四重奏(ヴァイオリン2本とヴィオラ，チェロ)で構成されるが，ピアノ五重奏「ます」では，ピアノ，ヴァイオリン，ヴィオラ，チェロ，コントラバスという構成になっている。

【13】(3)

〈解説〉交響曲第25番はト短調である。(1)はニ長調，(2)は変ホ長調，(4)はハ長調である。モーツァルトが作曲した交響曲の中で短調なのは25番と40番の2曲のみである。

【14】(3)

〈解説〉(ウ)は1958年，(エ)は1963年，(ア)は1971年，(イ)は1992年にリリースされている。

【15】(2)

〈解説〉テナー・リコーダーはC管で，運指はソプラノ・リコーダーと同じである。0123の運指はGである。

【16】(1)

〈解説〉ギターのストロークで上から下にピックを振り下ろすことをダウン・ストロークといい，一般的である。逆に下から上へ弾くことをアップ・ストロークという。第6弦は上側で一番低い弦である。上から下へむかって弾くので，ダウン・ストロークが正しい。

【17】(4)

〈解説〉テナー・サクソフォーンはB♭管で，実音は記譜音より1オクターブと長2度低い。移調楽器の管の種類はある程度覚えておきたい。サクソフォーンについては，他にもソプラノB♭，アルトE♭，バリトンE♭を覚えておくこと。

【18】(1)

〈解説〉(C)の選択肢にある「col legno」は弓の毛の部分ではなく木製の棹の部分を用いて演奏するという奏法に関する指示記号である。

【19】(2)

〈解説〉楽器名は，英語，イタリア語，ドイツ語，フランス語での表記を覚えておきたい。(1)はトロンボーン，(2)はシンバル，(3)はティンパニー，(4)はヴァイオリンのドイツ語名である。弦や膜ではなく楽器本体が振動して音を出す体鳴楽器はシンバルである。

【20】(2)

〈解説〉日本人が2位と4位に入賞したことが話題となった。4位は(4)である。選択肢にあげられたピアニストはすべてこのコンクールに参加している。

【21】(4)

〈解説〉無形文化遺産とは形のない慣習，表現，知識，技術とそれらに関連する器具などであって，社会や集団や個人が自己の文化遺産の一部として認めるものを指す。2008年に能楽，歌舞伎，2009年に雅楽が登録されている。

【22】(3)

〈解説〉雅楽は器楽と舞による舞楽と，器楽のみの管弦，国風歌舞，歌物などに分類される。(1)は舞楽の中で中国から伝わったもの，(2)は国風歌舞，(4)は舞楽で朝鮮半島から伝わったものである。催馬楽は日本各地の民謡をもとにしたもので，楽器と歌のみで演奏される。それぞれの成り立ちや楽器編成など学習しておきたい。

【23】(1)

〈解説〉舞楽で用いられる太鼓である。(2)は台付きの円形の枠に吊るされていて，雅楽の管弦で用いられる。雅楽で使用される楽器は映像などで確認し，配置と役割を理解しておくこと。

【24】(2)

〈解説〉能楽，雅楽，歌舞伎で使用される楽器については詳細を学習しておくこと。四拍子は必ず覚えておくこと。

【25】(3)

〈解説〉山田検校は1757～1817年で，山田流の創始者である。活躍した時期は，西洋では古典派の時代にあたる。(1)は1854年，(2)は1685年，(3)は1799～1800年，(4)は1862年である。

【26】(1)

〈解説〉正答以外の選択肢について，(2)は150周年，(3)は200周年，(4)は115周年である。

【27】(4)

〈解説〉(ア)は1678～1741年，(イ)は1653～1713年，(ウ)は1567～1643年，(エ)は1732～1809年である。

【28】(4)

〈解説〉ソナタ形式は古典派の時代に発展したので，1700年代半ば以降にあたる。足利義満は室町時代の前期の人物なので1300年代後半にあたるので同世紀ではない。日本と西洋の音楽を並べた年表で確認しておくこと。

【29】(1)

〈解説〉世界の民族歌謡について，学習しておくこと。選択肢にあげられているものはすべて頻出である。正答以外の選択肢(2)はアラビア語の「言葉」を意味する語から由来する宗教歌謡，(3)はモンゴル語で「長い歌」を意味する民謡，(4)はトルコのイスラム神秘主義の旋回舞踊である。

【30】(3)

〈解説〉正答以外の選択肢(1)はアンデス地方の弦楽器，(2)はドイツ，オーストリアの弦楽器，(4)は西アフリカの弦楽器である。

【31】(2)

〈解説〉「サウン・ガウ」はビルマで用いられる民族楽器で,「曲がった琴」を意味する名の通り，ボートのような湾曲した形をもつハープである。この楽器は右手で弦を弾いて，左手で音の高さを変える奏法である。日本では映画「ビルマの竪琴」などを通して知られている

【32】(4)

〈解説〉オーストラリアのアボリジニの民族楽器である。正答以外の選択肢(1)は中国の笙，(2)は南米の縦笛，(3)はスイスの管楽器である。

【33】(2)

〈解説〉コードの構成音は理解しておくこと。正答以外の選択肢について，(1)は根音とは別に最低音を示したコード，(3)はaugと表記し，第5音を半音上げて増5度にした和音，(4)はルート音から短3度ずつ重ねた和音で，三和音ならdim，四和音ならdim7と表記する。

【34】(1)

〈解説〉長音階の第7音を半音下げるとミクソリディア旋法になる。ピアノで考えるとソから白鍵のみで弾くとできる音階である。ボレロの楽譜では，第7音のシに♭が付いているので判断できる。

【35】(3)

〈解説〉楽譜よりホルンF管の楽譜なので記譜音より実音が完全5度下になる。(ア)の構成音は，ミ♭・ソ・シ♭・レ♭なので，長三和音＋短3度で属七の和音，(イ)の構成音は，ファ♭・ラ♭・ド♭で長三和音である。

【36】(1)

〈解説〉正答以外の選択肢について(2)はミュージカル・インストゥルメント・デジタル・インターフェイスの略で，電子楽器の演奏データを機械間で転送，共有するための共通規格である。(3)はデスク・トップ・ミュージックの略で，コンピュータを使って楽曲制作すること。(4)はエレクトリック・ダンス・ミュージックの略である。

【37】(2)

〈解説〉高等学校学習指導要領より，音楽Ⅰの目標について語句の穴埋め選択式の問題である。目標は，教科の目標，各学年の目標について違いを整理して，文言は必ず覚えること。

【38】(4)

〈解説〉選択肢(4)は，音楽Ⅱ　A表現の創作の内容である。

【39】(1)

〈解説〉〔共通事項〕はすべての項目，学年に共通するものなので，文言は覚え，内容は理解しておくこと。

【40】(1)

〈解説〉各学科に共通する各教科の芸術の科目すべてについて，指導計画の作成に当たっての配慮事項が3項目，内容の取扱いに当たっての配慮事項は2項目あげられている。ここでは内容の取扱いに当たっての配慮事項(2)から出題された。他の項目も確認しておくこと。

2023年度　実施問題

【中学校】

【1】次の(あ)～(う)の音部記号の名称の組み合わせとして最も適切なものを，以下の1～4の中から1つ選びなさい。

(あ)　(い)　(う)

	(あ)	(い)	(う)
1	テノール記号	バリトン記号	メッゾ・ソプラノ記号
2	テノール記号	バス記号	アルト記号
3	ソプラノ記号	バリトン記号	アルト記号
4	ソプラノ記号	バス記号	メッゾ・ソプラノ記号

(☆☆☆◎◎◎◎)

【2】「ラ♭」をフィナリスとする正格第1旋法を表しているものを，次の1～4の中から1つ選びなさい。

(☆☆☆☆◎◎◎◎)

【3】次の文章を読み，[　A　]~[　C　]にあてはまる数字の組み合わせとして正しいものを，以下の1～4の中から1つ選びなさい。

エンハーモニックは，古代ギリシアの音楽理論の用語である。テトラコードの[　A　]つの属のうち，[　B　]つの連続する四分音と長[　C　]度音程によって構成されるものである。近代理論においては，音名や記譜法は異なるが，十二平均律上では同音になる。このような音の関係をエンハーモニックといい，このような関係にある音を「異名同音」という。

	A	B	C
1	3	3	2
2	3	2	3
3	2	2	3
4	4	3	2

(☆☆☆☆◎◎)

【4】次の【課題】の調性と同じ調性で進行する伴奏を，以下の1～4の中から1つ選びなさい。なお，【課題】，伴奏ともに調性によらない臨時記号を用いた楽譜で表しています。

1

2

3

4

(☆☆☆☆◎◎)

【5】次の音楽記号や用語をイタリア語で表記する際の組み合わせとして正しいものを，1～4の中から選びなさい。

	(crescendo記号)	(fermata記号)	*ff*	D.S.	rit.
1	crescendo	fermate	fortisimo	dall senyo	ritardanto
2	crescendo	fermata	fortisshimo	dall segno	ritardando
3	crescendo	fermata	fortissimo	dal segno	ritardando
4	cresciendo	fermaate	fortisshimo	dal senyo	ritaldanto

(☆☆☆◎◎◎◎)

【6】次の楽譜について，楽譜どおりに演奏した時の演奏時間を，以下の1～4の中から1つ選びなさい。

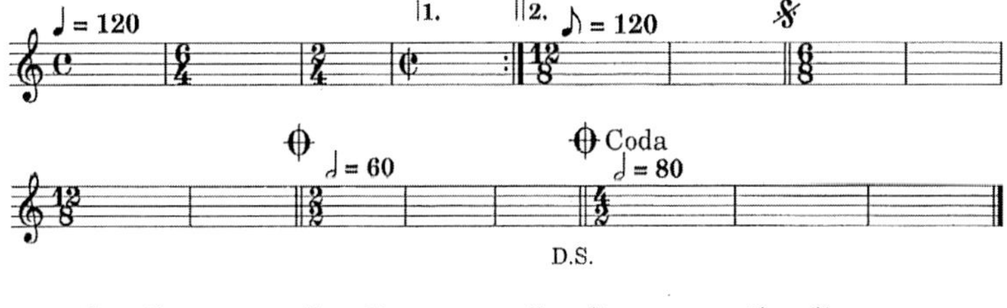

1　1分17秒　　2　1分27秒　　3　1分37秒　　4　1分47秒

(☆☆☆☆◎◎◎◎)

【7】次の楽譜について，(1)～(3)の問いに答えなさい。

(1)　楽譜の(あ)～(う)で示した2音間の音程を正しく表しているものを，次の1～4の中から1つずつ選びなさい。

(あ)　1　短5度　　2　完全5度　　3　減5度　　4　重減5度

(い)　1　重増6度　　2　完全6度　　3　短6度　　4　長6度

(う)　1　完全3度　　2　短3度　　3　長3度　　4　減3度

(2)　楽譜の[A]の部分を短3度移調した楽譜として最も適切なものを，次の1～4の中から1つ選びなさい。

(3)　楽譜に[B]で示した音をドミナントとする調の異名同音調を，次の1～4の中から1つ選びなさい。

1　H-dur　　2　C-dur　　3　B-dur　　4　A-dur

(☆☆◎◎◎◎◎)

【8】次の楽譜について，(1)～(4)の問いに答えなさい。

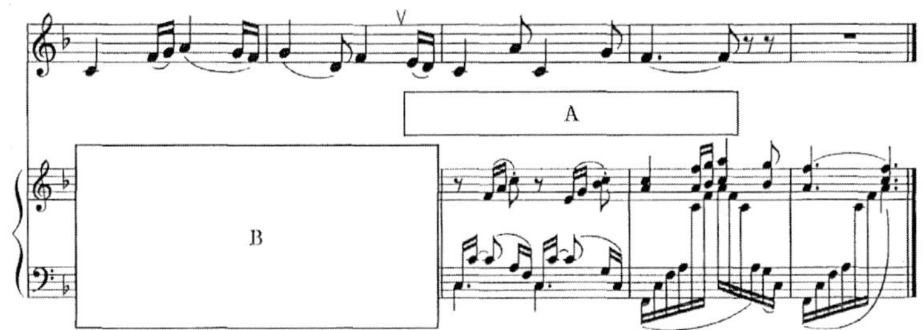

(1)　楽譜の A にあてはまる2番の歌詞として最も適切なものを，次の1～4の中から1つ選びなさい。

1　かいのいろも　　2　しのばるる　　3　ほしのかげも

4　かえすなみよ

(2)　楽譜の B にあてはまる最も適切なものを，次の1～4の中から1つ選びなさい。

(3)　この曲の作曲者の作品として最も適切なものを，次の1～4の中から1つ選びなさい。

1　赤い鳥小鳥　　2　雪の降るまちを　　3　カチューシャの唄

4　鐘が鳴ります

(4)　この曲と異なる楽曲形式で作曲されている共通教材を，次の1～4の中から1つ選びなさい。

1　夏の思い出　　2　荒城の月　　3　早春賦　　4　赤とんぼ

(☆☆☆◎◎◎◎)

【9】次の楽譜は，教科書に掲載されているサンタルチアの楽曲の一部です。(1)～(4)の問いに答えなさい。

(1)　楽譜の［A］にあてはまる歌詞として最も適切なものを，次の1～4の中から1つ選びなさい。

1　Barchetta mia!

2　Venite all'agile

3　Sul mare luccica!

4　Santa Lucia!

(2)　楽譜の［ア］～［ウ］にあてはまる音楽記号や用語の組み合わせとして最も適切なものを，次の1～4の中から1つ選びなさい。

	ア	イ	ウ
1	*mp*	*f*	rit.
2	*mp*	*f*	𝄐
3	*mf*	*ff*	𝄐
4	*mf*	*ff*	rit.

(3)　この曲と同じ拍子の曲として最も適切なものを，次の1～4の中から1つ選びなさい。

1　エリーゼのために(ベートーヴェン作曲)

2　帰れソレントへ(E・デ・クルティス作曲)

3　魔王(シューベルト作曲)

4　ボレロ(ラヴェル作曲)

(4)　サンタルチアはイタリア民謡として教科書に紹介されていますが，イタリアを代表するオペラ作曲家であるプッチーニの作品「蝶々夫人」の一部として最も適切なものを，次の1～4の中から1つ選びなさい。

(☆☆☆☆◎◎◎◎)

【10】文楽・義太夫節について，次の(1)～(3)の問いに答えなさい。

(1)　次の作品のうち，近松門左衛門の作品でないものを，1～4の中から1つ選びなさい。

1　冥途の飛脚　　2　仮名手本忠臣蔵　　3　曾根崎心中

4　国性爺合戦

(2)　文楽についての説明として最も適切なものを，次の1～4の中から1つ選びなさい。

1　17世紀末に大坂(現在の大阪)で生まれた日本の伝統的な人形芝居で，大坂の町人文化を背景に発展してきた。現在では，ユネスコ無形文化遺産に登録されている。

2　主遣い，右遣い，足遣いの3人で1体の人形を遣うことを三人遣いという。人形遣いは黒衣を着ており，観客には見えないという約束になっているが，重要な場面では主遣いが顔を出して演じる。

3　文楽の舞台には，演劇的な効果を高めるために考案された「廻り舞台」「せり，すっぽん」「花道」などがあり，様々な工夫がこらされている。

4　文楽の囃子は，笛，小鼓，大鼓，鉦鼓で編成されており，季節や場所などの情景を表す音楽や効果音などが演奏される。

(3)　義太夫節についての説明として適切でないものを，次の1～4の中から1つ選びなさい。

1　竹本義太夫が創始した音楽様式で，語りを受け持つ太夫と三味線方とで演奏され，三味線は太棹三味線を使う。

2　太夫は，おなかに力をこめて発声ができるよう，下腹に腹帯を巻き，オトシというおもりを据えて下半身を安定させ，尻引きをお尻に当て爪先を立てて座る。

3　太夫の語りには，せりふを会話のように登場人物の種類によって語り分ける「フシ」や三味線の伴奏で旋律的に歌う「地合」などがある。

4　基本的に文楽に出演する太夫・三味線はすべて男性であるが，女性だけの義太夫節も邦楽のジャンルとして存在する。

(☆☆☆☆◎◎◎◎)

【11】次の楽譜について，以下の(1)，(2)の問いに答えなさい。

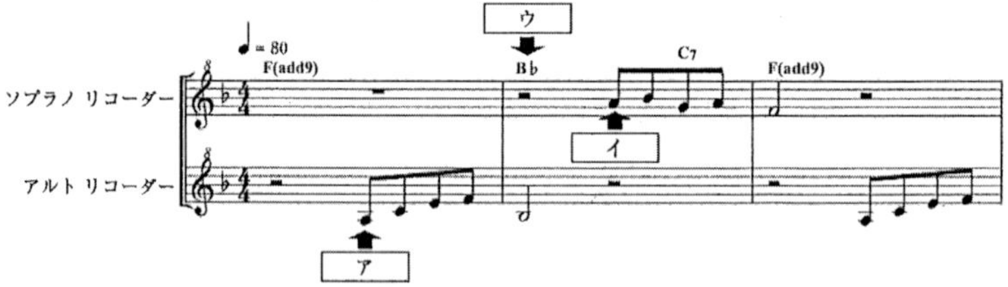

(1)　楽譜の［ア］と［イ］の部分を楽譜に指定されているそれぞれのリコーダーで演奏するときの指づかいの組み合わせとして最も適切なものを，次の1～4の中から1つ選びなさい。ただし，Ø はサミングとします。

	ア	イ
1	0 1 2	0 1
2	Ø 1 2 3 4 5	Ø 1 2
3	0 1 2 3 4 5 6	0 1 2 3 4 5
4	0 1 2 3 4 5	0 1 2

(2) 楽譜の[ウ]の部分をクラシックギターで演奏するときのダイアグラムとして最も適切なものを，次の1～4の中から1つ選びなさい。

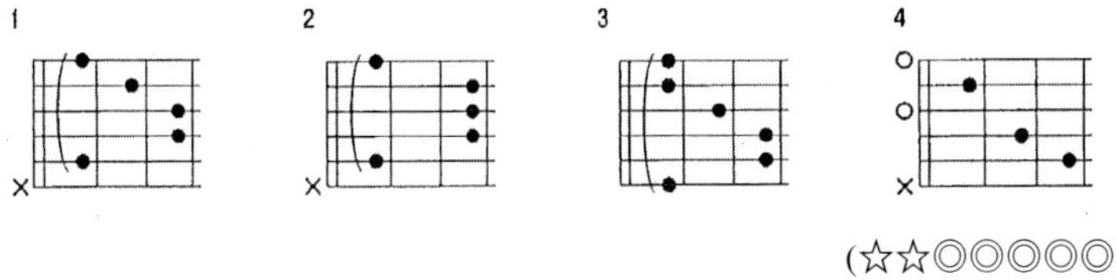

(☆☆◎◎◎◎◎)

【12】次の文章について，以下の(1)～(3)の問いに答えなさい。

> この楽器は，江戸時代に禅宗の一派である(①)の僧である虚無僧と呼ばれる人たちが，法要，瞑想，托鉢などの手段として演奏をしていたものである。
> この楽器の名手として知られているのが，江戸時代中期の虚無僧の(②)や，明治時代に大阪で新たな流派を興した中尾都山が知られている。

(1) 文章中の(①)，(②)にあてはまる言葉の組み合わせとして最も適切なものを，次の1～4の中から1つ選びなさい。

	①	②
1	曹洞宗	樋口　対山
2	曹洞宗	酒井　竹保
3	普化宗	黒澤　琴古
4	普化宗	近藤　宗悦

(2) 文章中で説明している楽器の奏法として適切でないものを，次の1～4の中から1つ選びなさい。

1　スクイ　　2　ムラ息　　3　スリ　　4　ユリ

(3)　文章中で説明している楽器を演奏する際に使用する楽譜について最も適切なものを，次の1～4の中から1つ選びなさい。

1	2
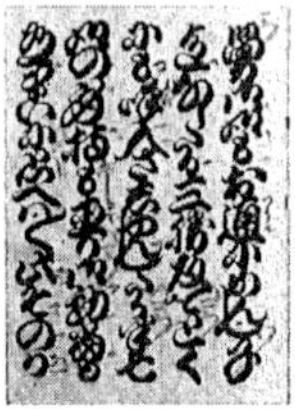	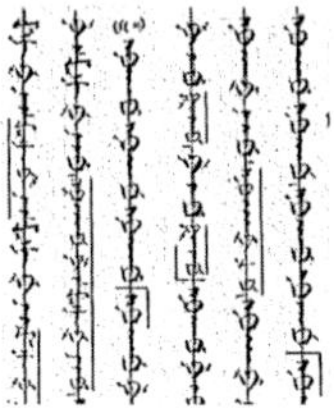
3	**4**
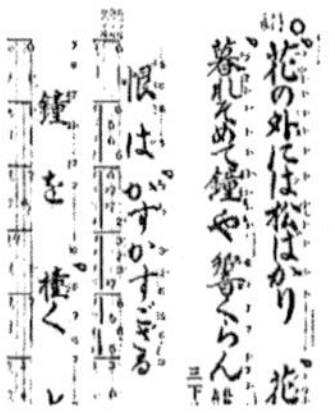	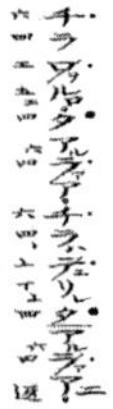

(☆☆☆◎◎◎◎)

【13】次の三味線の楽譜を五線譜に書き改める際に最も適切なものを，以下の1～4の中から1つ選びなさい。

【調弦（三下り）】

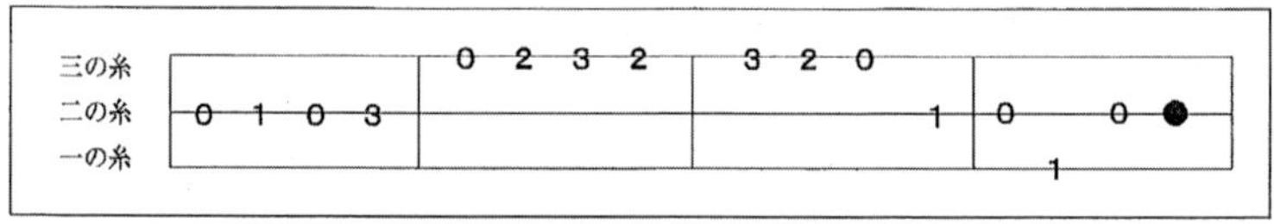

(☆☆☆☆◎◎◎◎)

【14】次の表について，奏法と使われる楽器名の組み合わせとして適切でないものを，1～4の中から1つ選びなさい。

	奏法	楽器名
1	塩梅	篳篥
2	ストローク	ギター
3	スラップ	ボンゴ
4	はじき	篠笛

(☆☆◎◎◎◎)

【15】次の表について，作品A，作品Bともに平曲であるものを，1～4の中から1つ選びなさい。

	作品A	作品B
1	隅田川	京鹿子娘道成寺
2	小鍛冶	五段砧
3	那須与一	祇園精舎
4	鹿の遠音	汐汲

(☆☆☆◎◎◎)

【16】箏の奏法と説明の組み合わせとして適切でないものを，次の1～4の中から1つ選びなさい。

	奏　法	説　明
1	割り爪	隣り合った２本の糸を、中指（もしくは人さし指）でほぼ同時に弾く奏法
2	押　放	余韻を全音上げ下げする奏法
3	合せ爪	親指と中指で同時に２本の糸を弾く奏法
4	押し手	左手で糸を押して音高を上げる奏法

(☆☆◎◎◎◎)

【17】次のア，イの楽器名の組み合わせとして最も適切なものを，以下の1～4の中から1つ選びなさい。

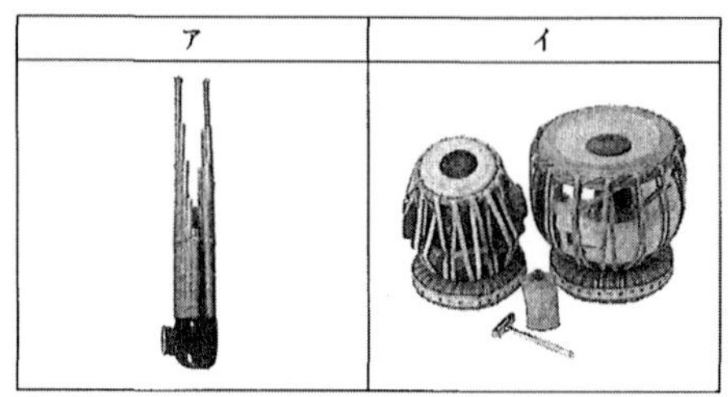

	ア	イ
1	パンパイプ	タンボラ
2	笙	タブラー
3	パンパイプ	トーキングドラム
4	笙	ジャンベ

(☆☆◎◎◎◎)

【18】楽器の分類において，体鳴楽器として適切でないものを，次の1～4の中から1つ選びなさい。

1　グラスハーモニカ　　2　ムックリ　　3　マリンバ

4　バグパイプ

(☆☆☆◎◎◎◎)

【19】次の楽譜は，ある楽曲の一部分です。以下の(1)，(2)の問いに答えなさい。

(1)　この楽譜が基にしているソネットとして最も適切なものを，次の1～4の中から1つ選びなさい。

1　嵐がやむと，小鳥はまた歌い始める。

2　黒雲と稲妻が空を走り，雷鳴は春が来たことを告げる。

3　泉はそよ風に誘われ，ささやき流れていく。

4　小鳥は楽しい歌で，春を歓迎する。

(2)　この楽曲の作曲者についての説明として最も適切なものを，次の1～4の中から1つ選びなさい。

1　オーストリアのウィーン郊外に生まれた。15歳頃には作曲を始め，31歳で亡くなるまでの間に，管弦楽曲や室内楽曲，ピアノ曲，リート，宗教音楽などで数多くの作品を残している。

2　イタリア北部に生まれた。若い頃にはさまざまな苦労を重ねたが，第3作目のオペラ「ナブッコ」で大成功を収めた。その後，名作を次々と世に送り，半世紀にわたってイタリアオペラ界の中心人物として活躍した。

3　チェコを代表する作曲家で，プラハでピアノと作曲を学んだあと，指揮者や作曲者として活躍した。また，ロシアのムソルグスキーやフランスのベルリオーズとならんで，音楽におけるリアリズムのあり方を後世に示した先駆者のひとりになった。

4　イタリアのベネツィアに生まれた。ヴァイオリン奏者の父親から音楽の手ほどきを受け，のちにピエタ養育院で音楽を教えた。膨大な数の協奏曲を作曲し，バッハやヘンデルなど同時代の作曲家たちに大きな影響を与えた。

(☆☆◎◎◎◎)

【20】次の楽譜と同じ作曲者によってつくられた曲の楽譜として最も適切なものを，以下の1～4の中から1つ選びなさい。

(☆☆☆◎◎◎◎)

【21】次の楽譜はある楽曲の一部分です。以下の(1)，(2)の問いに答えなさい。

(1)　この楽譜の演目と，作曲者の組み合わせとして最も適切なものを，次の1～4の中から1つ選びなさい。

	演目	作曲者
1	魔笛	モーツァルト
2	くるみ割り人形	チャイコフスキー
3	フィガロの結婚	モーツァルト
4	白鳥の湖	チャイコフスキー

(2)　この楽曲がつくられた時代と同時代の作曲者を，次の1～4の中から1つ選びなさい。

1　パレストリーナ　　2　モンテヴェルディ

3　ムソルグスキー　　4　パッヘルベル

(☆☆◎◎◎)

【22】次の楽器についての記述の中で，【楽器名】とその楽器の説明の組み合わせとして適切でないものを，1～4の中から1つ選びなさい。

1　【グーチン】

中国に古くから伝わる弦楽器の一つで，「古琴」と書き表される。箏と異なり，弦は7本で，柱を用いない。また，爪をはめずに，指先で弦をはじいて演奏する。4オクターブにも及ぶ広い音域が特徴である。

2　【タンソ】

朝鮮半島に伝わる管楽器の一つ。竹製で尺八よりも細く短い形をしている。指孔は尺八と同じように，表側に4つ，裏側に1つある。

チョンアクと呼ばれる古典音楽や民謡などの演奏に用いられる。

3　【ツィター】

中央ヨーロッパのアルプス地方で用いられる弦楽器の一つ。右手の親指でメロディー弦を弾き，それ以外の指で伴奏弦を弾く。チロル民謡などの演奏で親しまれている。

4　【シタール】

日本では，「ビルマの竪琴」としても知られている弦楽器の一つ。大きく曲がった棹に弦をひもで縛り付けているだけなので調弦が難しい。ミャンマーに伝わる民謡などの演奏で親しまれている。

(☆☆◎◎◎◎)

【23】次の楽譜は，ある楽曲の一部分です。以下の(1)，(2)の問いに答えなさい。

ト 五3 ン	コ 九斗 ロ 十	シャ 八九2 シャ ↄ 3	ン 十九 ン	シャ 三四2 シャ ↄ 3	チ 九 ン		右 左
コ 十 ロ 九	リ 九 ン	コ 巾 ロ 為	テ 十 ン	テ 八 ン 七	テ 八 ン 七		右 右
リ 八 ン	チ 十 ン 九	リ 斗 ン	チ 斗 ン ヒ	シャ 三四2 シャ ↄ 3	コ 八 ロ 七		右 右
ツ 七 テ 八	テ 八 チ 九	テ 十 ン	チイッ 斗 ン	テ 八 ン 十九	リ 六 チ オ七		右 右
ン 十九 ン	ン 七 ン	ン 九2 カラ 五六3	チ 十 ン 十九	ト 五3 ン	ト 一3 ン	テ 五	右 左
チ 十 ン 十九	テ 八 ン	テ 巾 ン 為	コ 十 ロ 九	コ 十 ロ 九	テ 五 ン	ヒ ⊙ ン	右 左
チ 十 ン 九	ン 十九 ン	シャ 八九2 シャ ↄ 3	リ 八 ン	リ 八 ン	ト 三 ン	ト 三 ン	右 左
テ 八 チ 九	テ 十 ン 十九	コ 巾 ロ 為	ン 七 テ 八	シャ 一二 ン	シャ 一二 ン	シャ 一二 ン	右 左
ン 七 テ 八	シャ 五六2 シャ ↄ 3	リ 斗 ン	ン 十九 ン	ン 十九 ン	○	○	右 左
ン 十九 テ 十	テ 十 チ オ為	テ 十 ン	シャ 一二 ン	テ 十 ン 為	シャ 一二 ン	シャ 三四2 シャ ↄ 3	右 左
コ 八 ロ 七	リ 斗 ン	ト 八3 ン	テ 十 ン	コ 巾 ロ 為	テ 五 ン ヒ	コ 八 ロ 七	右 左
リ 六 チ オ七	テ 十 ン	テ 巾 ン	シャ 六七2 シャ ↄ 3	リ 斗 チ オ為	シャ 一二 シャ ↄ	リ 六 チ オ七	右 左
ト 一3 ン	コ 巾 ロ 為	ト 五3 ン	ン 斗 ン	ン 斗 ト 五3	チ 六 ン ヒ	ト 一3 ン	右 左
テ 五 ン	リ 斗 ン	テ 十 ン	ト 五3 テ 十	コ 十 ロ 九	ト 一3 テ 五	テ 五 ン	右 左
ト 三 ン	リ 斗	ン 十九 ン	ン 為 ン	リ 八 ン	ン 七	ト 三 ン	右 左
シャ 一二 ン	レ △ チ オ為	テ 十 ン	テ 巾 ン 為	シャ 一二 ン	ウ オ⊙ ン ハ	シャ 一二 ン	右 左

(1) この楽譜の曲名として最も適切なものを，次の1～4の中から1つ選びなさい。

	曲名
1	五常楽
2	巣鶴鈴慕
3	六段の調
4	勧進帳

(2) 次の文章の(①)，(②)にあてはまる語句の組み合わせとして最も適切なものを，以下の1～4の中から1つ選びなさい。

・この曲の作曲者として伝えられている人物が(①)という調弦法を考案し，近世箏曲の基礎を築いたと言われている。
・(②)は日本の伝統音楽などで用いられる言葉である。もともとは雅楽の舞楽の楽章構成をあらわす用語であったが，しだいに音楽だけでなく，様々な日本芸能一般でも用いられるようになった。種目や時代によって意味は異なるが，だいたい速度論，演出論，脚本構成論の3種に分けて考えられる。

	①	②
1	平調子	起承転結
2	平調子	序破急
3	平調	起承転結
4	平調	序破急

(☆☆☆◎◎◎◎)

【24】次の文章を読み，(①)，(②)にあてはまる語句の組み合わせとして最も適切なものを，以下の1～4の中から1つ選びなさい。

雅楽は，約1300年の歴史をもつ日本の伝統芸能で，主に宮廷や寺社などの儀式の音楽として伝えられてきました。5～9世紀頃アジア各地から伝えられた音楽や舞を起源とする「舞楽」と(①)，日本古来の歌や舞，さらに平安時代に日本でつくられた歌があり，10世紀頃に現在の形がほぼ完成しました。
「平調　越天楽」は，（　②　），打物，弾物で演奏する曲の一つです。

	①	②
1	様式	鳴らし物
2	様式	吹物
3	管絃	鳴らし物
4	管絃	吹物

(☆☆◎◎◎◎)

【25】日本の民謡について説明したものとして適切でないものを，次の1～4の中から1つ選びなさい。

1　民謡のリズムには，江差追分のように拍にのったリズムで歌われるものもあれば，佐渡おけさのように拍のない自由なリズムで歌われるものもある。

2　民謡のタイプには，働くときに歌う「仕事歌」や宴会の席などで歌われる「座敷歌」，子守をするときに歌われる「子守歌」などがある。

3　民謡の音階には，ソーラン節などの民謡音階，よさこい節などの都節音階，木曽節などの律音階，谷茶前などの沖縄音階などがある。

4　民謡に関する言葉には，歌い手が節に即興的に付ける細かい音の動きを表す「コブシ」や，歌の旋律の上がり下がりや抑揚，装飾のことを表す「節回し」などがある。

(☆☆◎◎◎◎)

【26】能について説明したものとして適切でないものを，次の1～4の中から1つ選びなさい。

1　謡によって物語が進行する能では，曲や場面に応じてさまざまな表現方法が工夫されている。女性の登場する優美な曲では，旋律をはっきりと謡い，鬼や武士などの霊が登場する激しい曲では，旋律の美しさよりも声の勢いを大切にしている。

2 能では，主人公の多くが面をかける。面は，少しあお向けると喜びの表情(テラス)を，下を向けると悲しみの表情(クモラス)が表れるように作られている。

3 能の演技では，感情はさまざまな「型」によって表現されている。悲しんで泣く場面では，「ナキ」という型で悲しみを表現している。

4 能は，音楽と舞踊，演技を融合させた日本の伝統的な演劇の一つである。室町時代の初め頃，将軍足利義満の保護のもと観阿弥・世阿弥親子によって基本的な形が整えられ，室町時代の末頃にほぼ現在のような様式が完成した。

(☆☆☆◎◎◎◎)

【27】次は，中学校学習指導要領(平成29年告示)「第2章　各教科　第5節　音楽　第2　各学年の目標及び内容　〔第1学年〕　2　内容」の「A　表現　(1)～(3)」及び「B　鑑賞　(1)」に示された事項の一部です。イに示された事項でないものを，1～4の中から1つ選びなさい。

1 楽器の音色や響きと奏法との関わり
2 音のつながり方の特徴
3 曲想と音楽の構造との関わり
4 音楽表現の共通性や固有性

(☆☆◎◎◎◎◎)

【28】次は，中学校学習指導要領(平成29年告示)「第2章　各教科　第5節　音楽　第2　各学年の目標及び内容　〔第1学年〕　2　内容　B　鑑賞(1)」の一部です。(　①　)，(　②　)に入る語句の組み合わせとして正しいものを，以下の1～4の中から1つ選びなさい。

(1)　鑑賞の活動を通して，次の事項を身に付けることができるよう指導する。

イ　次の(ア)から(ウ)までについて理解すること。
(ア)　(略)
(イ)　音楽の特徴と(　①　)，他の芸術との関わり
(ウ)　我が国や郷土の伝統音楽及び(　②　)音楽の特徴と，その特徴から生まれる音楽の多様性

	①	②
1	その背景となる文化や歴史	諸外国の様々な
2	その背景となる文化や歴史	アジア地域の諸民族の
3	文化的・歴史的背景	諸外国の様々な
4	文化的・歴史的背景	アジア地域の諸民族の

(☆☆◎◎◎◎◎)

【29】次は，中学校学習指導要領(平成29年告示)「第2章　各教科　第5節　音楽　第2　各学年の目標及び内容　〔第2学年及び第3学年〕　2　内容　A　表現　(1)」の一部です。(　①　)，(　②　)に入る語句の組み合わせとして正しいものを，以下の1～4の中から1つ選びなさい。

(1)　歌唱の活動を通して，次の事項を身に付けることができるよう指導する。
ア　歌唱表現に関わる知識や技能を得たり生かしたりしながら，(　①　)歌唱表現を創意工夫すること。
ウ　次の(ア)及び(イ)の技能を身に付けること。
(ア)　創意工夫を生かした表現で歌うために必要な発声，言葉の発音，身体の使い方などの技能
(イ)　創意工夫を生かし，全体の響きや各声部の声などを聴きながら(　②　)歌う技能

	①	②
1	曲にふさわしい	他者と合わせて
2	自己のイメージをもって	他者と合わせて
3	自己のイメージをもって	他者との調和を意識して
4	曲にふさわしい	他者との調和を意識して

(☆☆◎◎◎◎◎)

【30】次は，中学校学習指導要領(平成29年告示)「第2章　各教科　第5節　音楽　第2　各学年の目標及び内容　〔第2学年及び第3学年〕　2　内容　A　表現　(3)」の一部です。(　①　)，(　②　)に入る語句の組み合わせとして正しいものを，以下の1～4の中から1つ選びなさい。

> (3)　創作の活動を通して，次の事項を身に付けることができるよう指導する。
> イ　次の(ア)及び(イ)について，表したいイメージと関わらせて理解すること。
> (ア)　(　①　)及び音のつながり方の特徴
> (イ)　(　②　)及び音の重なり方や反復，変化，対照などの構成上の特徴

	①	②
1	音階や言葉などの特徴	表現形態の特徴
2	音階や音型などの特徴	表現形態の特徴
3	音階や言葉などの特徴	音素材の特徴
4	音階や音型などの特徴	音素材の特徴

(☆☆◎◎◎◎◎)

【31】次は，中学校学習指導要領(平成29年告示)「第2章　各教科　第5節　音楽　第3　指導計画の作成と内容の取扱い　2　(1)」に示された内容の一部です。(　①　)，(　②　)に入る語句の組み合わせとして正しいものを，以下の1～4の中から1つ選びなさい。

> (1)　各学年の「A表現」及び「B鑑賞」の指導に当たっては，次のとおり取り扱うこと。
> エ　生徒が様々な感覚を(　①　)音楽への理解を深めたり，(　②　)学習に取り組んだりすることができるようにするため，コンピュータや教育機器を効果的に活用できるよう指導を工夫すること。

	①	②
1	働かせて	主体的に
2	働かせて	協働的に
3	関連付けて	主体的に
4	関連付けて	協働的に

(☆☆◎◎◎◎◎)

【32】次は，中学校学習指導要領(平成29年告示)「第2章　各教科　第5節　音楽　第2　各学年の目標及び内容　〔第2学年及び第3学年〕　2　内容　〔共通事項〕　(1)」の一部です。〔共通事項〕　(1)　イに示す「用語や記号など」として，同学習指導要領において示されていないものを，以下の1～4の中から1つ選びなさい。

> (1)　「A表現」及び「B鑑賞」の指導を通して，次の事項を身に付けることができるよう指導する。
> イ　音楽を形づくっている要素及びそれらに関わる用語や記号などについて，音楽における働きと関わらせて理解すること。

1　調　　2　変化　　3　拍　　4　動機

(☆☆◎◎◎◎◎)

【高等学校】

【1】北原白秋作詞，山田耕筰作曲の「からたちの花」で使われる“esitando”の意味として正しいものを選びなさい。

(1) 表情豊かに　(2) 静かに　(3) ためらって
(4) 愛らしく

(☆☆☆◎◎◎)

【2】次のうち，高野辰之作詞，岡野貞一作曲である作品の数を選びなさい。

春が来た　夏は来ぬ　みかんの花咲く丘　里の秋

(1) 1　(2) 2　(3) 3　(4) 4

(☆☆☆◎◎◎)

【3】歌詞を用いず，母音だけで歌う「母音唱法」を表す言葉を選びなさい。

(1) ア・カペラ　(2) メリスマ　(3) スキャット
(4) ヴォカリーズ

(☆☆◎◎◎)

【4】イタリア古典歌曲「Caro mio ben」を扱う授業において，生徒への指導内容として誤っているものを選びなさい。

(1) 速度記号が「Larghetto」のため，「Largo」よりやや速い速度で演奏する。
(2) 最後のフレーズ「languisce il cor」が，それ以前に出てきた時より音価が長くなっていることに注目させる。
(3) 歌い始めが1拍目から始まるため，前奏をよく聴き，ブレスを十分にとって歌い始める。
(4) 「Caro mio ben」という歌詞が曲中で4回歌われるので，それぞれの部分に合った表現方法を吟味する。

(☆☆☆☆◎◎◎)

【5】F.シューベルト作曲の歌曲で，自身の「ピアノ五重奏曲」の主題にも用いられているものを選びなさい。

(1)　Heidenröslein　(2)　Die Forelle　(3)　Wiegenlied

(4)　Ständchen

(☆☆☆◎◎◎◎)

【6】次の文で誤っているものを選びなさい。

(1)　芸術性の高い歌詞にピアノ伴奏を付けたフランス語の歌曲をメロディという。

(2)　15～16世紀の南ドイツを中心に手工業の職人やその徒弟らが詩と歌を競うようになり，その中で優れた者をミンネゼンガーと呼んだ。

(3)　9世紀頃からグレゴリオ聖歌を主声部として置き，そこに別の声部を付け加えたオルガヌムという様式があらわれた。

(4)　イタリアのナポリ民謡や，イタリア語で歌われるポピュラー音楽を広くカンツォーネと呼ぶ。

(☆☆☆☆◎◎◎)

【7】次の(ア)～(エ)のミュージカルで用いられる音楽と(A)～(D)の作曲家の組み合わせがすべて正しいものを選びなさい。

(ア)　Do You Hear the People Sing?　(A)　R.Rodgers

(イ)　Climb Ev'ry Mountain　(B)　C.M.Schönberg

(ウ)　Tonight　(C)　L.Bernstein

(エ)　Oh Happy Day　(D)　E.Hawkins

(1)　(ア)－(D)　(イ)－(A)　(ウ)－(B)　(エ)－(C)

(2)　(ア)－(C)　(イ)－(B)　(ウ)－(D)　(エ)－(A)

(3)　(ア)－(B)　(イ)－(A)　(ウ)－(C)　(エ)－(D)

(4)　(ア)－(D)　(イ)－(B)　(ウ)－(C)　(エ)－(A)

(☆☆☆◎◎◎)

【8】W.A.モーツァルト作曲のオペラ「魔笛」について誤っているものを選びなさい。

(1) オペラのヒロインはソプラノによって歌われることが多いが，この作品ではメッゾ・ソプラノが主役を務める。

(2) ドイツ語によるジングシュピールで，オペラの特徴であるアリアやレチタティーヴォの他に旋律のつかない台詞も含まれている。

(3) アリア「地獄の復讐が胸にたぎる」は特に有名で，コロラトゥーラと呼ばれる技巧的で装飾を多用した旋律が現れる。

(4) 第2幕では，グロッケンシュピールを用いた伴奏にのってパパゲーノが「恋人か女房が」を陽気に歌う。

(☆☆☆◎◎◎◎)

【9】スペイン語で「空間に向かって」という意味を持つギターの奏法として正しいものを選びなさい。

(1) アポヤンド (2) アル・アイレ (3) セーハ

(4) アルペッジョ

(☆☆◎◎◎◎)

【10】次のI.ストラヴィンスキー作曲のバレエ音楽のうち，5管編成で作曲されたものを選びなさい。

(1) 春の祭典 (2) 火の鳥 (3) ペトルーシュカ

(4) オルフェウス

(☆☆☆☆◎◎)

【11】コール・アングレで記譜音「ファ♯」を吹いたときに出る実音を，ドイツ音名で表したものを選びなさい。

(1) A (2) B (3) E (4) H

(☆☆☆☆◎◎◎)

【12】鍵盤を押すと，楽器の内部に張られた弦がプレクトラムという爪によってはじかれて音が出る楽器を選びなさい。

(1)　チェレスタ　　(2)　フォルテピアノ　　(3)　チェンバロ

(4)　ハルモニウム

(☆☆☆☆◎◎)

【13】次の文の(　ア　)，(　イ　)にあてはまる言葉の組み合わせとして正しいものを選びなさい。

> ヴィオラの調弦は，第1弦・第2弦・第3弦・第4弦の順に(　ア　)でチェロの調弦よりも(　イ　)高い。

(1)　ア　E－A－D－G　　イ　1オクターヴ

(2)　ア　A－D－G－C　　イ　1オクターヴ

(3)　ア　C－G－D－A　　イ　1オクターヴと完全5度

(4)　ア　G－D－A－E　　イ　1オクターヴと完全5度

(☆☆☆◎◎◎)

【14】次の図は，以下の8つの楽器のうち，4つの楽器の音域(実音)を表したものです。(ア)～(エ)にあてはまる楽器の組み合わせとして最も適切なものを選びなさい。

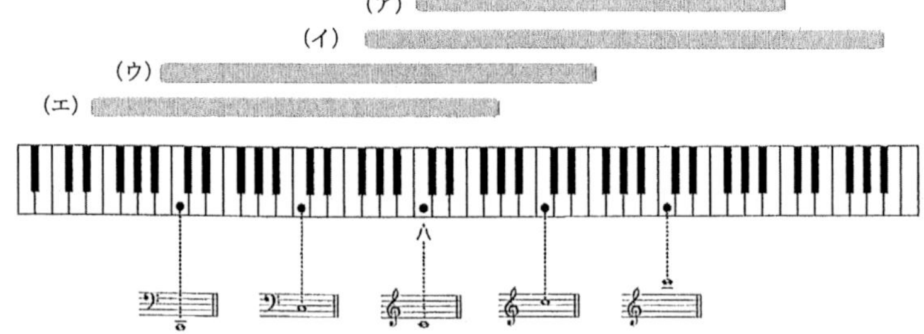

ヴァイオリン	クラリネット	コントラバス
トランペット	トロンボーン	ファゴット
フルート	ホルン	

(1) (ア) フルート　(イ) ヴァイオリン
(ウ) ホルン　(エ) コントラバス
(2) (ア) クラリネット　(イ) トランペット
(ウ) トロンボーン　(エ) ファゴット
(3) (ア) フルート　(イ) トランペット
(ウ) ホルン　(エ) ファゴット
(4) (ア) クラリネット　(イ) ヴァイオリン
(ウ) トロンボーン　(エ) コントラバス

(☆☆☆☆◎◎◎)

【15】グレゴリオ聖歌「ディエス・イレ」の旋律を用いた楽曲として，誤っているものを選びなさい。

(1) レクイエム(G.フォーレ)
(2) 幻想交響曲(H.ベルリオーズ)
(3) パガニーニの主題による狂詩曲(S.ラフマニノフ)
(4) 死の舞踏(F.リスト)

(☆☆☆◎◎◎)

【16】「アヴェ・ヴェルム・コルプス」の意味として最も適切なものを選びなさい。

(1) 祝福がありますように　(2) 主よ，憐れみたまえ
(3) めでたし，まことの御体　(4) めでたし，マリア

(☆☆☆◎◎)

【17】次の楽譜は，W.A.モーツァルトが作曲したある楽器のための協奏曲の一部分です。その楽器を選びなさい。

(1)　ヴァイオリン　　(2)　フルート　　(3)　ホルン

(4)　クラリネット

(☆☆☆◎◎◎)

【18】次のピアノ協奏曲のうち，冒頭部分の調号(♯や♭)が一番少ない調性の作品を選びなさい。

(1)　ピアノ協奏曲　　第1番　　作品11(F.ショパン)

(2)　ピアノ協奏曲　　作品54　　(R.シューマン)

(3)　ピアノ協奏曲　　第2番　　作品18　　(S.ラフマニノフ)

(4)　ピアノ協奏曲　　第5番　　作品73　　(L.v.ベートーヴェン)

(☆☆☆☆◎◎◎)

【19】A.ドヴォルジャーク作曲の交響曲第9番「新世界より」の譜面でないものを選びなさい。

(1)

(2)

(3)

(4)

(☆☆☆◎◎◎◎)

【20】次の文章は，ミュージカル「ウエスト・サイド・ストーリー」について説明したものです。(A)~(D)にあてはまる語句の組み合わせとして正しいものを選びなさい。

> 物語に登場するのは(A)系中心の「ジェット団」と(B)系中心の「シャーク団」である。また「ジェット団」のリーダーは(C)，シャーク団のリーダーは(D)である。

(1) A ポーランド　B プエルトリコ
　C リフ　D ベルナルド
(2) A プエルトリコ　B ポーランド
　C トニー　D リフ
(3) A ポーランド　B プエルトリコ
　C トニー　D ベルナルド
(4) A プエルトリコ　B ポーランド
　C ベルナルド　D トニー

(☆☆☆◎◎◎)

【21】次の文章の(　　)にあてはまる作曲家を選びなさい。

> ロマン派という時代は，多くの作曲家が公に文章を発表するようになった時代ともいえます。(　　)は，1834年に「新音楽時報」を創刊し，その中で多くの作曲家の批評を行いました。

(1) H.ベルリオーズ　(2) R.シューマン　(3) F.シューベルト
(4) R.ヴァーグナー

(☆☆◎◎◎◎)

【22】次の西洋音楽の楽派を，年代の古い順に並べたものを選びなさい。
(ア) フランドル楽派　(イ) 新ウィーン楽派
(ウ) マンハイム楽派　(エ) ノートルダム楽派
(1) (ア)→(エ)→(ウ)→(イ)　(2) (エ)→(ウ)→(ア)→(イ)

(3)　(ア)→(エ)→(イ)→(ウ)　　(3)　(エ)→(ア)→(ウ)→(イ)

(☆☆☆◎◎◎)

【23】次の文章があらわす作曲家を選びなさい。

> イタリア初期バロックを代表する作曲家。クレモナで生まれ，長くマントヴァのゴンザーガ家に仕え，晩年はヴェネツィアで活躍した。モノディー様式や，大胆な不協和音の導入，管弦楽の積極的な導入など劇的な表現にすぐれ，「オルフェーオ」など特にオペラに傑作を残した。

(1)　A.コレッリ　　(2)　A.ヴィヴァルディ
(3)　C.モンテヴェルディ　　(4)　G.パレストリーナ

(☆☆☆◎◎◎)

【24】次の楽譜(楽譜の一部である)での演奏で用いられる楽器を選びなさい。

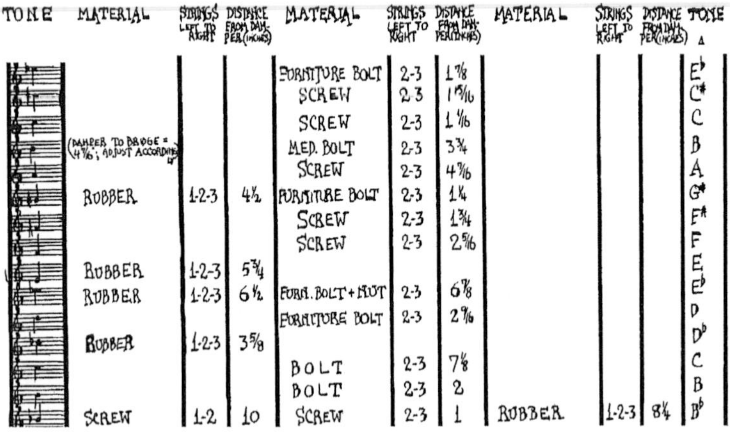

TONE	MATERIAL	STRINGS LEFT TO RIGHT	DISTANCE FROM DAMPER (INCHES)	MATERIAL	STRINGS LEFT TO RIGHT	DISTANCE FROM DAMPER (INCHES)	MATERIAL	STRINGS LEFT TO RIGHT	DISTANCE FROM DAMPER (INCHES)	TONE
				FURNITURE BOLT	2-3	1 7/8				E♭
				SCREW	2-3	1 15/16				C♯
				SCREW	2-3	1 1/16				C
	(DAMPER TO BRIDGE = 4 5/16; ADJUST ACCORDING.)			MED. BOLT	2-3	3 3/4				B
				SCREW	2-3	4 7/16				A
	RUBBER	1-2-3	4 1/2	FURNITURE BOLT	2-3	1 1/4				G♯
				SCREW	2-3	1 3/4				F♯
				SCREW	2-3	2 5/16				F
	RUBBER	1-2-3	5 3/4							E
	RUBBER	1-2-3	6 1/2	FURN. BOLT + NUT	2-3	6 7/8				E♭
				FURNITURE BOLT	2-3	2 9/16				D
	RUBBER	1-2-3	3 5/8							D♭
				BOLT	2-3	7 1/8				C
				BOLT	2-3	2				B
	SCREW	1-2	10	SCREW	2-3	1	RUBBER	1-2-3	8 1/4	B♭

(1)　テルミン　　(2)　オンド・マルトノ　　(3)　パイプオルガン
(4)　プリペアード・ピアノ

(☆☆☆☆◎◎)

【25】次の文章は義太夫節についての説明です。(A)～(D)にあてはまる言葉の組み合わせとして正しいものを選びなさい。

> 義太夫節は，太夫(語り手)と(A)各1名で演じる形が基本である。語りは3つに大別され，音楽的な旋律をつけて語られる部分を(B)といい，情景や事柄を述べる部分で使用される。
> 登場人物のせりふに当たる部分を(C)，(B)と(C)の中間的な抑揚を持つ表現を(D)という。

(1) A 三味線 B 詞 C 地合 D 産字
(2) A 三味線 B 地合 C 詞 D 色
(3) A 箏 B 詞 C 地合 D 産字
(4) A 箏 B 地合 C 詞 D 色

(☆☆☆☆◎◎◎◎)

【26】次の歌詞が歌われる民謡を選びなさい。

> 筑子の竹は 七寸五分じゃ 長いは袖のかなかいじゃ
> 窓のサンサもデデレコデン はれのサンサもデデレコデン

(1) こきりこ (2) ホーハイ節 (3) 相馬盆唄
(4) 安里屋ユンタ

(☆☆☆◎◎◎◎)

【27】次の作品のうち，「催馬楽」に分類される作品を選びなさい。

(1) 新ざらし (2) 求子歌 (3) 揚拍子 (4) 更衣

(☆☆☆☆◎◎◎◎)

【28】次の図の(ア)～(ウ)にあてはまる篠笛の各部の名称と，(エ)を押さえる指の組み合わせとして正しいものを選びなさい。

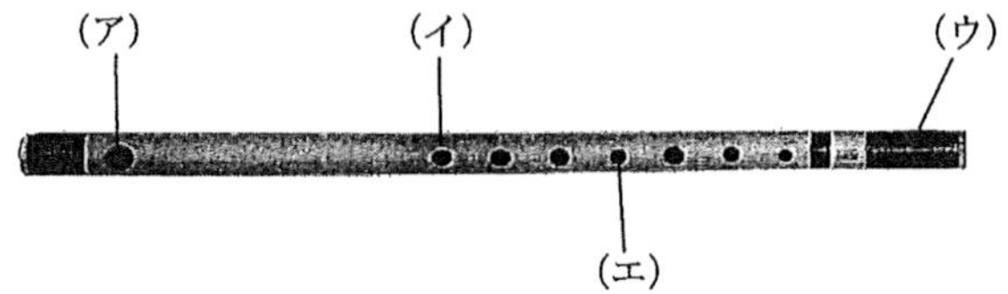

(1)　歌口　(イ)　第七孔　(ウ)　管尻　(エ)　右手の人差し指
(2)　歌口　(イ)　第一孔　(ウ)　竜尾　(エ)　右手の人差し指
(3)　吹口　(イ)　第七孔　(ウ)　竜尾　(エ)　左手の小指
(4)　吹口　(イ)　第一孔　(ウ)　管尻　(エ)　左手の小指

(☆☆☆☆◎◎◎)

【29】カッワーリーの伴奏で用いられる楽器を選びなさい。

(1)　アルフー　(2)　ズルナ　(3)　ハルモニウム
(4)　バラライカ

(☆☆☆◎◎◎◎)

【30】ガムランに関して述べた次の(a)～(c)について，正しいものの組み合わせを選びなさい。

(a)　1オクターヴが5音からなり，スレンドロ音階と呼ばれる。
(b)　青銅製の鍵盤をもつ楽器類が合奏全体のテンポや曲の進行を司る。
(c)　2弦の弓奏楽器であるスリンで，曲の枠組みと骨格旋律に基づき，変奏旋律とリズムを演奏する。
(d)　インドで発展した合奏形態の音楽である。
(e)　循環的な構造をもち，一定の拍数の周期で成り立つ骨格旋律が何度も繰り返される。

(1)　(b)と(d)　(2)　(a)と(e)　(3)　(b)と(c)　(4)　(c)と(e)

(☆☆☆◎◎◎◎)

【31】次の文章が示す楽器名を選びなさい。

> ヒョウタンと牛の皮などで作られた胴と長い棹を持ち，21本の弦が，直立する駒の左右の刻みを通って胴に対して垂直に2列に並んでいます。奏者側に弦を向け，両手の親指と人さし指ではじいて演奏します。グリオと呼ばれる専門の語り部だけに演奏が許された特別な楽器です。

(1) バラフォン　(2) コラ　(3) セタール　(4) シタール

(☆☆☆◎◎◎◎)

【32】次の(ア)～(エ)のピアノの楽譜について，それぞれの曲のスタイルの組み合わせとして正しいものを選びなさい。

(1) (ア) ラテン　(イ) フォルクローレ
　(ウ) タンゴ　(エ) ジャズ

(2) (ア) ボサ・ノヴァ　(イ) ラグタイム
　(ウ) タンゴ　(エ) ジャズ

(3) (ア) ジャズ　(イ) タンゴ
　(ウ) ラグタイム　(エ) ボサ・ノヴァ

(4) (ア) ラグタイム　(イ) ボサ・ノヴァ

(ウ)　ラテン　　　　(エ)　タンゴ

(☆☆☆☆◎◎◎)

【33】次の楽譜で用いられているテクスチュアの名称を選びなさい。

(1)　インターロッキング　　(2)　ポリフォニー

(3)　ヘテロフォニー　　(4)　オスティナート

(☆☆☆☆◎◎)

【34】構成音が2つだけ共通するコードの組み合わせを選びなさい。

(1)　$Esus_4$　－　Adim　　(2)　Faug　－　C_6　　(3)　Bm_7^{-5}　－　Dm

(4)　$F^{\#}_7$　－　D_{M7}

(☆☆☆◎◎◎)

【35】次の音列が律音階であるものを選びなさい。ただし，音名はドイツ音名とします。

(1)　E－G－A－H－D－E　　(2)　E－Fis－A－H－Cis－E

(3)　E－Gis－A－H－Dis－E　　(4)　E－F－A－H－C－E

(☆☆◎◎◎◎)

【36】変ロ短調の和声短音階に対して，4つの異名同音を持つ音階を選びなさい。

(1)　ト短調(和声短音階)　　(2)　嬰へ長調

(3)　嬰ト短調(和声短音階)　　(4)　ロ長調

(☆☆☆☆◎◎)

【37】高等学校学習指導要領(平成30年告示)の「第2章　各学科に共通する各教科　第7節　芸術　第2款　各科目　第1　音楽Ⅰ　2　内容　A　表現　(1)歌唱」に示された指導事項として，正しいものを選びなさい。

(1)　曲想と音楽の構造や歌詞，文化的・歴史的背景との関わり

(2)　曲想と音楽の構造や歌詞，文化的・歴史的背景との関わり及びその関わりによって生み出される表現上の効果

(3)　曲の表現内容や様々な表現形態による歌唱表現の固有性や多様性

(4)　楽曲の表現内容について理解を深めるとともに，創造的に歌唱表現するために必要な技能を身に付けるようにする。

(☆☆◎◎◎◎◎)

【38】次は，高等学校学習指導要領(平成30年告示)の「第2章　各学科に共通する各教科　第7節　芸術　第2款　各科目　第1　音楽Ⅰ　〔共通事項〕」の一部です。文中の(　ア　)～(　ウ　)に入る語句の組み合わせとして正しいものを選びなさい。

> (1)「A　表現」及び「B(　ア　)」の指導を通して，次の事項を身に付けることができるよう指導する。(中略)
> イ　音楽を形づくっている要素及び音楽に関する(　イ　)や(　ウ　)などについて，音楽における働きと関わらせて理解すること。

(1)　ア　鑑賞　　イ　技能　　ウ　記号

(2)　ア　器楽　　イ　技能　　ウ　知識

(3)　ア　鑑賞　　イ　用語　　ウ　記号

(4)　ア　創作　　イ　用語　　ウ　知識

(☆☆◎◎◎◎◎)

【39】次は，高等学校学習指導要領(平成30年告示)の「第2章　各学科に共通する各教科　第7節　芸術　第2款　各科目　第2　音楽Ⅱ　1　目標」の一部です。文中の(　A　)，(　B　)に入る語句の組み合わせと

して正しいものを選びなさい。

(2)　(　A　)音楽表現を創意工夫することや，音楽を(　B　)しながらよさや美しさを深く味わって聴くことができるようにする。

(1)　A　能動的に　　　B　批評
(2)　A　主体的に　　　B　批評
(3)　A　表情豊かに　　B　評価
(3)　A　個性豊かに　　B　評価

(☆☆◎◎◎◎◎)

【40】高等学校学習指導要領(平成30年告示)の「第3章　主として専門学科において開設される各教科　第11節　音楽　第2款　各科目　第6　器楽　1　目標」に示されていないものを選びなさい。

(1)　楽曲の表現内容について理解を深めるとともに，創造的に器楽表現するために必要な技能を身に付けるようにする。
(2)　創意工夫や表現上の効果を生かした器楽表現をするために必要な技能を身に付けること。
(3)　音楽性豊かな表現について考え，表現意図を明確にもつことができるようにする。
(4)　音楽性豊かな表現を追求する態度を養う。

(☆☆◎◎◎◎◎)

解答・解説

【中学校】

【1】1

〈解説〉各譜表のハ音記号，へ音記号の位置は覚えておくこと。選択肢のうち正答に当てはまらない音部記号について，バス記号は低音部譜表とも呼ばれ，ヘ音記号が第4線，ソプラノ記号はハ音記号が第1線の上である。

【2】4
〈解説〉選択肢はフィナリス(主音)がラ♭から始まっているが，正格第1旋法(ドリア旋法)である，レから始まった音程と同じ音階，「全半全全全半全」になっているものを選ぶ。

【3】2
〈解説〉テトラコードはディアトノン，クロマティコン，エンハルモニオンの3つの種類がある。日本語では全音階，陰影音階，ハルモニア音階である。エンハルマニオンは，長3度音程と半音程によって構成される音階で，エンハーモニックの語源となった。

【4】1
〈解説〉読み慣れない音部記号を読み間違えないように気をつける。d mollで終わっているもの選ぶ。

【5】3
〈解説〉省略されている楽語は，読めても書けないことも多いと思われるので，スペルは書けるように対策しておきたい。

【6】1
〈解説〉演奏時間は，拍の数×60÷メトロノームの速度表示で計算できる。最初の♩＝120の部分は，28×60÷120で14秒。♪＝120の1回目の部分は60×60÷120で30秒。𝅗𝅥＝60の部分は6×6÷60で6秒。セーニョ番号に戻った♪＝120の部分は36×60÷120で18秒。コーダの𝅗𝅥＝80の部分は12×60÷80で9秒。合計77秒で，1分17秒である。

【7】(1)　(あ)　3※　　(い)　4　　(う)　2　　(2)　4　　(3)　1

〈解説〉(1)　(あ)　※公開解答では，3の減5度となっているが，前音のラに♭がついているので，ここにも♭がつき，ラ♭とミ♭で2の完全5度が正しいと思われる。　(い)　レ♭とシ♭で長6度。　(う)　シ♭とレ♭で短3度。　(2)　最初の2つの和音で判断できる。　(3)　ソ♭を属音にもつ調は，Ces durで，異名同音ではH dur。

【8】(1)　3　　(2)　2　　(3)　1　　(4)　4

〈解説〉(1)成田為三作曲，林古溪作詞の「浜辺の歌」である。歌唱共通教材について，歌詞はすべておぼえること。　(2)　伴奏も練習し，音だけでなくアーティキュレーションも理解しておくこと。　(3)　正答以外の選択肢について，2は中田喜直，3は中山晋平，4は山田耕筰作曲の作品である。　(4)「浜辺の歌」は二部形式だが，4は一部形式である。

【9】(1)　1　　(2)　2　　(3)　1　　(4)　2

〈解説〉(1)　教科書に掲載されている曲について，歌詞と旋律，アーティキュレーションは理解しておくこと。　(2)　最後に2回繰り返す「Santa Lucia」の2回目はフェルマータがついており，Aの部分でディクレシェンドして最後にクライマックスをもっていく。　(3)　サンタルチアと選択肢1は8分の3拍子，2は4分の3拍子，3は4分の4拍子，4は4分の3拍子である。　(4)　2は「蝶々夫人」の第3幕のアリア「さらば愛の巣」である。

【10】(1)　2　　(2)　1　　(3)　3

〈解説〉(1)　2は竹田出雲，三好松洛，並木千柳の合作作品である。

(2)　間違いのある選択肢について，2の「右遣い」でなく正しくは「左遣い」。3の「廻り舞台」「せり，すっぽん」「花道」は歌舞伎の舞台の装置。4の文楽の囃子は下手の御簾内にいる笛や太鼓で演奏される。　(3)　太夫の語りは3つの構造があり，「詞(コトバ」は登場人物の台詞，会話。「地合(ジアイ)」は物語の情景や説明で三味線の演奏を伴う。「節(フシ)」は三味線の旋律にあわせて歌うように語る部分である。

【11】(1) 4　(2) 2

〈解説〉(1) アルトリコーダーとソプラノリコーダーの運指の問題は毎年出題されている。必ず覚えること。 (2) 正答以外の選択肢のコードは，1はB♭m，3はF，4はCである。主なコードのダイアグラムは覚えておくこと。

【12】(1) 3　(2) 1　(3) 2

〈解説〉(1) ① 虚無僧とは普化宗の僧である。 ② 近藤宗悦は江戸時代末期，樋口対山は江戸末期から明治期，酒井竹保は昭和の尺八の名手である。 (2) 1は三味線の奏法である。和楽器の奏法は尺八だけでなく，筝，三味線についても学習しておくこと。 (3) カタカナで表記されていて，その上に音の長さを表す線が引かれていることやカタカナの右左に表裏拍子を表す点があることから，尺八の琴古流の楽譜と判断できる。それ以外の選択肢について，1は義太夫節，3は三味線，4は篳篥の楽譜である。

【13】2

〈解説〉三味線の調弦，3種類は音程の関係を覚えておくこと。三下りは一の糸と二の糸，二の糸と三の糸が両方とも完全4度の関係になる。文化譜より「0」のところが開放弦の音となるので，二の糸がミ，三の糸がラで，一の糸はシと判断できる。数字は勘所を表している。

【14】4

〈解説〉「はじき」は三味線の奏法である。和楽器，ギター，リコーダー，民族楽器についても奏法について学習しておきたい。

【15】3

〈解説〉「平曲」は琵琶の伴奏で平家物語を語るものである。「隅田川」「小鍛冶」は能の演目，「鹿の遠音」は尺八の楽曲，「京鹿子娘道成寺」は歌舞伎の演目，「五段砧」は箏の楽曲，「汐汲」は歌舞伎，日本舞踊の演目である。

【16】1

〈解説〉1の説明はかき爪のものである。割り爪は人差し指と中指で，隣り合った2本の弦を順番に続けて弾く奏法である。

【17】2

〈解説〉民族楽器は写真を見て名前が解答できるようにし，音源や映像で音や奏法などもあわせて学習しておきたい。

【18】4

〈解説〉体鳴楽器，膜鳴楽器，弦鳴楽器，気鳴楽器，電鳴楽器の楽器分類ができるようにしておくこと。体鳴楽器は，その楽器自体の振動を音源とする楽器である。バグパイプはリードを振動させて音を出す気鳴楽器である。

【19】(1)　3　　(2)　4

〈解説〉(1)　ヴィヴァルディの「和声と創意の試み」第1集「四季」から春の旋律である。教科書にも掲載されているので，ソネットと旋律の組み合わせは必ず覚えておこう。　(2)　1はモーツァルト，2はヴェルディ，3はスメタナの説明である。

【20】1

〈解説〉楽譜は，バッハ作曲の「小フーガト短調」である。1はバッハ作曲の「シンフォニア第15番」，2はハイドン作曲の「ピアノソナタ第35番」，3はヘンデル作曲の組曲「王宮の花火の音楽」序曲，4はモーツァルト作曲の「ピアノソナタ第8番」である。

【21】(1)　4　　(2)　3

〈解説〉(1)　チャイコフスキーの3大バレエ音楽「白鳥の湖」「くるみ割り人形」「眠りの森の美女」はスコアもあわせて音源を確認しておきたい。　(2)　この作品は1876年に完成した。ムソルグスキーは1839～1881年で，ロシア5人組の1人である。正答以外の選択肢の，1はルネサンス後期，2はルネサンスからバロック時代にかけて，4はバロック時代の作曲家である。

【22】4

〈解説〉シタールはインドの民族楽器で，正しくはサウン・ガウである。

【23】(1)　3　　(2)　2

〈解説〉(1)　楽譜の口唱歌より判断できる。　(2)　①　八橋検校によって作られた調弦，平調子である。　②　箏曲では序破急は全体的なテンポの進め方の原理として用いられる。中学校学習指導要領の共通事項の用語や記号の中にも含まれているので，授業でどう指導するのか考察しておきたい。

【24】4

〈解説〉①　舞楽の右舞と左舞の分類と特徴，管弦の楽器の種類と配置など，国風歌舞や歌物のジャンルについても学習しておくこと。

②　雅楽で用いられる楽器は三管・三鼓・両絃である。

【25】1

〈解説〉「江差追分」は拍のない自由なリズム，「佐渡おけさ」は規則正しい有拍のリズムである。追分様式と八木節様式について学習しておくこと。

【26】3

〈解説〉3「ナキ」ではなく「シオリ」が正しい。

【27】4

〈解説〉中学校学習指導要領より，第1学年の内容について表現と鑑賞の目標のイの部分は，「思考力・判断力・表現力等」の資質・能力について述べられている。4はB鑑賞の(1)ア(ウ)の文言である。

【28】2

〈解説〉第1学年のB鑑賞の内容からの出題である。A表現の歌唱，器楽，創作について，また他学年の文言も違いを整理して覚えること。

【29】1

〈解説〉第2学年及び第3学年のA表現の歌唱の内容からの出題である。A表現の器楽，創作，B鑑賞について，また他学年の文言も違いを整理して覚えること。

【30】3

〈解説〉第2学年及び第3学年のA表現の創作の内容からの出題である。A表現の歌唱，器楽，B鑑賞について，また他学年の文言も違いを整理して覚えること。

【31】3

〈解説〉指導計画の作成と内容の取扱いから，内容の取扱いに関する配慮事項から出題された。ここでは(1)から出題されたが，全部で10項目あげられており，いずれも具体的で重要な内容なので理解を深めておきたい。

【32】2

〈解説〉用語や記号と音楽を形づくっている要素は，すべて覚えること。

【高等学校】

【1】(3)

〈解説〉山田耕筰は独特の音楽用語を使用しているので，スコアをみて，他の楽語についても確認しておくこと。音楽用語辞典にでてこないものもあるので，イタリア語の辞書で調べるのもよい。

【2】(1)

〈解説〉1番目が高野辰之作詞，岡野貞一作曲，2番目は佐佐木信綱作詞・小山作之助作曲，3番目は加藤省吾作詞・海沼実作曲，4番目は斎藤信夫作詞・海沼実作曲である。

【3】(4)

〈解説〉ラフマニノフのヴォカリーズなど，音源を確認しておきたい。(1)は無伴奏で声だけで楽曲を表現すること，(2)は歌詞の1音節にいくつかの音を当てはめて歌うもの，(3)は歌詞の代わりに意味のない音節をあてて即興的に歌うことである。

【4】(3)

〈解説〉歌い始めは1拍目ではなく，3拍目である。

【5】(2)

〈解説〉(2)は「ます」である。「ピアノ五重奏」の第4楽章が歌曲「ます」の変奏曲であるためにこの副題がつけられた。(1)は「野ばら」，(3)は「子守歌」，(4)は「セレナーデ」である。

【6】(2)

〈解説〉(2)はマイスタージンガーの説明で，ミンネゼンガーは中世ドイツの吟遊詩人，音楽家のことである。

【7】(3)

〈解説〉(ア)は「レ・ミゼラブル」の「民衆の歌」，(イ)は「サウンド・オブ・ミュージック」の「すべての山に登れ」，(ウ)は「ウエスト・サイド・ストーリー」の「トゥナイト」，(エ)は「天使にラブ・ソングを2」の「オー・ハッピー・デイ」である。

【8】(1)

〈解説〉「魔笛」のヒロインは夜の女王の娘のパミーナでソプラノである。主なオペラのあらすじと主な役の声種，主要なアリアは確認しておきたい。

【9】(2)

〈解説〉アル・アイレはスペイン語では「al aire」となり，指で弦を弾いたあとに指が他の弦に着地せずに空に留まる奏法を指す。他の奏法についても確認しておくこと。

【10】(1)

〈解説〉5管編成とは木管楽器の各パートに人数が5名ずつのこと。2と3と4管編成などがある。

【11】(4)

〈解説〉コール・アングレはF管で，実音が記譜音より完全5度低い。

【12】(3)

〈解説〉(1)はハンマーで金属製の音板をたたいて発音する。(2)はハンマーが弦を打ち発音する。(4)はふいごで風を送り込みリードを振動させて発音する。

【13】(2)

〈解説〉ヴィオラの開放弦はヴァイオリンの開放弦，E・A・D・Gの5度下，チェロの開放弦はヴィオラの1オクターブ下になる。

【14】(1)

〈解説〉オーケストラに使用される楽器，リコーダーなどの音域はすべて確認しておくこと。

【15】(1)

〈解説〉ディエス・イレ(怒りの日)は使者のためのミサ曲で，モチーフとして交響詩などで引用される。旋律を確認し，スコアを提示されたらわかるようにしておくこと。

【16】(3)

〈解説〉聖体祭の賛美歌である。(1)は「ベネディクトゥス」(2)は「キリエ・エレイソン」(4)は「アヴェ・マリア」。

【17】(4)

〈解説〉モーツァルト作曲のクラリネット協奏曲イ長調KV622の第1楽章第1主題である。主な協奏曲について，音源だけでなくスコアもあわせて確認しておきたい。

【18】(2)

〈解説〉それぞれの調と調号は，(1)はe mollで♯1つ，(2)はa mollで調号なし，(3)はc mollで♭3つ，(4)はE durで♯4つである。

【19】(3)

〈解説〉(3)はベートーヴェン作曲の交響曲第3番第1楽章である。(1)は第1楽章の第2主題，(2)は第1楽章の第1主題，(4)は第3楽章である。

【20】(1)

〈解説〉ウエスト・サイド・ストーリーは，不良グループの縄張り争いの中，敵同士であるそれぞれのグループのリーダー，リフの友人のトニーとベルナルドの妹のマリアが恋に落ちるが，ロミオとジュリエットのように悲劇で終わるミュージカルである。主なアリアを音源や映像で確認しておくこと。

【21】(2)

〈解説〉「新音楽時報」は1834年にシューマンが創刊した雑誌である。

【22】(4)

〈解説〉(エ)はオルガヌムの絶頂期12世紀末，(ア)はルネサンス音楽の絶頂期15～16世紀，(ウ)は18世紀後半，(イ)は20世紀初頭である。それぞれの楽派を代表する作曲家と作品を確認しておきたい。

【23】(3)

〈解説〉モノディーはルネサンス期のポリフォニーに対抗する新しい形式で，オペラを生み，次のバロック時代に大きな影響を与える革命的なものであった。(1)はイタリアのフジニャーノで生まれた，バロック時代の作曲家，ヴァイオリニスト，(2)はヴェネツィア出身の作曲家，ヴァイオリニストで多くの協奏曲を作った。(4)はイタリア，ルネサンス期の作曲家である。

【24】(4)

〈解説〉楽譜に，素材にゴムやスクリュー，ボルトなどが挙げられていることから，いろいろな素材を弦に乗せたり挟んだりすることによって音色を打楽器的な響きに変えるプリペアード・ピアノと判断できる。

【25】(2)

〈解説〉義太夫節は三味線の伴奏に合わせて太夫が物語を語る。義太夫節の語りは会話の部分の詞と物語の情景や説明部分の地合と歌うように語る節から成る。色は地と詞の中間のもの。

【26】(1)

〈解説〉こきりこ節は筑子節と書く。主な民謡について，歌われる地方，旋律などもあわせて覚えておきたい。

【27】(4)

〈解説〉庶民の民謡を取り入れた催馬楽の歌詞は庶民の恋愛や日常の思いなどが読み込まれ，和文で素朴なものが多い。日本の歌謡について，歴史と曲目などを整理して学習すること。(1)は箏曲，(2)は東遊，(3)は久米歌の曲である。

【28】(1)

〈解説〉篠笛は歌口側が頭，反対側を管尻と呼ぶ。管尻側から，第一孔～と数える。第七孔から第五孔までを左手の人差し指～薬指，第四孔～第一孔を右手の人差し指～小指でふさぐ。

【29】(3)

〈解説〉カッワーリーとはイスラム教の宗教音楽で，ハルモニウム，太鼓，タンバリンなどを伴奏に歌い手が賛歌を歌う。

【30】(2)

〈解説〉正答以外の選択肢について，(b)は青銅製の鍵盤をもつ楽器類ではなく，ガムランのテンポや主導権を握る楽器はクンダンという打楽器である。(c)は2本の弓奏楽器ではなく，スリンは竹製の笛である。(d)はインドではなくインドネシアが正しい。

【31】(2)

〈解説〉民族楽器は写真だけでなく，映像や音源もあわせて学習したい。(1)は西アフリカの木琴，(3)はイランの撥弦楽器で4弦である。(4)はインドの撥弦楽器で演奏弦は7本，共鳴弦もあわせると19弦である。

【32】(3)

〈解説〉ポピュラー音楽のリズム型について，特徴を覚えておきたい。

【33】(1)

〈解説〉インターロッキングとは「かみ合わさる」という意味で，複数のパートがかみ合わさってできた音楽のこと。

【34】(4)

〈解説〉それぞれのコードの構成音は，(1)　ミ・ラ・シ－ラ・ド・ミ♭，(2)　ファ・ラ・ド♯－ド・ミ・ソ・ラ，(3)　シ♭・レ♭・ミ・ラ♭－レ・ファ・ラ，(4)　ファ♯・ラ♯・ド♯・ミ－レ・ファ♯・ラ・ド♯である。

【35】(2)

〈解説〉日本の音階4つは，楽譜に書けるようにしておくこと。(1)は民謡音階，(3)は沖縄音階，(4)は都節音階である。

【36】(4)

〈解説〉変ロ短調は調号♭4つ，和声音階でラ♭半音上がるので，シ♭・ド・レ♭・ミ♭・ファ・ソ♭・ラ・シ♭・ロ長調は調号♯5つで，シ・ド♯・レ♯・ミ・ファ♯・ソ♯・ラ♯・シでド♯・レ♯・ファ♯・ラ♯の4つが異名同音となる。

【37】(1)

〈解説〉(1)歌唱イ(ア)の内容である。選択肢(2)は音楽Ⅱの同項目，(3)は音楽Ⅲの同項目である。(4)は主として専門学科において開設される各教科の音楽の第5声楽の目標(1)である。

【38】(3)

〈解説〉共通事項の音楽を形づくっている要素と用号や記号は覚えておくこと。

【39】(4)

〈解説〉音楽Ⅱの目標からの出題である。目標は学年ごとの違いを整理して文言は必ず覚えること。

【40】(2)

〈解説〉(2)は音楽Ⅲの内容　A表現(2)器楽ウの内容である。

2022年度　実施問題

【中学校】

【1】次の(1)，(2)の反対の意味をもつ音楽用語を，以下の1～4の中から1つずつ選びなさい。

(1)　calando

1　calmato　　2　appassionato　　3　perdendosi　　4　dolce

(2)　elegiaco

1　giocoso　　2　dolente　　3　lamentoso　　4　doloroso

(☆☆◎◎◎◎◎)

【2】次の(1)～(5)の問いに答えなさい。

(1)　D durの音階とc mollの和声短音階に共通する音のいずれかを下属音とする調として正しいものを，次の1～4の中から1つ選びなさい。

1　C dur　　2　e moll　　3　g moll　　4　D dur

(2)　G durの属音の増5度上の音を導音とする短調の属調の平行調として正しいものを，次の1～4の中から1つ選びなさい。

1　A dur　　2　E dur　　3　a moll　　4　h moll

(3)　8分の6拍子の曲で速度記号が〔♩.＝80〕のとき，100小節の演奏時間を，次の1～4の中から1つ選びなさい。

1　7分30秒　　2　3分45秒　　3　2分50秒　　4　2分30秒

(4)　次の楽譜は何調から何調に転調していますか。以下の1～4の中から1つ選びなさい。

1　D durからE dur　　2　G durからD dur　　3　G durからE dur

4　D durからA dur

(5)　次の和音のコード・ネームとして正しいものを，以下の1～4の中から1つ選びなさい。

1　$G_7\binom{13}{9}$　　2　$G_7^{(-9)}$　　3　$G_7^{(+9)}$　　4　G_7^{SUS4}

(☆☆☆◎◎◎◎◎)

【3】次の音楽の形式として正しいものを，以下の1～4の中から1つ選びなさい。

1　1部形式　　2　2部形式　　3　3部形式　　4　複合形式

(☆☆◎◎◎)

【4】次の文章は，何についての説明をしているものですか。以下の1～4の中から1つ選びなさい。

17世紀フランスの舞曲。弱起で書かれ，テンポは活発で速い。17世紀後半から18世紀初頭にかけて，古典組曲に挿入されたことがある。

1　Galop　　2　Habanera　　3　Bourrée　　4　Tarantella

(☆◎◎◎◎)

【5】次は，記譜音による無弁トランペット(in D)の楽譜です。これをトランペット(in B♭)用に移調した楽譜として正しいものを，以下の1～4の中から1つ選びなさい。

(☆☆☆◎◎◎◎)

【6】次の楽譜について，以下の(1)～(3)の問いに答えなさい。

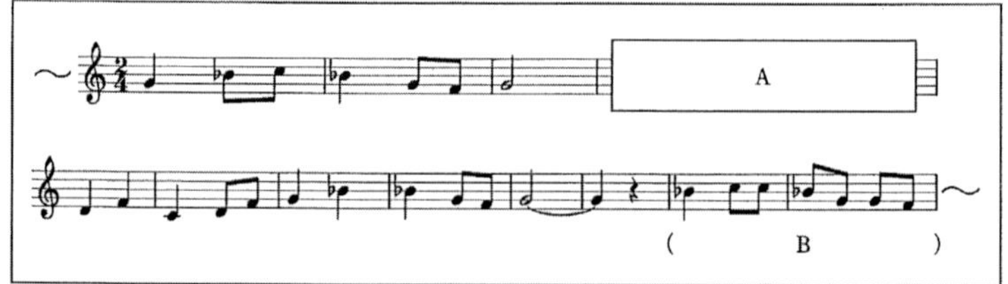

(1)　楽譜の[A]の部分にあてはまる最も適切なものを，次の1～4の中から1つ選びなさい。

(2)　楽譜の(　B　)の部分に入る歌詞として正しいものを，次の1～4

の中から1つ選びなさい。

1　マドノサンサモ

2　ハレノサンサモ

3　ハアリャサーッサーッサ

4　イズラスロダルヴォ

(3)　この曲の曲名と伝えられている県名の組合せとして正しいものを，次の1～4の中から1つ選びなさい。

1	山中節	石川県
2	佐渡おけさ	新潟県
3	三国節	福井県
4	こきりこ節	富山県

(☆☆☆☆◎◎◎◎)

【7】次の楽譜について，以下の(1)～(3)の問いに答えなさい。

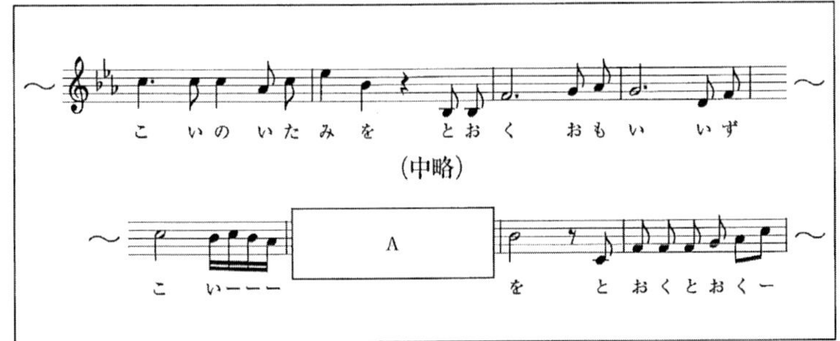

(1)　この曲の作曲者を，次の1～4の中から1つ選びなさい。

1　大中　寅二　　2　平井　康三郎　　3　弘田　龍太郎

4　越谷　達之助

(2)　この曲は，演奏中に拍子が変化していきます。前奏から演奏終了までの拍子の変化として正しいものを，次の1～4の中から1つ選びなさい。

1	$\frac{3}{4}$ → $\frac{4}{4}$ → $\frac{3}{4}$ → $\frac{4}{4}$ → $\frac{4}{5}$ → $\frac{4}{4}$
2	$\frac{5}{4}$ → $\frac{4}{4}$ → $\frac{3}{4}$ → $\frac{4}{4}$ → $\frac{3}{4}$ → $\frac{5}{4}$
3	$\frac{5}{4}$ → $\frac{4}{4}$ → $\frac{3}{4}$ → $\frac{4}{4}$ → $\frac{5}{4}$ → $\frac{4}{4}$
4	$\frac{3}{4}$ → $\frac{4}{4}$ → $\frac{3}{4}$ → $\frac{5}{4}$ → $\frac{3}{4}$ → $\frac{4}{4}$

(3)　楽譜の［　A　］にあてはまる最も適切なものを，次の1～4の中から1つ選びなさい。

(☆☆☆☆◎◎◎)

【8】次の表で日本歌曲名と，作詞者及び作曲者の組合せとして正しいものを，次の1～4の中から1つ選びなさい。

	日本歌曲名	作詞者	作曲者
1	北秋の	清水　重道	山田　耕筰
2	平城山	北見　志保子	平井　康三郎
3	かやの木山の	北原　白秋	信時　潔
4	霧と話した	山村　暮鳥	中田　喜直

(☆☆◎◎◎◎)

【9】次の楽譜について，以下の(1)～(3)の問いに答えなさい。

(1) この曲の歌詞の抜粋をア～エに表しました。この曲のタイトルになっている登場人物の，台詞の歌い出しの演奏順として正しいものを，以下の1～4の中から1つ選びなさい。

ア： Willst, feiner Knabe, du mit mir gehn?～

イ： Du liebes Kind, komm, geh mit mir!～

ウ： Dem Vater grauset's, er reitet geschwind,～

エ： Ich liebe dich, mich reizt deine schöne Gestalt,～

1	エ→ア→イ
2	エ→ウ→イ
3	イ→エ→ウ
4	イ→ア→エ

(2) 楽譜中にある(A)にあてはまる歌詞を，次の1～4の中から1つ選びなさい。

1 ach nur, ein Viertelstündchen lang.

2 Ein Veilchen auf der Wiese stand,

3 erreicht den Hof mit Müh und Not;

4 in dürren Blättern säuselt der Wind.

(3) この曲の作曲者の作品にあたらないものを，次の1～4の中から1つ選びなさい。

(☆☆☆☆◎◎◎◎)

【10】次の楽譜で［ア］の部分の音をアルトリコーダーで演奏するときの指づかいの組合せとして正しいものを，以下の1～4の中から1つ選びなさい。ただし，Øはサミングとします。

	A1 (アルトリコーダー1)	A2 (アルトリコーダー2)
1	Ø 1 2 3 4 6	Ø 1 2
2	Ø 1 2 3 4 6	0 1 2
3	0 1 2 3 4 6 7	Ø 1 2
4	0 1 2 3 4 6 7	0 1 2

(☆☆◎◎◎◎)

【11】ギターについて，次の(1)～(3)の問いに答えなさい。

(1)　次のダイヤグラムがFのコードとなるようにチューニングをしたときの，第1弦から第4弦までの開放弦の音の組合せとして正しいものを，以下の1～4の中から1つ選びなさい。

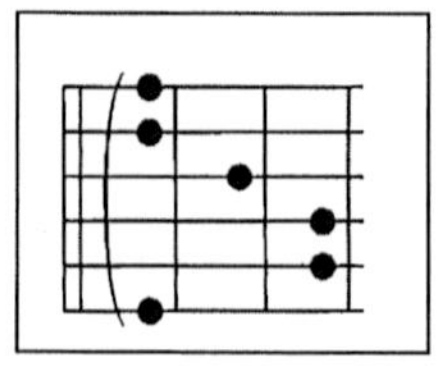

	第1弦	第2弦	第3弦	第4弦
1	E	A	D	G
2	G	D	A	E
3	D	G	B	E
4	E	B	G	D

(2) アル・アイレ奏法の説明として適切なものを，次の1～4の中から1つ選びなさい。

	奏法の説明
1	右指が弦をはじいた後、つぎの弦に停止せず空中に浮く奏法で、分散和音を弾くときに適している。
2	右指が弦をはじいた後、つぎの弦に停止せず空中に浮く奏法で、旋律を弾くときに適している。
3	右指が弦をはじいた後、つぎの弦に停止する奏法で、分散和音を弾くときに適している。
4	右指が弦をはじいた後、つぎの弦に停止する奏法で、旋律を弾くときに適している。

(3) 次の楽譜の［ア］の部分をコードで演奏するときのダイヤグラムとして最も適切なものを，以下の1～4の中から1つ選びなさい。ただし，○は開放弦，●は押さえる場所，×は弾かない，を示しています。

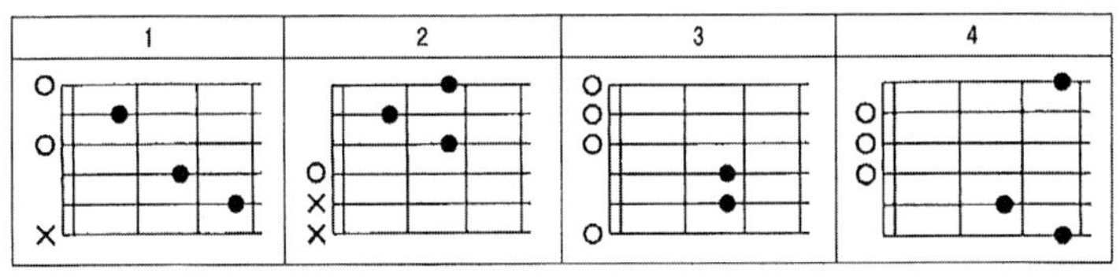

(☆☆◎◎◎◎)

【12】篠笛について，次の(1)，(2)の問いに答えなさい。

(1) 7孔の篠笛を演奏するときの指孔のふさぎ方を示したイラストとして最も適切なものを，次の1～4の中から1つ選びなさい。ただし，●の位置でふさぐものとします。

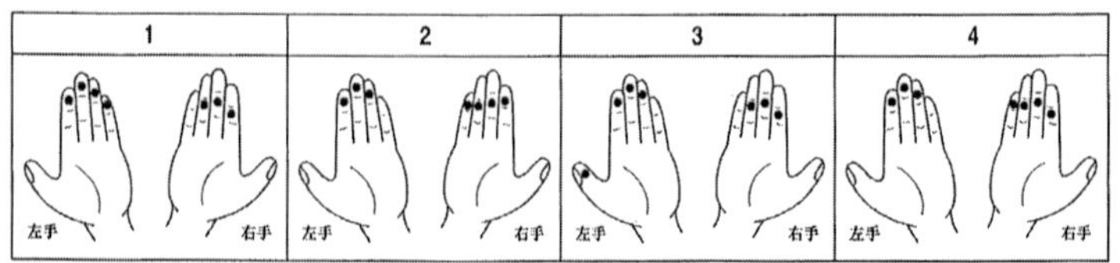

(2)「指打ち」の説明として正しいものを，次の1～4の中から1つ選びなさい。

1　同じ音が続くときに，一音一音吹き直し，押さえている指を指孔から一瞬離してすぐにふさぐ。

2　同じ音が続くときに，一音一音吹き直し，押さえている指を，別の指でさらに上から打つ。

3　同じ音が続くときに，そのつど吹き直さずに，押さえている指を指孔から一瞬離してすぐにふさぐ。

4　同じ音が続くときに，そのつど吹き直さずに，押さえている指を，別の指でさらに上から打つ。

(☆☆☆☆◎◎◎)

【13】箏について，次の(1)，(2)の問いに答えなさい。

(1)　次の写真のような形をした柱を立てる糸(弦)の名称として正しいものを，以下の1～4の中から1つ選びなさい。

1　一　　2　二　　3　為　　4　巾

(2)　次の楽譜のア，イの部分の奏法として正しい組合せを，以下の1～4の中から1つ選びなさい。

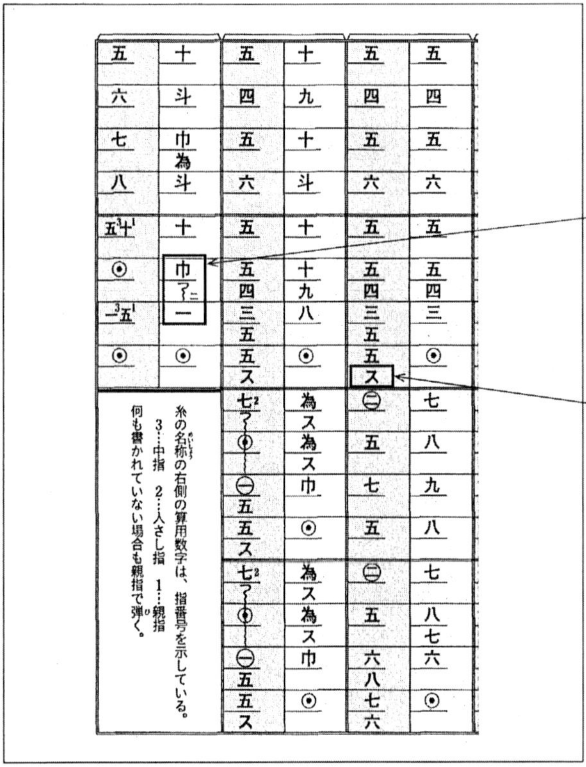

	ア	イ
1	合せ爪	流し爪
2	スクイ爪	流し爪
3	合せ爪	トレモロ
4	スクイ爪	トレモロ

(☆☆☆☆◎◎◎)

【14】次のア，イの楽器の名前の組合せとして正しいものを，以下の1～4の中から1つ選びなさい。

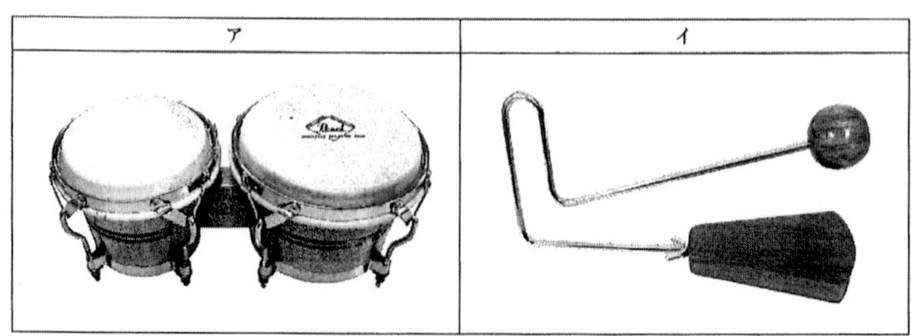

	ア	イ
1	ボンゴ	ビブラ・スラップ
2	ボンゴ	アゴゴー
3	コンガ	ビブラ・スラップ
4	コンガ	アゴゴー

(☆☆◎◎◎◎)

【15】次のア，イの楽器でそれぞれ図Aの音を出したときの実音の組合せとして正しいものを，以下の1～4の中から1つ選びなさい。

ア　トランペット　in B♭

イ　ホルン　in F

図A

	1	2	3	4
ア				
イ				

(☆☆◎◎◎◎)

【16】次の(1), (2)の問いに答えなさい。

(1) 次の楽譜の曲名(演目)として，最も適切なものを，以下の1～4の中から1つ選びなさい。

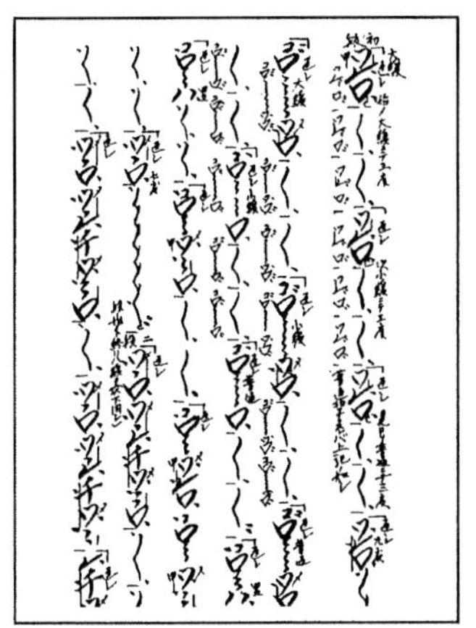

1 巣鶴鈴慕　　2 越天楽　　3 勧進帳　　4 羽衣

(2) 次の楽譜の曲の作曲者について説明した文として正しいものを，以下の1～4の中から1つ選びなさい。

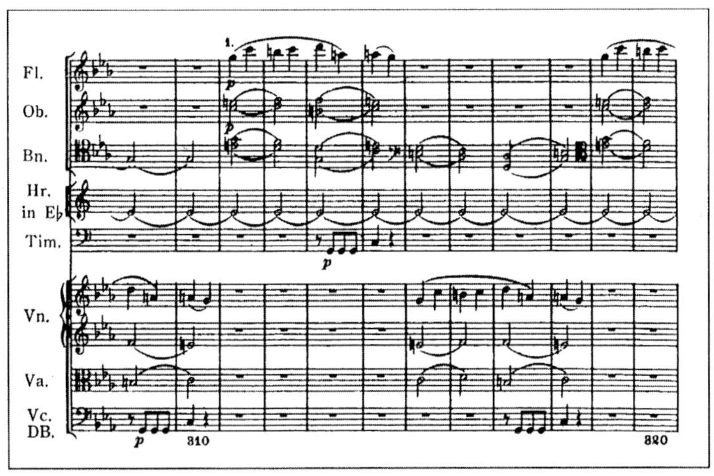

1 第4楽章が自作のリートの旋律を用いた主題による変奏曲のピア

ノ五重奏曲イ長調D. 667を作曲した。

2　1774年にソーラン教会のオルガニストを務め，1783年にはパリで「スターバト・マーテル」を発表した。

3　56年の生涯の中で32曲のピアノソナタなど，数多くの優れた曲を残している。

4　生前人気のあった作品には，カンタータ「The May Queen」などがあったが，没後その作品はほとんど演奏されなくなった。

(☆☆☆◎◎◎◎)

【17】次のア～オの楽譜はある1つの曲の一部です。これらの楽譜について，以下の(1)～(3)の問いに答えなさい。

ア

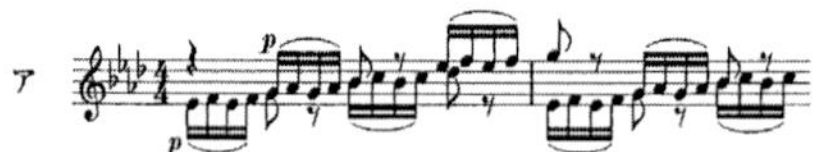

イ
(原曲は1オクターヴ下)

ウ

エ
(原曲は1オクターヴ上)

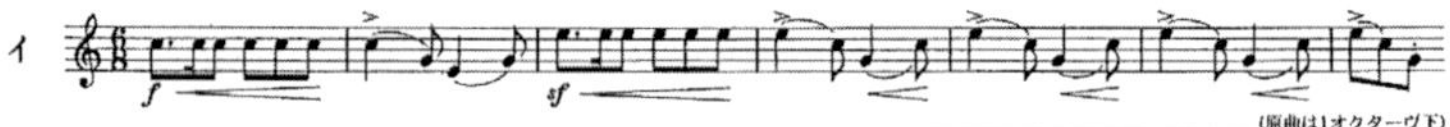

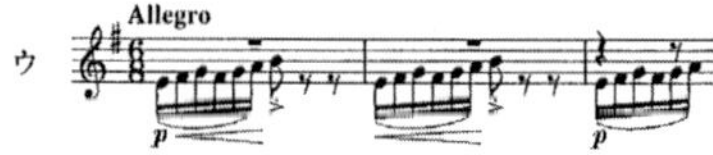

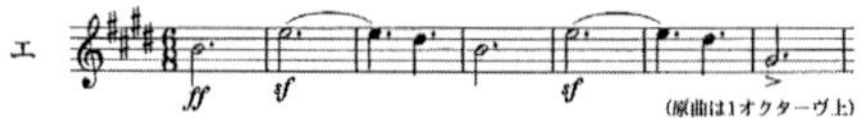

オ
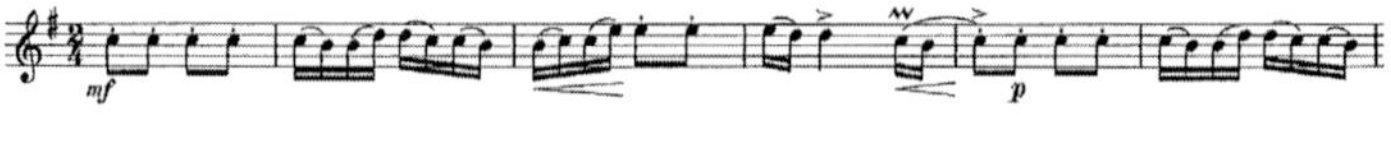

(1)　次のA～Cは，作曲者によって記された部分的な情景を表しています。A～Cのそれぞれに合う楽譜をア～オから選ぶとき，その組合せとして正しいものを，以下の1～4の中から1つ選びなさい。

A　森の狩猟

B　農民の結婚式

C　月の光，水の精の踊り

	A	B	C
1	ア	ウ	エ
2	イ	オ	ア
3	ウ	エ	オ
4	エ	イ	ウ

(2) アの楽譜の旋律を演奏する楽器の説明として最も適切なものを，次の1～4の中から1つ選びなさい。

1 シングルリードの木管楽器で，円筒管を使用し，閉管式の音振動をおこす管楽器である。

2 円錐形ダブル・リードの低音木管楽器である。

3 元来，ニ音を基音とする楽器であったが，足部管の鍵の追加により，ハ音が基音として取り扱われる管楽器である。

4 管長約18cm，指孔は前面に7，裏面に2あり，リードを口に含んで演奏する管楽器である。

(3) この曲の作曲者の作品名を示しているものを，次の1～4の中から1つ選びなさい。

1 「テクスチュアズ」「ノヴェンバー・ステップス」「弦楽のためのレクイエム」

2 「ラ・ラ・ルシール」「ラプソディ・イン・ブルー」「ポーギーとベス」

3 「ボヘミアのブランデンブルク人」「バガテルと即興曲」「ダリボル」

4 「チェコ民謡による花束」「ボヘミアの森より」「王様と炭焼き」

(☆◎◎◎◎◎)

【18】次の楽譜について，以下の(1)，(2)の問いに答えなさい。

(1)　この作品及び作曲者に関する説明として誤っているものを，次の1～4の中から1つ選びなさい。

1　エジプトのカイロで上演するために書かれた作品であり，古代ギリシャを舞台に，戦乱に巻き込まれた恋人たちの悲劇を壮大なスケールで描いている。

2　演奏形態は，音楽的要素はもとより，文学的詩的要素，演劇的要素，美術的要素，舞踊的要素などが合体したものである。

3　作曲者は，イタリア北部の小さな村，レ ロンコーレに生まれ，「ナブッコ」などのオペラを作曲した。

4　1871年12月24日に初演され，日本では1919年にロシア歌劇団により初演された。

(2)　この曲の作曲者と同じ年に生まれた作曲者の作品群を，次の1～4の中から1つ選びなさい。

1「つばめ」「マノン・レスコー」「西部の娘」

2「魔弾の射手」「オベロン」「オイリアンテ」

3「ロメオとジュリエット」「ミレイユ」「あやつり人形の葬送行進曲」

4「リエンツィ」「さまよえるオランダ人」「トリスタンとイゾルデ」

(☆☆☆☆◎◎◎◎)

【19】次の表は，世界の民族楽器について説明したものです。楽器名とその説明の組合せとして正しいものを，次の1～4の中から1つ選びなさい。

	楽器名	説　明
1	モリンホール	皮または板の張られた台形の胴に、フレットをもつ楽器。
2	チャランゴ	アルマジロの甲を胴にし、これに複弦５弦を張った楽器。
3	サウンガウ	木の根をくり抜いてつくられた円形の共鳴胴をもっている楽器。
4	ズールナー	円柱形でダブル・リードをもつ楽器。

(☆☆☆◎◎◎◎)

【20】次の表は，日本の民謡について説明したものです。曲名とその説明の組合せとして誤っているものを，次の1～4の中から1つ選びなさい。

	曲　名	説　明
1	ホーハイ節	青森県で歌われてきた民謡。発声法と歌詞の音数律に、民謡としてはきわめてまれな要素をもっている。
2	秋田おばこ	旋律の形がだいたい定まっており、笛の旋律のような動きをもっている。
3	南部牛追い歌	都節音階で途中に牛を追う掛声が入る。
4	磯節	茨城県で歌われてきた民謡。櫓漕ぎ歌が、漁師歌として編曲されたものといわれている。

(☆☆☆◎◎◎◎)

【21】次の表のなかで，ジャンル，主な特徴，主な演奏者の組合せとして適切でないものを，次の1～4の中から1つ選びなさい。

	ジャンル	主な特徴	主な演奏者
1	ジャズ	19世紀末から20世紀初頭、ニューオーリンズのアフリカ系アメリカ人の間で生まれた。4ビートのリズムと即興を重視した演奏が特徴である。	マイルス・デイヴィス
2	ブルース	アフリカ系アメリカ人の過酷な生活から生まれた哀愁を帯びた音楽。スリー・コードによる12小節単位のコード進行や、ブルー・ノートを含むブルース音階を用いる点が特徴である。	B.B.キング
3	ラップ	1970年代後半にニューヨークのアフリカ系アメリカ人の間で生まれた。似た言葉を繰り返し、語尾で韻を踏むのが特徴である。	チャーリー・パーカー
4	ゴスペル	1920年代、スピリチュアル（黒人霊歌）の流れをくみ、アフリカ系アメリカ人のキリスト教会で歌われるようになった。強烈なリズムと迫力ある唱法が特徴である。	マヘリア・ジャクソン

(☆☆☆◎◎◎)

【22】次は，中学校学習指導要領(平成29年告示)「第2章　各教科　第5節　音楽　第2　各学年の目標及び内容〔第2学年及び第3学年〕 1　目標」の一部です。(　①　)，(　②　)に入る語句の組合せとして正しいものを，以下の1～4の中から1つ選びなさい。

(1)　曲想と音楽の構造や背景などとの関わり及び音楽の(　①　)について理解するとともに，創意工夫を生かした音楽表現をするために必要な歌唱，器楽，創作の技能を身に付けるようにする。

(3)　主体的・協働的に表現及び鑑賞の学習に取り組み，音楽活動の楽しさを体験することを通して，音楽文化に親しむとともに，音楽によって生活を明るく豊かなものにし，音楽に親しんでいく態度を(　②　)。

	①	②
1	共通性や固有性	養う
2	多様性	養う
3	多様性	育てる
4	共通性や固有性	育てる

(☆◎◎◎◎◎)

【23】次は，中学校学習指導要領(平成29年告示)「第2章　各教科　第5節　音楽　第2　各学年の目標及び内容〔第1学年〕 2　内容　A　表現(2)」の一部です。(　①　)，(　②　)に入る語句の組合せとして正しいものを，以下の1～4の中から1つ選びなさい。

(2)　器楽の活動を通して，次の事項を身に付けることができるよう指導する。

ウ　次の(ア)及び(イ)の技能を身に付けること。

(ア)　創意工夫を生かした表現で演奏するために必要な奏法，(　①　)などの技能

(イ)　創意工夫を生かし，(　②　)や各声部の音などを聴きながら他者と合わせて演奏する技能

	①	②
1	身体の使い方	全体の響き
2	呼吸の仕方	楽器の音色
3	身体の使い方	楽器の音色
4	呼吸の仕方	全体の響き

(☆◎◎◎◎◎)

【24】次は，中学校学習指導要領(平成29年告示)「第2章　各教科　第5節　音楽　第2　各学年の目標及び内容〔第1学年〕 2　内容　B　鑑賞(1)」の一部です。(　①　)，(　②　)に入る語句の組合せとして正しいものを，以下の1～4の中から1つ選びなさい。

> (1)　鑑賞の活動を通して，次の事項を身に付けることができるよう指導する。
> ア　鑑賞に関わる知識を得たり生かしたりしながら，次の(ア)から(ウ)までについて自分なりに考え，音楽のよさや美しさを味わって聴くこと。
> (イ)　(　①　)における音楽の意味や役割
> イ　次の(ア)から(ウ)までについて理解すること。
> (ウ)　我が国や郷土の伝統音楽及び(　②　)音楽の特徴と，その特徴から生まれる音楽の多様性

	①	②
1	文化や歴史	諸外国の様々な
2	生活や社会	諸外国の様々な
3	文化や歴史	アジア地域の諸民族の
4	生活や社会	アジア地域の諸民族の

(☆◎◎◎◎◎)

【25】次は，中学校学習指導要領(平成29年告示)「第2章　各教科　第5節　音楽　第2　各学年の目標及び内容〔第2学年及び第3学年〕 2　内容　A　表現　(1)」の一部です。(　①　)，(　②　)に入る語句の組合せとして正しいものを，以下の1～4の中から1つ選びなさい。

> (1)　歌唱の活動を通して，次の事項を身に付けることができるよう指導する。
> イ　次の(ア)及び(イ)について理解すること。
> (ア)　曲想と(　①　)や歌詞の内容及び(　②　)との関わり

	①	②
1	音楽の構造	言葉の特性
2	音楽の構造	曲の背景
3	曲種に応じた発声	言葉の特性
4	曲種に応じた発声	曲の背景

(☆◎◎◎◎◎)

【26】次は，中学校学習指導要領(平成29年告示)「第2章　各教科　第5節　音楽　第2　各学年の目標及び内容〔第2学年及び第3学年〕 2　内容　A　表現　(3)」の一部です。(　①　)，(　②　)に入る語句の組合せとして正しいものを，以下の1～4の中から1つ選びなさい。

> (3)　創作の活動を通して，次の事項を身に付けることができるよう指導する。
> イ　次の(ア)及び(イ)について，表したいイメージと関わらせて理解すること。
> (イ)　(　①　)及び音の重なり方や反復，変化，対照などの構成上の特徴
> ウ　創意工夫を生かした表現で旋律や音楽をつくるために必要な，(　②　)音の選択や組合せなどの技能を身に付けること。

	①	②
1	音階や言葉などの特徴	課題や条件に沿った
2	音素材の特徴	設定した条件に基づいて
3	音素材の特徴	課題や条件に沿った
4	音階や言葉などの特徴	設定した条件に基づいて

(☆◎◎◎◎◎)

【27】次は，中学校学習指導要領(平成29年告示)「第2章　各教科　第5節　音楽　第2　各学年の目標及び内容〔第2学年及び第3学年〕 2　内容〔共通事項〕(1)」の一部です。〔共通事項〕(1)　イに示す「用語や記号など」として示されていないものを，以下の1～4の中から1つ選びなさい。

> (1) 「A表現」及び「B鑑賞」の指導を通して，次の事項を身に付けることができるよう指導する。
> イ　音楽を形づくっている要素及びそれらに関わる用語や記号などについて，音楽における働きと関わらせて理解すること。

1　Allegro　　2　accel.　　3　Lento　　4　a tempo

(☆◎◎◎◎◎)

【28】次は，中学校学習指導要領(平成29年告示)「第2章　各教科　第5節　音楽　第3　指導計画の作成と内容の取扱い　1　(5)」の全文です。(　①　)に入る語句として正しいものを，以下の1～4の中から1つ選びなさい。

> (5)　障害のある生徒などについては，学習活動を行う場合に生じる困難さに応じた指導内容や指導方法の工夫を計画的，(　①　)に行うこと。

1　積極的　　2　組織的　　3　効果的　　4　協働的

(☆◎◎◎◎◎)

【29】次は，中学校学習指導要領(平成29年告示)「第2章　各教科　第5節　音楽　第3　指導計画の作成と内容の取扱い　2　(1)」に示された文章の一部です。各学年の「A表現」及び「B鑑賞」の指導に当たって取り扱うこととして誤っているものを，次の1～4の中から1つ選びなさい。

1　音楽活動を通して，それぞれの教材等に応じ，音や音楽が生活に果たす役割を考えさせるなどして，生徒が音や音楽と生活や社会との関わりを実感できるよう指導を工夫すること。なお，適宜，自然音や環境音などについても取り扱い，音環境への関心を高めることができるよう指導を工夫すること。

2　音楽との一体感を味わい，想像力を働かせて音楽と関わることができるよう，指導のねらいに即して体を動かす活動を取り入れること。

3　生徒が様々な感覚を関連付けて音楽への理解を深めたり，主体的に学習に取り組んだりすることができるようにするため，コンピュータや教育機器を効果的に活用できるよう指導を工夫すること。

4　生徒が学校内及び公共施設などの学校外における音楽活動とのつながりを意識できるようにするなど，生徒や学校，地域の実態に応じ，生活や社会の中の音や音楽，音楽文化と主体的に関わっていくことができるよう配慮すること。

(☆◎◎◎◎◎)

【30】次は，中学校学習指導要領(平成29年告示)「第2章　各教科　第5節　音楽　第3　指導計画の作成と内容の取扱い　2　(2)　ア　(ウ)」の一部です。(　①　)，(　②　)に入る語句の組合せとして正しいものを，以下の1～4の中から1つ選びなさい。

我が国で(　①　)歌われ親しまれている歌曲のうち，我が国の自然や四季の美しさを感じ取れるもの又は我が国の(　②　)や日本語のもつ美しさを味わえるもの。

	①	②
1	長く	文化
2	長く	音楽文化
3	幅広く	音楽文化
4	幅広く	文化

(☆◎◎◎◎◎)

【31】次は，中学校学習指導要領(平成29年告示)「第2章　各教科　第5節　音楽　第3　指導計画の作成と内容の取扱い　2　(2)　ア　(ウ)」に示された共通教材の作曲者でないものを，次の1～4の中から1つ選びなさい。

1　武島　羽衣　　2　山田　耕筰　　3　中田　喜直　　4　中田　章

(☆◎◎◎◎◎)

【高等学校】

【1】L.v.ベートーヴェン作曲「Ich liebe dich」の速度表記として最も適切なものを選びなさい。

(1)　Andante　　(2)　Allegretto　　(3)　Allegro　　(4)　Largo

(☆☆◎◎◎)

【2】井上陽水作詞・作曲「少年時代」に出てくる“風あざみ”の説明として正しいものを選びなさい。

(1)　風が急に吹いてくるさまを表した古語
(2)　風が穏やかに吹いてくるさまを表した方言
(3)　主として秋に咲く花の名称
(4)　作者が作り出した造語

(☆☆☆☆◎◎)

【3】木下牧子作曲の合唱曲集「地平線のかなたへ」の1曲である「春に」の作詞者を選びなさい。

(1)　工藤直子　　(2)　やなせたかし　　(3)　谷川俊太郎

(4)　まど・みちお

(☆☆☆◎◎◎)

【4】次の作曲者と楽譜の組み合わせとして誤っているものを1つ選びなさい。

(☆☆☆☆◎◎◎)

【5】歌曲「Im wunderschönen Monat Mai」と，その作曲者R.シューマンについての説明として誤っているものを選びなさい。

(1)　一貫したピアノのアルペッジョのハーモニーは，主人公の心理状態を表すように，揺れ動いている。

(2)　全16曲からなる歌曲集「ミルテの花」の第1曲目で，花とともに愛情が芽生えてきたことが歌われている。

(3)　この曲が作曲された1840年は，クララと結婚をした年である。また，多くの歌曲を書いたため，シューマンの「歌曲の年」と言われている。

(4)　H.ハイネの詩をもとにした歌曲集は，他にも「リーダークライス作品24」などがある。

(☆☆☆☆◎◎◎◎)

【6】G.ビゼー作曲のオペラ「カルメン」で歌われるアリアを選びなさい。

(1)

(2)

(3)

(4)

(☆☆◎◎◎◎)

【7】マリア・カラスやレナータ・テバルディなど，オペラでヒロインを演じる女性歌手，または実力と華やかさを兼ね備えた人気の高いソプラノ歌手をあらわす言葉を選びなさい。

(1) プリマ・ドンナ　(2) エトワール　(3) ソリスト

(4) コーラス・ガール

(☆☆◎◎)

【8】次の楽譜は，E.ピアフ作詞，M.モノー作曲「愛の讃歌」の一部分です。語るように演奏するこの部分は何と呼ばれるか正しいものを選びなさい。

(1)　クープレ　　(2)　ルフラン　　(3)　アリア

(4)　ヴォカリーズ

(☆☆☆☆◎◎)

【9】次の(ア)～(エ)の作曲家を生誕順に正しく並べたものを選びなさい。

(ア)　プーランク　　(イ)　ラヴェル　　(ウ)　メシアン

(エ)　ドビュッシー

(1)　(イ)→(エ)→(ア)→(ウ)　　(2)　(エ)→(イ)→(ア)→(ウ)

(3)　(エ)→(イ)→(ウ)→(ア)　　(4)　(イ)→(エ)→(ウ)→(ア)

(☆☆☆◎◎◎◎)

【10】J.S.バッハの誕生と同時期に日本で起きた出来事として，正しいものを選びなさい。

(1)　平家琵琶が誕生した。　　(2)　観阿弥と世阿弥が活躍した。

(3)　義太夫節が成立した。　　(4)　長唄「勧進帳」が初演された。

(☆☆☆◎◎◎◎)

【11】次の文があらわす曲を選びなさい。

> 1904年に作曲されたピアノ曲。拍節感にしばられない変化に富んだリズムと教会旋法などを用いている。冒頭は即興的な短い導入部分と付点のリズムと3連符による軽やかな旋律で始まる。
>
> また，「シテール島への巡礼(A.ヴァトー)」に着想を得ているという説もある。

(1)　夜のガスパール(M.ラヴェル)　　(2)　巡礼の年(F.リスト)

(3)　バルカローレ(F.ショパン)　　(4)　喜びの島(C.ドビュッシー)

(☆☆☆◎◎◎)

【12】次の楽器のうち，他の楽器と発音の仕組みが異なるものを選びなさい。

(1) テルミン　(2) エレキ・ギター　(3) オンド・マルトノ

(4) シンセサイザー

(☆☆☆◎◎◎)

【13】ギターのヘッドとネックのつなぎ目にある部分の名称を選びなさい。

(1) ナット　(2) ブリッジ　(3) ギア　(4) フレット

(☆☆☆◎◎◎◎)

【14】弦を弾いた後，弾いた指を隣の弦によりかけて止めるギターの奏法を選びなさい。

(1) チョーキング　(2) アル・アイレ　(3) アポヤンド

(4) ハンマリング・オン

(☆☆◎◎◎◎)

【15】ドラムセットの各楽器とその略語の組み合わせとして正しいものを選びなさい。

(1) (ア) RC　(イ) HC　(ウ) FT　(エ) CC

(2) (ア) HC　(イ) RC　(ウ) TT　(エ) CC

(3)　(ア)　RC　　(イ)　HC　　(ウ)　TT　　(エ)　CC
(4)　(ア)　HC　　(イ)　CC　　(ウ)　FT　　(エ)　RC

(☆☆☆☆◎◎◎)

【16】次の楽器のうち，フリーリードでないものを選びなさい。

(1)　アコーディオン　　(2)　ハーモニカ　　(3)　笙　　(4)　篳篥

(☆☆☆☆◎◎◎)

【17】次はリコーダー4重奏(ソプラノ・アルト・テナー・バス)の楽譜です。実際に演奏される音に基づいている音部記号の表記の組み合わせとして正しいものを選びなさい。

S.　(ア)
A.　(イ)
T.　(ウ)
B.　(エ)
mp

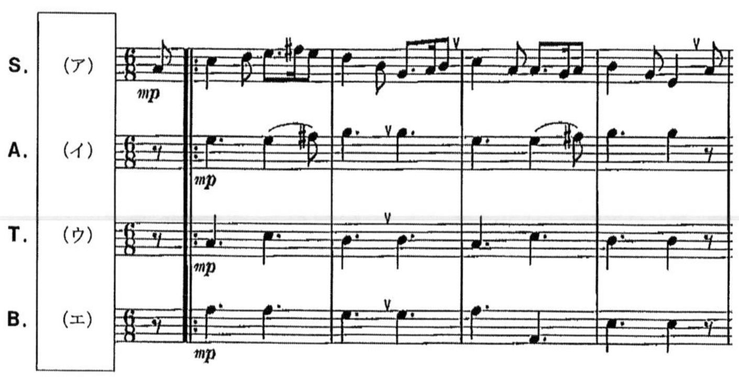

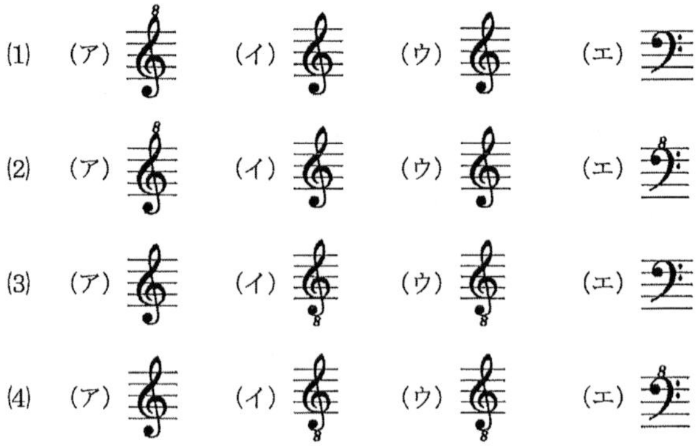
(1)　(ア)　(イ)　(ウ)　(エ)
(2)　(ア)　(イ)　(ウ)　(エ)
(3)　(ア)　(イ)　(ウ)　(エ)
(4)　(ア)　(イ)　(ウ)　(エ)

(☆☆☆◎◎◎)

【18】次の楽譜は，B.ブリテン作曲「青少年のための管弦楽入門」のスコアの冒頭の部分(管楽器)です。(ア)～(エ)の楽器名の組み合わせとして正しいものを選びなさい。

(1)　(ア)　クラリネット　　(イ)　オーボエ
　　(ウ)　トランペット　　(エ)　ホルン

(2)　(ア)　オーボエ　　(イ)　クラリネット
　　(ウ)　ホルン　　(エ)　トランペット

(3)　(ア)　クラリネット　　(イ)　イングリッシュホルン
　　(ウ)　ホルン　　(エ)　トランペット

(4)　(ア)　オーボエ　　(イ)　クラリネット
　　(ウ)　トランペット　　(エ)　ホルン

(☆☆☆☆◎◎◎)

【19】I.ストラヴィンスキーの「春の祭典」第1部『序曲』の冒頭部分で演奏される楽器を選びなさい。

(1)　ファゴット　　(2)　オーボエ　　(3)　フルート

(4)　クラリネット

(☆☆☆☆◎◎◎)

【20】次の作品のうち，M.ラヴェルがピアノのために作曲し，自身で管弦楽用に編曲した作品の数を選びなさい。

亡き王女のためのパヴァーヌ	洋上(海原)の小舟
水の戯れ	高雅で感傷的なワルツ

(1)　1　　(2)　2　　(3)　3　　(4)　4

(☆☆☆☆◎◎◎)

【21】G.プッチーニ作曲のオペラ「トゥーランドット」について，誤っているものを選びなさい。

(1)　中国の北京を舞台とした全3幕からなる遺作。未完の部分はF.アルファーノの手によって補作，完成された。

(2)　第1幕の児童合唱による旋律は，中国江蘇民謡の「茉莉花」が使われる。

(3)　第2幕の冒頭，3人の高官による幕間劇では，イタリアの伝統的な即興喜劇「コンメディア・デッラルテ」の流れが汲み取れる。

(4)　第1幕冒頭で，聴き手を異国情緒に導くようにシロフォンや胡弓が効果的に使われる。

(☆☆☆☆◎◎◎◎)

【22】次の説明は，どの作曲家について書かれたものか選びなさい。

> 標題音楽の創作に力を注ぎ，「イデー　フィクス」と呼ばれる決まった旋律によって，特定のイメージやキャラクターを象徴する手法を生み出したフランスの作曲家。

(1)　H.ベルリオーズ　　(2)　C.サン＝サーンス
(3)　C.ドビュッシー　　(4)　G.フォーレ

(☆☆☆◎◎◎◎)

【23】作品番号として「HWV」が使われている作曲家を選びなさい。
(1)　J.ハイドン　　(2)　G.F.ヘンデル　　(3)　G.ホルスト
(4)　P.ヒンデミット

(☆☆☆◎◎◎)

【24】次の4つのミュージカルを，初演された年代の古い順に正しく並べたものを選びなさい。
(ア)　オペラ座の怪人　　(イ)　サウンド・オブ・ミュージック
(ウ)　キャッツ　　　　　(エ)　王様と私
(1)　(イ)→(エ)→(ウ)→(ア)　　(2)　(エ)→(イ)→(ウ)→(ア)
(3)　(イ)→(エ)→(ア)→(ウ)　　(4)　(エ)→(イ)→(ア)→(ウ)

(☆☆☆☆◎◎◎)

【25】次の文があらわす芸能を選びなさい。

18世紀に清の皇帝の使者をもてなすためにつくられた「歌三線」，「唱え」，「踊り」からなる琉球(現在の沖縄)で生まれた歌舞劇。

(1)　組踊　　(2)　文楽　　(3)　端踊　　(4)　沖縄芝居

(☆☆☆◎◎◎)

【26】次の民謡の発祥地を西から東に並べたものを選びなさい。
(ア)　南部牛追い歌　　(イ)　こきりこ　　(ウ)　五木の子守唄
(エ)　串本節
(1)　(ア)→(イ)→(エ)→(ウ)　　(2)　(エ)→(ウ)→(ア)→(イ)
(3)　(ウ)→(エ)→(イ)→(ア)　　(4)　(イ)→(ア)→(ウ)→(エ)

(☆☆☆◎◎◎◎)

【27】三味線の説明として正しいものの組み合わせを選びなさい。

(ア)　中国から伝来した三味線が琉球に渡り，三線へと変化した。

(イ)　一般的な調弦には本調子，二上り，三下りがある。

(ウ)　胴は枠の両面に，犬や猫の皮などを張る。

(エ)　ある勘所を弾いた後に，指を棹に沿って滑らせるように移動させて余韻の音程を上げたり下げたりする「引き連」という奏法がある。

(1)　(ウ)・(エ)　　(2)　(ア)・(ウ)　　(3)　(イ)・(エ)

(4)　(イ)・(ウ)

(☆☆◎◎◎◎)

【28】次の楽器のうち，長唄で使われる楽器として正しいものを選びなさい。

(1)　尺八　　(2)　箏　　(3)　太鼓　　(4)　琵琶

(☆☆◎◎◎◎)

【29】ペルーの祭り「インティ・ライミ」で，歌や踊りの伴奏で使われる打楽器を選びなさい。

(1)　ボンボ

(2)　トーキング・ドラム

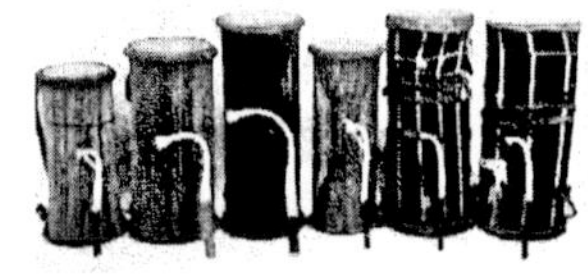

(3)　チャンゴ

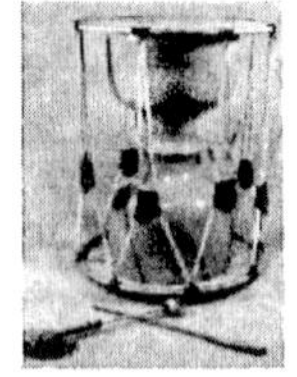

(4)　スティール・パン

(☆☆☆☆◎◎◎◎)

【30】次の文章はフラメンコについての説明です。(A)~(D)にあてはまる言葉の組み合わせとして正しいものを選びなさい。

> スペイン南部のアンダルシア地方で育まれてきた芸術で，歌「カンテ」，舞踊「(A)」，ギター演奏「トケ」の3つで構成される。フラメンコ舞踊の曲を形成する基本となる単位を(B)と呼び，最も基本的なリズムは(C)拍を1(B)とするものである。
>
> 手拍子「(D)」，足踏み「サパテアード」，掛け声「ハレオ」などを伴って演じる。

	A		B		C		D	
(1)	A	アセント	B	クルソ	C	12	D	パルマ
(2)	A	バイレ	B	コンパス	C	12	D	パルマ
(3)	A	アセント	B	コンパス	C	15	D	ブレリア
(4)	A	バイレ	B	クルソ	C	15	D	ブレリア

(☆☆☆☆◎◎◎)

【31】次の楽器のうち，奏法の異なるものを選びなさい。

(1) 揚琴　(2) サントゥール　(3) ツィンバロム

(4) ウード

(☆☆◎◎◎◎)

【32】次の地図上にある[A]~[D]の地域と，その地域の伝統的な民謡の組み合わせとして正しいものを選びなさい。

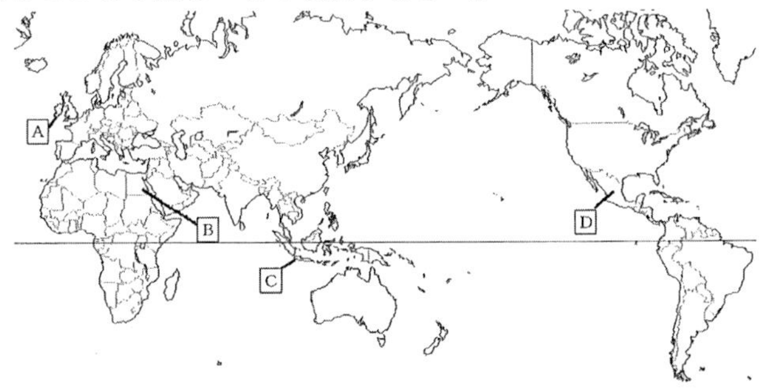

(1) [A] ホルディリディア　[B] ラサ・サヤンゲ
　　[C] マライカ　[D] シェリト・リンド
(2) [A] ダニー・ボーイ　[B] ラサ・サヤンゲ
　　[C] ブンガワン・ソロ　[D] 花まつり
(3) [A] ダニー・ボーイ　[B] アー・ヤー・ゼイン
　　[C] ブンガワン・ソロ　[D] シェリト・リンド
(4) [A] ホルディリディア　[B] アー・ヤー・ゼイン
　　[C] マライカ　[D] 花まつり

(☆☆☆☆◎◎◎◎)

【33】ピアノの黒鍵だけで演奏ができない音階を選びなさい。
(1) 民謡音階　(2) 律音階　(3) 都節音階
(4) 四七抜き長音階

(☆☆☆◎◎◎◎)

【34】次のギターのタブ譜があらわしている教会旋法を選びなさい。ただし，ギターは通常のチューニングとします。

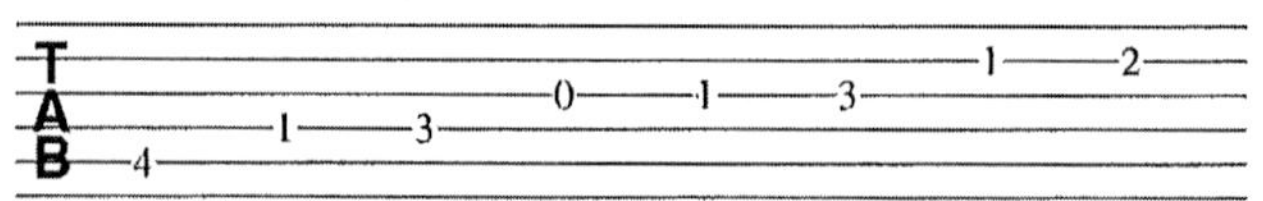

(1) リディア旋法　(2) ドリア旋法　(3) フリギア旋法
(4) ミクソリディア旋法

(☆☆☆☆◎◎◎◎)

【35】次のコードネームのうち，構成音が他と異なるものを選びなさい。
(1) Am6　(2) Am/F　(3) FM7　(4) F on E

(☆☆☆◎◎◎◎)

【36】ビートルズの「Yesterday」の1小節目の旋律に使われている非和声音を選びなさい。

(1) 経過音　(2) 倚音　(3) 刺繍音　(4) 掛留音

(☆☆☆◎◎◎◎)

【37】次は，高等学校学習指導要領(平成30年告示)の「第2章　各学科に共通する各教科　第7節　芸術　第2款　各科目　第1　音楽Ⅰ　1　目標」の一部です。文中の(　A　)～(　D　)に入る語句の組み合わせとして正しいものを選びなさい。

> (3) 主体的・(　A　)に音楽の(　B　)に取り組み，生涯にわたり音楽を愛好する心情を育むとともに，感性を(　C　)，音楽文化(　D　)，音楽によって生活や社会を明るく豊かなものにしていく態度を養う。

(1) A　創造的　B　諸活動　C　磨き　D　を尊重し
(2) A　能動的　B　諸活動　C　高め　D　を尊重し
(3) A　自発的　B　幅広い活動　C　磨き　D　に親しみ
(4) A　協働的　B　幅広い活動　C　高め　D　に親しみ

(☆◎◎◎◎)

【38】高等学校学習指導要領(平成30年告示)の「第2章　各学科に共通する各教科　第7節　芸術　第2款　各科目　第2　音楽Ⅱ　2　内容　A表現　(2)器楽」に示されていないものを選びなさい。

(1) 曲想と音楽の構造や文化的・歴史的背景との関わり及びその関わりによって生み出される表現上の効果
(2) 曲や演奏することと生活や社会との関わり
(3) 曲想と楽器の音色や奏法との関わり及びその関わりによって生み出される表現上の効果
(4) 様々な表現形態による器楽表現の固有性や多様性

(☆◎◎◎◎◎)

【39】次は，高等学校学習指導要領(平成30年告示)の「第2章　各学科に共通する各教科　第7節　芸術　第2款　各科目　第3　音楽Ⅲ　2　内容　A　表現　(3)創作」の一部です。文中の(　A　)，(　B　)に入る語句の組み合わせとして正しいものを選びなさい。

> ア　創作表現に関わる知識や技能を(　A　)ながら，(　B　)創作表現を創意工夫すること。

(1)　A　総合的に働かせ　　　B　自己のイメージをもって
(2)　A　得たり生かしたりし　B　自己のイメージをもって
(3)　A　総合的に働かせ　　　B　個性豊かに
(4)　A　得たり生かしたりし　B　個性豊かに

(☆◎◎◎◎◎)

【40】高等学校学習指導要領(平成30年告示)の「第3章　主として専門学科において開設される各教科　第11節　音楽　第2款　各科目　第4　ソルフェージュ　1　目標」に示されているものを選びなさい。

(1)　音楽を形づくっている要素や要素同士の関連を知覚し，それらの働きを感受しながら，知覚したことと感受したこととの関わりについて考える。
(2)　音楽を形づくっている要素及び音楽に関する用語や記号などについて，音楽における働きと関わらせて理解する。
(3)　音楽を形づくっている要素の働きやその効果などに関する知識，技能を育成する。
(4)　音楽性豊かな表現をするための基礎となる学習を大切にする態度を養う。

(☆◎◎◎◎◎)

解答・解説

【中学校】

【1】(1)　2　　(2)　1

〈解説〉(1)　calando(カランド)は「消え入るように」，appassionato(アパッショナート)は「情熱的に」を意味する。　(2)　elegiaco(エレジーアコ)は「悲しそうに」，giocoso(ジョコーソ)は「楽し気に」を意味する。音楽用語は，類義語，反対語と整理して覚えるとよい。

【2】(1)　4　　(2)　1　　(3)　4　　(4)　4　　(5)　1

〈解説〉(1)　D durとc mollに共通する音はレ・ソ・シ。レを下属音とする調はA durとa moll，ソを下属音とする調はD durとd moll，シを下属音とする調はFis durとfis mollである。この中で選択肢に当てはまるのはD dur。　(2)　G durの属音はレで，その増5度上はラ♯。これを導音とする短調はh mollで，属調はfis moll。その平行調はA durである。
(3)　演奏時間(秒)＝(拍子数×小節数×60)÷速度指示である。付点四分音符を基本に速度指示があるので，この場合は大きな2拍子と考え，(2×100×60)÷80＝150(秒)で，2分30秒である。　(4)　2小節目まではファ♯がある。G durとすると，曲が導音から始まるのはおかしく，Ⅰの和音であると考えられるので調号♯2つのD durと判断する。5小節目よりドとソにも♯がつき，レにはついていないので調号3つのA durと判断できる。　(5)　G_7の根音から数えて，9度上と13度上の音が加わった和音である。

【3】3

〈解説〉4小節の小楽節a・b・cの3部形式である。大楽節と小楽節，1部形式，2部形式，ソナタ形式，ロンド形式についても学習しておくこと。

【4】3

〈解説〉舞曲については，リズム，速さ，国や地方ともに整理しておきたい。古典組曲に見られる形式については特に頻出なので必ず覚えておくこと。

【5】2

〈解説〉トランペットin Dは実音が記譜音より長2度高いので，実音表記であれば，楽譜のc mollより長2度上のd mollの曲である。トランペットin B♭は実音が長2度低いので，記譜は長2度上げる必要があり，e mollで記譜するのが正しい。

【6】(1)　2　　(2)　1　　(3)　4

〈解説〉(1)　教科書にも五線譜で掲載されているので確認すること。冒頭のわかりやすい部分ではなく，6小節目からの抜粋である。

(2)　マドノサンサは囃子ことばである。　(3)　こきりこ節は富山県越中五箇山に伝承されてきた民謡である。びんざさら，棒ざさら，鍬金，笛，鼓，太鼓などの楽器を使って演奏する。

【7】(1)　4　　(2)　3　　(3)　3

〈解説〉(1)　この曲は「初恋」で，作詞者は石川啄木である。　(2)　拍子の変化が多い歌曲である。曲の全体を把握していないと解けない問題である。　(3)　楽譜を確認しておくこと。日本の歌曲については幅広く学習しておきたい。

【8】2

〈解説〉1の作曲者は信時潔，3の作曲者は山田耕筰，4の作詞者は鎌田忠良である。

【9】(1)　4　　(2)　3　　(3)　2

〈解説〉楽譜はシューベルト作曲の「魔王」である。教科書にも掲載されており，曲の構成と内容については熟知しておく必要がある。 (1) 魔王の台詞歌い出しの，最初がイで「かわいいぼうや，おいでよ～」，次がアの「ぼうやいっしょにおいでよ～」，最後がエで「かわいいぼうや，いいこじゃのうぼうや～」である。ウはその後の語り手の歌い出しで「父もこころおののきつ～」である。すべての歌詞についてドイツ語と訳を確認しておくこと。 (2) 語り手の「からくもやどにつきしが～」の部分である。この楽譜は聴き馴染みのない語り手の最後の部分が抜粋されているので難易度が高い。 (3) 2はシューマンの歌曲集「リーダークライス」の1番「異郷にて」である。1は野ばら，3はセレナーデ，4は歌曲集「冬の旅」の1番「おやすみ」である。

【10】2

〈解説〉アルトリコーダーとソプラノリコーダーの運指は，演奏，練習し，指導できるように覚えておくこと。

【11】(1) 4 (2) 1 (3) 2

〈解説〉(1) ギターの開放弦は，第6弦から順にミ・ラ・レ・ソ・シ・ミである。ダイヤグラムで音を確認してもFのコードである。 (2) 選択肢4はアポヤンド奏法の説明である。 (3) 正答以外の選択肢について，1はC，3はEm，4はGである。

【12】(1) 4 (2) 3

〈解説〉(1) 左手が歌口側で右手が管尻側である。教科書にも写真や絵で説明が掲載されているので，確認すること。 (2) 和楽器の特徴ともいえるが，リコーダーのようにタンギングを使わない。

【13】(1) 4 (2) 2

〈解説〉(1) 柱(じ)には2種類ある。一番手前の巾の糸を支える柱は，磯にまたがるように立てるため，形状が違っている。 (2) 箏の奏法は，記譜法，演奏方法をセットで確認しておこう。実際に楽器に触れ，音を鳴らしてみることにより，一層理解が深まる。スクイ爪は親指の爪の裏側で弦の向こう側から手前にすくって弾き，すぐに同じ弦を向こう側に弾くことである。流し爪は親指で巾から一へ連続して弾く。

【14】1

〈解説〉世界の民族楽器について，映像や音源を確認し，地域と歴史もあわせて学習しておくこと。

【15】4

〈解説〉トランペットin B♭は実音が記譜音より長2度低いので，ソ。ホルンin Fは実音が記譜音より完全5度低いので，レである。

【16】(1)　1　　(2)　3

〈解説〉(1)　巣鶴鈴慕(そうかくれいぼ)は尺八の曲である。奏法と記譜法，歴史について学習しておくこと。筝，三味線などの和楽器についても同様である。　(2)　楽譜は，ベートーヴェン作曲「交響曲第5番」である。教科書にも掲載されており，問題としても頻出なのでスコアで全曲を確認しておくこと。

【17】(1)　2　　(2)　3　　(3)　3

〈解説〉(1)，(2)　楽譜は，スメタナ作曲の交響詩「我が祖国」の第2曲「ブルタバ」である。それぞれ旋律と描写が教科書にも掲載されているので音源やスコアとあわせて聴いておくこと。アはフルート，イはホルン，ウはフルートで「ブルタバの二つの水源」，エは木管と金管楽器による「ビシェフラトのモチーフ」，オはファーストヴァイオリンとクラリネットによって演奏される。　(3)　正答以外の選択肢について，1は武満徹，2はガーシュウィン，4はドヴォルザークの説明である。

【18】(1)　1　　(2)　4

〈解説〉(1)　楽譜は，ヴェルディ作曲のオペラ「アイーダ」である。スエズ運河開通記念の事業としてカイロに建設されたオペラ劇場のこけら落としに依頼されたが，ヴェルディは作曲を断り，その時は「リゴレット」が上演された。そのために作曲したものではない。　(2)　ヴェルディは1813～1901年，ワーグナーは1813～1883年である。正答以外の選択肢について，1はプッチーニ，2はウェーバー，3はグノーの作品である。

【19】2

〈解説〉チャランゴは，南米の楽器で，フォルクローレなどに用いられる。1はモンゴルの2弦の擦弦楽器で，馬頭琴ともいわれる。3はミャンマーのハープのような弦楽器である。4はアラブ諸国で用いられる，ダブルリードの縦笛である。円柱形ではなく円錐形の楽器である。

【20】4

〈解説〉磯節は労働歌として漁師に歌われていたものが，三味線の伴奏などがつき，お座敷歌として広まった。

【21】3

〈解説〉チャーリー・パーカーはジャズのアルトサックス奏者で，ビバップを創成した人物である。

【22】2

〈解説〉「各学年の目標及び内容」については，第1学年，第2学年及び第3学年，それぞれを確認し，共通点と相違点を整理して覚えること。

【23】1

〈解説〉A表現の内容についての出題である。第1学年，第2学年及び第3学年の共通点と相違点を確認すること。表現は，歌唱，器楽，創作からなるが，ここでは器楽について問われた。歌唱，創作についても文言は覚えること。

【24】4

〈解説〉B鑑賞の内容についての出題である。第1学年，第2学年及び第3学年の共通点と相違点を確認すること。

【25】2

〈解説〉A表現の内容についての出題である。第1学年，第2学年及び第3学年の共通点と相違点を確認すること。表現は，歌唱，器楽，創作からなるが，ここでは歌唱について問われた。

【26】3

〈解説〉A表現の内容についての出題である。第1学年，第2学年及び第3学年の共通点と相違点を確認すること。表現は，歌唱，器楽，創作の活動からなるが，ここでは創作について問われた。

【27】3

〈解説〉共通事項は，表現，鑑賞の学習において，共通して必要となる資質・能力である。内容の取扱いの配慮事項(10)では，「用語や記号など」について示されている。それぞれの用語の意味は，学習指導要領解説を用いて確認しておくこと。

【28】2

〈解説〉(5)には，指導計画を作成する際に配慮すべきこととして，障害のある生徒などに対する指導内容や指導方法の工夫を，計画的，組織的に行うよう配慮することが示されている。指導計画の作成についての配慮事項は，この(5)を含め(1)～(6)まで6つあげられている。授業に直結する重要な事項であるので，理解を深めておきたい。

【29】2

〈解説〉選択肢2の内容は，小学校学習指導要領に記載されている内容である。

【30】1

〈解説〉内容の取扱いについての配慮事項は，設問にあげられている(2)を含め(1)～(10)まであげられている。授業を行う上で具体的で重要な内容なので，理解を深めておくこと。歌唱共通教材，共通事項の用語や記号についてもここで示されている。

【31】1

〈解説〉武島羽衣は，共通教材の1つである「花」の作詞者である。歌唱共通教材については作詞作曲者を必ず覚えておくこと。

【高等学校】

【1】(1)

〈解説〉「Ich liebe dich」は歌曲であり，日本語題は「君を愛す」である。曲を知っていれば解答するのは難しくない。

【2】(4)

〈解説〉「少年時代」は1990年にリリースされた楽曲である。井上陽水は独特のフレーズを使うことがある。ポピュラー音楽についても，合唱や合奏で取り扱うことも多いので，多くの曲を聴いておきたい。

【3】(3)

〈解説〉合唱曲集「地平線のかなたへ」は「春に」「サッカーによせて」「二十億光年の孤独」「卒業式」「ネロ　愛された小さな犬に」の全5曲からなる。

【4】(4)

〈解説〉(1)は「翼」，(2)は「夢」，(3)は「楽に寄す」である。

【5】(2)

〈解説〉歌曲集「詩人の恋」から第1曲「美しい五月には」についての出題である。音源とスコアを確認しておくこと。歌曲集「ミルテの花」は全26曲からなる。第1曲目は「献呈」である。

【6】(3)

〈解説〉(3)はアリア「闘牛士の歌」である。オペラの主要なアリアについては，音源をスコアもあわせて確認しておきたい。

【7】(1)

〈解説〉声楽の声種についても学習しておくこと。主な役と声種の組み合わせも確認しておきたい。エトワールはパリ・オペラ座バレエのダンサーの最高位。

【8】(1)

〈解説〉「愛の讃歌」はシャンソンの代表曲である。シャンソンはクープレとルフランでなっている。クープレはオペラで言えばレチタティーボの部分である。ルフランはアリアにあたる。

【9】(2)

〈解説〉ドビュッシーは1862～1918年，ラヴェルは1875～1937年，プーランクは1899～1963年，メシアンは1908～1992年である。

【10】(3)

〈解説〉バッハの誕生は1685年であり，日本は江戸時代である。(1)は鎌倉時代，(2)は室町時代，(3)は1684年，(4)は1840年である。

【11】(4)

〈解説〉A. ヴァトーはフランスの画家である。喜びの島は当初「シテール島への船出」という題であったが後に改題された。(1)は1908年，(2)は1835年から1877年にかけて作曲，(3)は1846年に作曲された楽曲である。

【12】(2)

〈解説〉選択肢はいずれも電子楽器で，電気発振をもとに音をつくる楽器である。エレキギターは弦楽器として発生する音の振動を増幅させるなど，電気的に処理したものであり，電子楽器には含まれない。

【13】(1)

〈解説〉ナットは弦を支える上駒で，ブリッジは下駒である。ギターの各部の名称は確認しておくこと。

【14】(3)

〈解説〉弾いた指を隣の弦によりかけない奏法をアル・アイレ奏法という。ギターの奏法について，学習しておくこと。

【15】(4)

〈解説〉(ア)はハイハット・シンバル，(イ)はクラッシュ・シンバル，(ウ)はフロア・タム，(エ)はライド・シンバルである。

【16】(4)

〈解説〉フリーリードは，片側が固定され，もう片方が振動するのものので，選択肢のもの以外には鍵盤ハーモニカなどがある。篳篥はダブルリードの楽器である。シングルリード，エアリード，リップリードについても，それぞれどの楽器が当てはまるのかを確認しておくこと。

【17】(2)

〈解説〉リコーダーの音域を正しく理解しておくこと。記譜を指示するような問題でも，ソプラノリコーダーとバスリコーダーの譜表のオクターブ記号を忘れないこと。

【18】(2)

〈解説〉スコアは見慣れておくこと。(ア)～(エ)で指示された部分以外のパートについて，上の2段はピッコロとフルート，5段目はファゴット，下の2段はトロンボーンとチューバである。スコアの楽器名を答える問題は頻出である。様々な言語で表されるので，それについても整理して覚えること。

【19】(1)

〈解説〉「春の祭典」はファゴットの独奏により始まる。授業で使用する曲，よく知られた曲については，音源を確認するだけでなく，スコアをあわせて確認するよう日頃から心がけたい。

【20】(3)

〈解説〉「水の戯れ」のみピアノ用に作曲されており後の編曲はされていない。ラヴェルは編曲の技術に優れていた。原曲と編曲版の聴き比べなどしておくと理解が深まる。

【21】(4)

〈解説〉オペラの内容と曲の構成は理解しておくこと。アジアを題材にしたオペラは他にも「蝶々夫人」などがある。

【22】(1)

〈解説〉イデー　フィクスが用いられたのは「幻想交響曲」である。原題は「ある芸術家の生涯の出来事，5部の幻想的交響曲」である。各楽章にも標題がつけられている。愛する女性を表すイデー　フィクスが形を変え何度も登場する。イデー　フィクスの概念は，のちにワーグナーによってライトモティーフへと進化していった。標題音楽，イデー　フィクス，ライトモティーフは音楽史的にも重要な概念で，問題としても頻出するので，説明できるように理解を深めておくこと。

【23】(2)

〈解説〉HWV(Handel Werke Verzeichnis)は，作品のジャンル順に分類されている。ハイドンはHob.(Hoboken Verzeichnis：ホーボーケン番号)，シューベルトはD.(ドイチュ番号)，バッハはBWV(Bach Werke Verzeichnis)である。

【24】(2)

〈解説〉「王様と私」は1951年，「サウンド・オブ・ミュージック」は1959年，「キャッツ」は1980年，「オペラ座の怪人」は1986年初演である。

【25】(1)

〈解説〉2010年にユネスコ無形文化遺産リストに登録されている。琉球舞踊や琉球古典音楽についても学習しておきたい。

【26】(3)

〈解説〉(ア)は岩手県，(イ)は富山県，(ウ)は熊本県，(エ)は和歌山県の民謡である。教科書では日本地図と一緒に紹介されているので覚えておくこと。

【27】(4)

〈解説〉(ア)について，中国から伝来した三弦が琉球に渡り，三線へと変化した。その後，15～16世紀頃琉球から大阪へ伝わり，三味線へと変化した。(エ)の奏法はスリ指である。

【28】(3)

〈解説〉長唄の演奏は細棹三味線・唄に囃子(笛・小鼓・大鼓・太鼓)で構成されることが多い。

【29】(1)

〈解説〉「インティ・ライミ」はアンデス山脈のクスコで行われる太陽の祭りである。世界の民族楽器について映像や音源を確認すること。祭りや宗教と密接な関係があるものが多いので，確認しておくこと。

【30】(2)

〈解説〉バイレでは，靴を激しく踏み鳴らすのが特徴である。各国の舞踊について幅広く知っておきたい。その際は映像などで確認することと，付随する音楽と楽器編成，舞踊の形式，曲の構成について整理しておくこと。

【31】(4)

〈解説〉(4)は撥弦楽器であるが，他の楽器は打弦楽器である。民族楽器の問題は頻出である。楽器分類は必ず確認しておくこと。

【32】(3)

〈解説〉「ダニー・ボーイ」はアイルランド民謡，「アー・ヤー・ゼイン」はエジプト民謡，「ブンガワン・ソロ」はインドネシアのクロンチョン(大衆音楽)，「シェリト・リンド」はメキシコ民謡，「ホルディィリディィア」はスイス民謡，「ラサ・サヤンゲ」はインドネシア民謡，「マライカ」はケニア民謡，「花まつり」はアンデスのフォルクローレである。

【33】(3)

〈解説〉都節音階の構成音には短2度が含まれるため，ピアノの黒鍵だけでは演奏できない。代表的な4つの音階(民謡・律・沖縄・都節)と四七抜き音階の構成音は必ず覚えること。

【34】(1)

〈解説〉タブ譜は読めるようにしておくこと。調弦は6弦からミ・ラ・レ・ソ・シ・ミなので，示された音は，ド♯・レ♯・ファ・ソ・ソ♯・ラ♯・ド・ド♯である。隣り合う音程関係が，全・全・全・半・全・全・半で，第五旋法のリディア旋法とわかる。教会旋法についてそれぞれ音型を覚えること。

【35】(1)

〈解説〉Am6はAmに第6音を重ねたもので，構成音は，ラ・ド・ミ・ファ♯である。他の選択肢はすべて，ファ・ラ・ド・ミである。

【36】(2)

〈解説〉倚音は，前打音(アポジャトゥーラ)とも呼ばれ，強拍にある非和声音である。イエスタデイをF durとすれば1小節目は，ソ・ファ・ファとなり。Fのコードではないソの音が倚音である。他の非和声音についても学習しておくこと。

【37】(4)

〈解説〉目標については，音楽Ⅰ，音楽Ⅱ，音楽Ⅲをそれぞれ確認し，共通点と相違点を理解しておくこと。文言は必ず覚えること。

【38】(2)

〈解説〉A表現のうち器楽の内容についての出題であった。音楽Ⅰ，音楽Ⅱ，音楽Ⅲをそれぞれ確認し，共通点と相違点を理解しておこう。表現は，歌唱，器楽，創作からなるので，他の事項についても確認しておくこと。

【39】(3)

〈解説〉A表現のうち創作の内容についての出題であった。音楽Ⅰ，音楽Ⅱ，音楽Ⅲをそれぞれ確認し，共通点と相違点を理解しておこう。表現は，歌唱，器楽，創作からなるので他の事項についても確認しておくこと。

【40】(4)

〈解説〉主として専門学科において開設される各教科の音楽からの出題であった。各科目には，音楽理論，音楽史，演奏研究，ソルフェージュ，声楽，器楽，作曲，鑑賞研究があるので整理して，目標については文言を覚えておきたい。

2021年度　実施問題

【中学校】

【1】次の(1)，(2)の意味を表すものを，下の1～4の中から1つずつ選びなさい。

(1)　壮大に

1　leggiero　　2　con tenerezza　　3　comodo　　4　grandioso

(2)　速く　いきいきと

1　agitato　　2　Allegro con brio　　3　grave　　4　L'istesso tempo

(☆◎◎◎◎◎)

【2】次の(1)～(5)の問いに答えなさい。

(1)　次の楽譜の図Aの音程を，下の1～4の中から1つ選びなさい。

1　長6度音程　　2　長3度音程　　3　完全4度音程

4　完全5度音程

(2)　長調の音階において主音と導音の音程(主音を下音，導音を上音としたとき)を，次の1～4の中から1つ選びなさい。

1　完全8度　　2　長6度　　3　長7度　　4　完全5度

(3)　次の図Aは，F durを主調に置いた場合の近親調とそれに準ずる調を示したものです。この図Aにおける調の相互関係で図Bに調を書き入れた場合，①に入る調を，あとの1～4の中から1つ選びなさい。

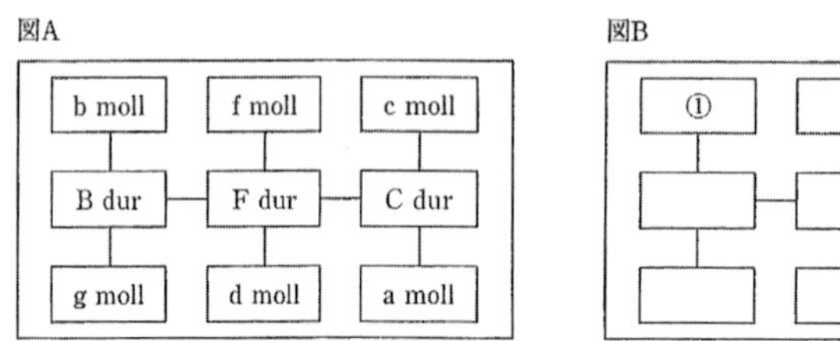

1　e moll　　2　g moll　　3　h moll　　4　a moll

(4)　次の楽譜は何調ですか。下の1～4の中から1つ選びなさい。

1　C moll　　2　As dur　　3　es moll　　4　f moll

(5)　次の和音のコードネームとして正しいものを，下の1～4の中から1つ選びなさい。

1　Csus4　　2　Cm7　　3　Cm7-5　　4　C7sus4

(☆☆◎◎◎◎◎)

【3】次の1～4の中から律音階を1つ選びなさい。

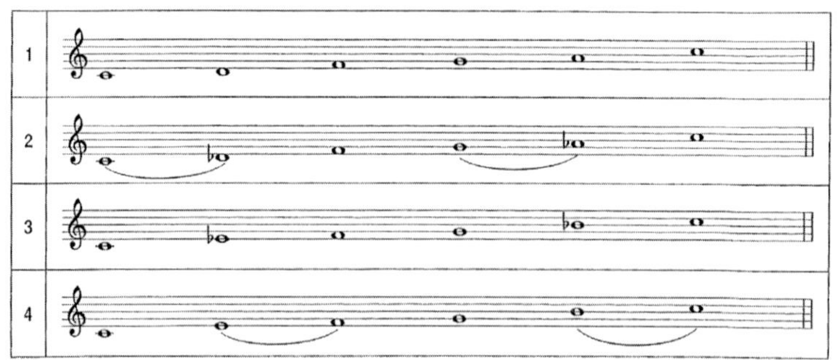

(☆☆◎◎◎◎)

【4】次の文章は，何について説明しているものですか。下の1～4の中から1つ選びなさい。

音楽と舞踊，演技を融合させた日本の伝統的な演劇の一つであり，室町時代の末頃にほぼ現在のような様式が完成した。楽器は笛，小鼓，大鼓，太鼓を，普通，一人ずつの演奏者が担当する。

1　歌舞伎　　2　文楽　　3　京劇　　4　能

(☆◎◎◎◎)

【5】次は，記譜音によるアルトホルン(in Es)の楽譜です。これをホルン(in F)用に移調した楽譜として正しいものを，下の1～4の中から1つ選びなさい。

(☆☆◎◎◎)

【6】次の楽譜を見て，下の(1)～(4)の問いに答えなさい。

(1)　楽譜の［　A　］の部分にあてはまる最も適切なものを，次の1～4の中から1つ選びなさい。

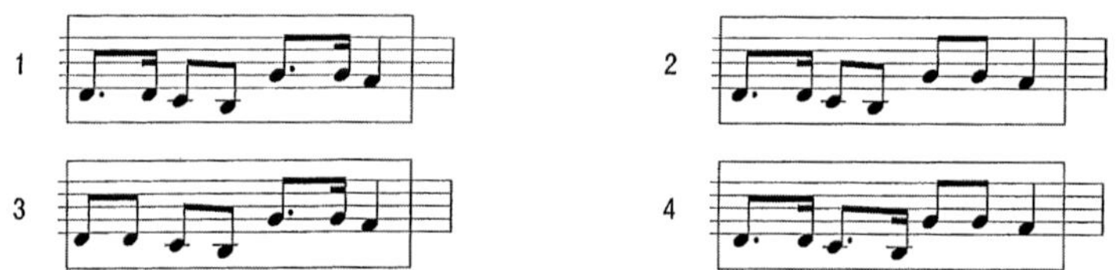

(2)　楽譜の(　B　)の部分に入る2番の歌詞として正しいものを，次の1～4の中から1つ選びなさい。

1　いまいずこ　　2　よのすがた　　3　よわのつき

4　ただあらし

(3)　この曲の補作編曲者として正しいものを，次の1～4の中から1つ選びなさい。

1　武島　羽衣　　2　山田　耕筰　　3　滝　廉太郎

4　成田　為三

(4)　補作編曲された曲の速度として最も適切なものを，次の1～4の中から1つ選びなさい。

1　Andante　　2　Moderato　　3　Lento doloroso e cantabile

4　Larghetto

(☆◎◎◎◎)

【7】次の楽譜を見て，あとの(1)～(3)の問いに答えなさい。

(1) この曲の最初の2小節を原語で歌うときに，正しい歌詞を，次の1～4の中から1つ選びなさい。

1 Sul mare luccica L'astro d'argento

2 Vide'o mare quant'e bello

3 Caro mio ben credimi almen

4 Che bella cosa na jurnata e sole

(2) この曲は，どこの国の情景を歌った曲ですか。最も適切なものを，次の1～4の中から1つ選びなさい。

1 スペイン　2 イタリア　3 フランス　4 ロシア

(3) この曲の歌いだしから最初に転調するのは何調から何調ですか。最も適切なものを，次の1～4の中から1つ選びなさい。

1	ホ短調 → ハ長調
2	ハ短調 → イ短調
3	変ホ長調 → イ短調
4	ハ短調 → ハ長調

(☆☆☆◎◎◎)

【8】次の楽譜を見て，下の(1)～(3)の問いに答えなさい。

(1) ア で示した3小節間の部分の副旋律として最も適切なものを，次の1～4の中から1つ選びなさい。

(2) イの部分を移動ド唱法で歌う場合の階名として最も適切なものを，次の1～4の中から1つ選びなさい。

1　ファファソラソファミミミファソ

2　レレミファミレドドドレミ

3　ミミファソファミレレレミファ

4　ドドレミレドシシシドレ

(3) ウの部分の右手のピアノ伴奏譜として最も適切なものを，次の1～4の中から1つ選びなさい。

(☆◎◎◎◎)

【9】次の楽譜は，「MATSURI」(西川浩平作曲)の一部です。あとの(1)～(4)の問いに答えなさい。

(1) ①を演奏する楽器として最も適切なものを，次の1～4の中から1つ選びなさい。

1 篳篥　2 尺八　3 篠笛　4 三味線

(2) 楽譜中[ア]の指している「レ」の奏法として最も適切なものを，次の1～4の中から1つ選びなさい。

1 メリ　2 指打ち　3 カラカラ　4 連管

(3) ②は締太鼓，③は長胴太鼓が演奏します。それぞれの楽器の組み合わせとして最も適切なものを，下の1～4の中から1つ選びなさい。

ア	イ	ウ	エ	オ

1 ②－ウ，③－オ　2 ②－ア，③－ウ　3 ②－オ，③－エ
4 ②－ウ，③－イ

(4)　イの部分の奏法として最も適切なものを，次の1～4の中から1つ選びなさい。

1　オトシ　　2　打ち　　3　カザシ　　4　コロコロ

(☆☆◎◎◎)

【10】次の楽譜について，下の(1)～(6)の問いに答えなさい。

(1)　アの部分に合うコードとして最も適切なものを，次の1～4の中から1つ選びなさい。

1　Em　　2　Gm　　3　D　　④　F

(2)　イの部分をアルトリコーダーで演奏するときの指づかいとして最も適切なものを，次の1～4の中から1つ選びなさい。なお，Øはサミングとします。

1　Ø1　　2　Ø145　　3　Ø1245　　4　Ø12345

(3)　ウの部分をギターで演奏するときのDのコードのダイヤグラムとして最も適切なものを，次の1～4の中から1つ選びなさい。

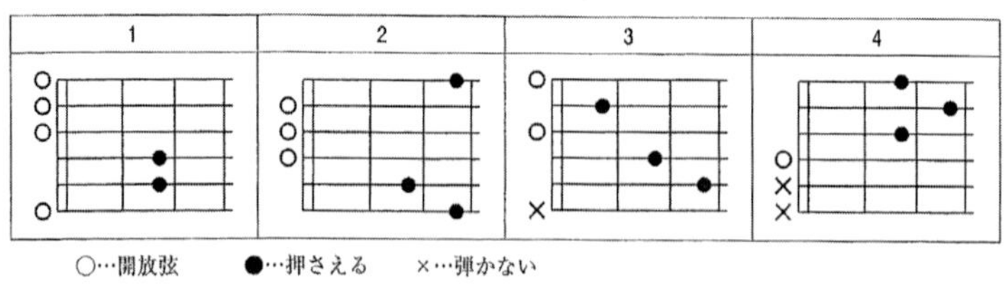

(4)　次の図①のコードを，ギターを用いて図②のリズムパターンで演奏するときの説明として，最も適切なものを，あとの1～4の中から1つ選びなさい。

図①（コード）

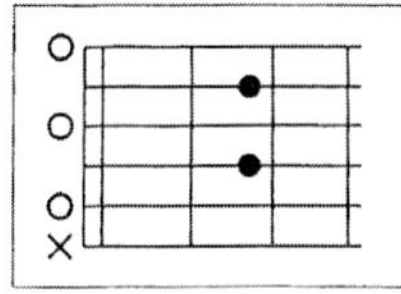

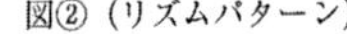

図②（リズムパターン）

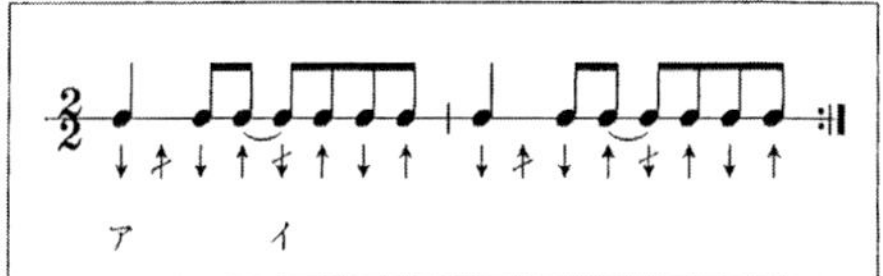

1　コードはAであり，1弦は弾かない。アの部分は，弦を弾いて音を出す。

2　コードはAであり，6弦は弾かない。イの部分は，弦を空振りして音を出さない。

3　コードはA7であり，1弦は弾かない。アの部分は，弦を弾いて音を出す。

4　コードはA7であり，6弦は弾かない。イの部分は，弦を空振りして音を出さない。

(5)　ギターの最低音(実音)の音名として最も適切なものを，次の1～4の中から1つ選びなさい。

1　ほ̤	2　ほ̣	3　ほ	4　ホ

(6)　楽器名と一般的な弦の本数の組み合わせとして適切でないものを，次の1～4の中から1つ選びなさい。

	楽器名	弦の本数
1	楽箏	10
2	チェロ	4
3	ウクレレ	4
4	馬頭琴	2

(☆☆◎◎◎◎◎)

【11】次のA～Cは，日本の伝統音楽である雅楽について説明したものです。A～Cのそれぞれの説明にあたる組み合わせとして最も適切なものを，あとの1～4の中から1つ選びなさい。

A　平安時代に日本でつくられた新しい歌

B　日本に古くから伝わる儀式用の歌と舞

C　中国や朝鮮半島などから伝来した舞とその音楽

	A	B	C
1	朗詠	東遊	左舞（唐楽）
2	朗詠	左舞（唐楽）	催馬楽
3	神楽歌	左舞（唐楽）	催馬楽
4	神楽歌	東遊	左舞（唐楽）

(☆☆◎◎◎)

【12】次のA～Cは，雅楽に使用される楽器を説明したものです。A～Cのそれぞれの説明にあたる楽器の組み合わせとして正しいものを，下の1～4の中から1つ選びなさい。

A　二の絃を基音として律と呂の二種類の絃合と，律の絃合で四と九の絃が半音低い黄鐘水調と大食呂調の調絃法があるが，音階は五音音階である。

B　一定のリズムパターンを繰り返し演奏し，速度を決めたり，終わりの合図を出したりして合奏を統率する。

C　吹口が付いた頭に十七本の竹管を立て，銀製の帯で束ねる。竹管の下にある小孔を押さえることにより，吹いても吸っても音が出る。

	A	B	C
1	琵琶	鞨鼓	篳篥
2	箏	鞨鼓	笙
3	箏	鉦鼓	笙
4	琵琶	鉦鼓	篳篥

(☆☆◎◎◎◎)

【13】次の楽譜を見て，下の(1)～(3)の問いに答えなさい。

(1) この楽譜を演奏する楽器の説明として最も適切なものを，次の1～4の中から1つ選びなさい。

1 レジスターの組み合わせ方や上下鍵盤の使い分けを指定した楽曲の例は極めて少ないが，曲種や曲調によって適宜使い分けることで変化に富んだ演奏ができる。

2 リードの組み合わせで音色に変化がつけられる楽器や，コード・ボタンが単音に変わり，左手の音域が広がる楽器もある。

3 楽器の名称はフランス語の「天使のような」からの造語で，その音色にちなんでいる。

4 鍵盤の横にストップと呼ばれる装置があり，これを操作して音色を変化させることができる。

(2) この曲の作曲者の作品名を示しているものを，次の1～4の中から1つ選びなさい。

1 『スタバト・マーテル』・『小荘厳ミサ曲』・『オリー伯爵』

2 『ロ短調ミサ曲』・『復活祭オラトリオ』・『コラール・パルティータ「喜び迎えん，慈しみ深きイエスよ」』

3 『水上の音楽』・『ブロッケス受難曲』・『メサイア』

4 『天地創造ミサ曲』・『マリア・テレージア』・『水夫の歌』

(3) この曲の形式の説明として最も適切なものを，次の1～4の中から1つ選びなさい。

1 ルネサンス的な並列原理や，バロックの反復・付加・変奏・回帰などの単元的な諸原理とは異なり，異質な要素を起承転結を持った劇的な構造に組織化できるところに特徴がある形式である。

2　即興的な自由奔放さに急速なpassageを駆使し，techniqueを誇示した傾向の曲が多く，自由な形式である。

3　冒頭に提示された主題が，複数の声部間で対位法的に，しかも特定の調的規則に則って模倣される形式である。

4　和声を重んじた8小節の低音主題が絶えずリピートされ，上声部がオブリガート的に変形する形式である。

(☆◎◎◎◎)

【14】次の楽譜を見て，あとの(1)～(3)の問いに答えなさい。

(1)　この曲の説明として最も適切なものを，次の1～4の中から選びなさい。

1　この曲は，ポール・ホワイトマンの委嘱で書かれ，管弦楽編曲はグローフェによって演奏されている。

2　この曲は，クリスティアニア(現オスロ)で初演された。のちに各4曲よりなる2つの管弦楽用組曲に編曲されている。

3　この曲は，ニューヨーク・フィルハーモニックの創立125周年記念委嘱作品で，小澤征爾の指揮で初演されている。

4　この曲は，1952年1月に大阪で初演され，1957年には，チューリッヒで海外初演されている。

(2)　この曲の作曲者の説明として最も適切なものを，次の1～4の中から選びなさい。

1　1951年に毎日演劇賞を受けたオペラ「夕鶴」が，創作オペラとして空前の好評を得た。

2　日本楽劇協会を創立し，1936年にはアルノルト・ファンク監督の日独合作映画「新しき土」の音楽を担当した。

3　新作曲家(派)協会に入会しデビューしている。1951年には芸術グループを結成した。作品には，ピアノ曲「遮られない休息」がある。

4　1953年3人の会を結成した。作品には「オルガンとオーケストラのための“響”」(サントリーホール開場記念)がある。

(3)　この曲に使用されている和楽器の組み合わせとして最も適切なものを，次の1～4の中から選びなさい。

1　琵琶・箏　　2　琵琶・尺八　　3　三味線・箏

4　三味線・尺八

(☆☆☆◎◎◎◎)

【15】次の表で，曲名とミュージカル名，及び作曲者名の組み合わせとして適切でないものを，次の1～4の中から1つ選びなさい。

	曲名	ミュージカル名	作曲者名
1	Memory	キャッツ	A. ロイド＝ウェッバー
2	Shall we dance?	王様と私	A. メンケン
3	Circle of life	ライオンキング	E. ジョン
4	Tonight	ウエスト・サイド物語	L. バーンスタイン

(☆☆◎◎◎◎)

【16】世界の民族楽器について説明したものとして適切でないものを，次の1～4の中から1つ選びなさい。

1 「トーキングドラム」は，アフリカで言語の韻律的特徴を打ち出す太鼓として発達している。手で紐の張力を調整して皮の音色・音高を変化させながら叩く両面太鼓や，両手を駆使して様々な音を叩き分ける片面太鼓(ジャンベ)がその代表である。

2 「カヤグム」は，正倉院に新羅箏として伝わった歴史をもつ。胴の片方を膝に乗せて右手の指で弾く12弦の箏琴類の楽器で，左手で余韻を響かせる奏法など，独特の陰影豊かな音楽様式を持っている。中国や日本の箏も同属の楽器である。

3 「バンドネオン」は，1840年代にドイツのHeinrich Bandが当時のアコーディオンやコンサーティーナに基づいて発明した楽器である。19世紀後半にアルゼンチンにもたらされ，その後タンゴの楽器として定着した。アコーディオンとは異なり，両膝の上に置いて奏するのが一般的である。

4 「ケーナ」は，長さの異なる多数の管からなる笛を，上端をそろえ筏上に並べたものや丸く束ねたものの総称である。管の上端は，横に切ったそのままのものも，加工してエッジを切り込んだものもある。指孔はないことが多く，管の底は閉管が一般的である。

(☆◎◎◎◎◎)

【17】次は，中学校学習指導要領(平成29年告示)「第2章　各教科　第5節　音楽　第2　各学年の目標及び内容〔第1学年〕 1　目標　(1)」の全文

です。(　①　)，(　②　)に入る語句の組み合わせとして正しいものを，下の1～4の中から1つ選びなさい。

(1)　(　①　)などとの関わり及び音楽の多様性について理解するとともに，(　②　)を生かした音楽表現をするために必要な歌唱，器楽，創作の技能を身に付けるようにする。

	①	②
1	曲想と音楽の構造	思いや意図
2	楽器の音色や響きと奏法	創意工夫
3	曲想と音楽の構造	創意工夫
4	楽器の音色や響きと奏法	思いや意図

(☆◎◎◎◎◎)

【18】次は，中学校学習指導要領(平成29年告示)「第2章　各教科　第5節　音楽　第2　各学年の目標及び内容〔第1学年〕2　内容　A　表現(3)」の一部です。(　①　)，(　②　)に入る語句の組み合わせとして正しいものを，下の1～4の中から1つ選びなさい。

(3)　創作の活動を通して，次の事項を身に付けることができるよう指導する。

イ　次の(ア)及び(イ)について，表したいイメージと関わらせて理解すること。

(イ)　(　①　)及び(　②　)や反復，変化，対照などの構成上の特徴

	①	②
1	音素材の特徴	音の重なり方
2	音階や言葉などの特徴	音のつながり方
3	音素材の特徴	音のつながり方
4	音階や言葉などの特徴	音の重なり方

(☆◎◎◎◎◎)

【19】次は，中学校学習指導要領(平成29年告示)「第2章　各教科　第5節　音楽　第2　各学年の目標及び内容〔第2学年及び第3学年〕 2　内容　A　表現　(1)」の一部です。(　①　)，(　②　)に入る語句の組み合わせとして正しいものを，下の1～4の中から1つ選びなさい。

> (1)　歌唱の活動を通して，次の事項を身に付けることができるよう指導する。
> 　イ　次の(ア)及び(イ)について理解すること。
> 　　(イ)　声の音色や響き及び(　①　)と(　②　)との関わり

	①	②
1	歌詞の内容	曲種に応じた発声
2	言葉の特性	曲の背景
3	歌詞の内容	曲の背景
4	言葉の特性	曲種に応じた発声

(☆◎◎◎◎◎)

【20】次は，中学校学習指導要領(平成29年告示)「第2章　各教科　第5節　音楽　第2　各学年の目標及び内容〔第2学年及び第3学年〕 2　内容　B　鑑賞　(1)」の一部です。(　①　)，(　②　)に入る語句の組み合わせとして正しいものを，あとの1～4の中から1つ選びなさい。

> (1)　鑑賞の活動を通して，次の事項を身に付けることができるよう指導する。
> 　イ　次の(ア)から(ウ)までについて理解すること。
> 　　(ウ)　我が国や郷土の伝統音楽及び(　①　)の特徴と，その特徴から生まれる(　②　)

	①	②
1	諸外国の様々な音楽	音楽の多様性
2	諸外国の様々な音楽	音楽表現
3	アジア地域の諸民族の音楽	音楽表現
4	アジア地域の諸民族の音楽	音楽の多様性

(☆◎◎◎◎◎)

【21】次は，中学校学習指導要領(平成29年告示)「第2章　各教科　第5節　音楽　第2　各学年の目標及び内容〔第1学年〕2　内容　A　表現(2)」の一部です。(　①　)，(　②　)に入る語句の組み合わせとして正しいものを，下の1～4の中から1つ選びなさい。

> (2)　器楽の活動を通して，次の事項を身に付けることができるよう指導する。
> ウ　次の(ア)及び(イ)の技能を身に付けること。
> (ア)　創意工夫を生かした表現で演奏するために(　①　)，身体の使い方などの技能
> (イ)　創意工夫を生かし，(　②　)や各声部の音などを聴きながら他者と合わせて演奏する技能

	①	②
1	多様な奏法	楽器の音色や響き
2	多様な奏法	全体の響き
3	必要な奏法	全体の響き
4	必要な奏法	楽器の音色や響き

(☆◎◎◎◎◎)

【22】次は，中学校学習指導要領(平成29年告示)「第2章　各教科　第5節　音楽　第2　各学年の目標及び内容〔第2学年及び第3学年〕2　内容〔共通事項〕(1)」の一部です。〔共通事項〕に示す「音楽を形づくっている要素」として，同学習指導要領において示されているものを，あとの1～4の中から1つ選びなさい。

> (1) 「A表現」及び「B鑑賞」の指導を通して，次の事項を身に付けることができるよう指導する。
> イ　音楽を形づくっている要素及びそれらに関わる用語や記号などについて，音楽における働きと関わらせて理解すること。

1　和音　　2　形式　　3　フレーズ　　4　音階

(☆☆◎◎◎◎◎)

【23】次は，中学校学習指導要領(平成29年告示)「第2章　各教科　第5節　音楽　第3　指導計画の作成と内容の取扱い　1　(1)」の全文です。(①)，(②)に入る語句の組み合わせとして正しいものを，下の1～4の中から1つ選びなさい。

> (1) 題材など内容や時間のまとまりを見通して，その中で育む資質・能力の育成に向けて，生徒の主体的・対話的で深い学びの実現を図るようにすること。その際，音楽的な見方・考え方を働かせ，(①)しながら，音楽表現を生み出したり音楽を聴いてそのよさや美しさなどを見いだしたりするなど，(②)し，表現する一連の過程を大切にした学習の充実を図ること。

	①	②
1	他者と協働	試行錯誤
2	他者と協働	思考，判断
3	他者と共有，共感	思考，判断
4	他者と共有，共感	試行錯誤

(☆☆◎◎◎◎◎)

【24】次は，中学校学習指導要領(平成29年告示)「第2章　各教科　第5節　音楽　第3　指導計画の作成と内容の取扱い　2　(1)　イ」の全文です。(①)，(②)に入る語句の組み合わせとして正しいものを，あとの1～4の中から1つ選びなさい。

イ　音楽によって喚起された自己のイメージや感情，音楽表現に対する思いや意図，音楽に対する評価などを伝え合い共感するなど，(　①　)及び言葉によるコミュニケーションを図り，音楽科の特質に応じた(　②　)を適切に位置付けられるよう指導を工夫すること。

	①	②
1	旋律や音楽	言語活動
2	旋律や音楽	身体的表現活動
3	音や音楽	身体的表現活動
4	音や音楽	言語活動

(☆☆◎◎◎◎◎)

【25】次は，中学校学習指導要領(平成29年告示)「第2章　各教科　第5節　音楽　第3　指導計画の作成と内容の取扱い　2　(2)　ア　(イ)」の全文です。(　①　)，(　②　)に入る語句の組み合わせとして正しいものを，下の1～4の中から1つ選びなさい。

ア　(イ)　民謡，長唄などの我が国の伝統的な歌唱のうち，生徒や学校，地域の実態を考慮して，伝統的な声や歌い方の特徴を感じ取れるもの。なお，これらを取り扱う際は，その(　①　)を通して，生徒が我が国や郷土の伝統音楽のよさを味わい，(　②　)をもつことができるよう工夫すること。

	①	②
1	体験	愛着
2	体験	興味・関心
3	表現活動	愛着
4	表現活動	興味・関心

(☆☆◎◎◎◎◎)

【26】中学校学習指導要領(平成29年告示)「第2章　各教科　第5節　音楽　第3　指導計画の作成と内容の取扱い　2　(2)　ア　(ウ)」において共通教材として示されていない曲を，次の1～4の中から1つ選びなさい。

1　荒城の月　　2　早春賦　　3　花の街　　4　ふるさと

(☆◎◎◎◎◎)

【高等学校】

【1】図の運指で発音されるアルト・リコーダーの実音を選びなさい。なお，音はドイツ音名とします。

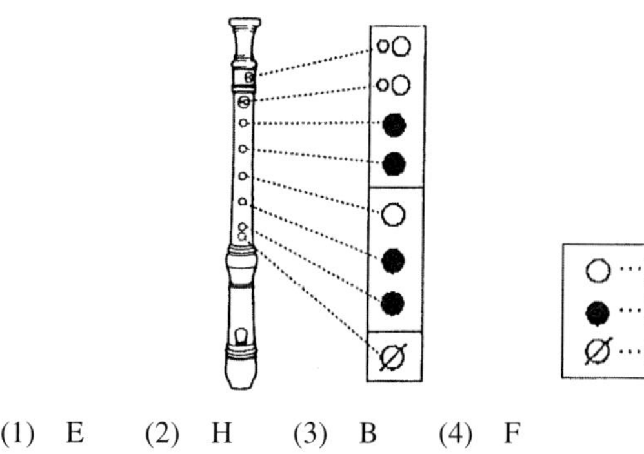

(1)　E　　(2)　H　　(3)　B　　(4)　F

(☆◎◎◎◎◎)

【2】次のコードネームと，それを表すダイヤグラムの組み合わせとして正しいものを選びなさい。

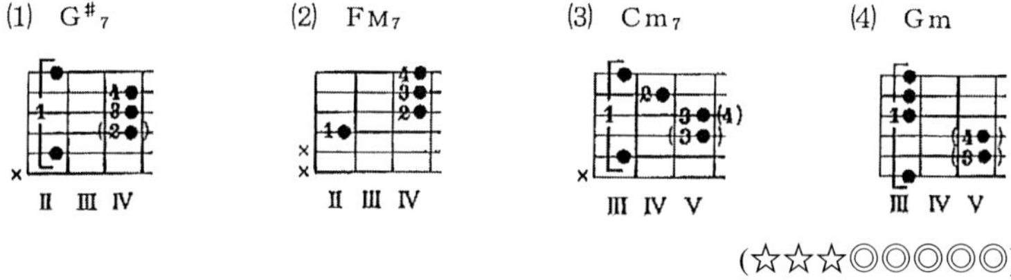

(☆☆☆◎◎◎◎◎)

【3】次の楽器のうち，体鳴楽器でないものを選びなさい。

(1)　シンバル　　(2)　タンボリン　　(3)　マラカス

(4)　グラスハーモニカ

(☆☆☆◎◎◎◎)

【4】次の楽器で示された記譜音を同時に演奏した時の和音を，コードネームで表したものを選びなさい。

ソプラノ・サクソフォーンで「ド♯」
アルト・サクソフォーンで「レ」
テナー・サクソフォーンで「ミ」
バリトン・サクソフォーンで「ミ」

(1)　G_7　　(2)　Dm_7　　(3)　E_7sus_4　　(4)　E_{M7}

(☆☆☆☆◎◎◎◎)

【5】次のドイツ語で書かれた楽器名のうち，管楽器を選びなさい。

(1)　Becken　　(2)　Pauken　　(3)　Posaune　　(4)　Geige

(☆☆☆☆◎◎◎◎)

【6】次の解説が示す楽器を選びなさい。

北インド古典音楽の弦楽器で，乾燥させたひょうたんなどの実で胴が作られており，可動式のフレットが付いている。7本の演奏弦と約12本の共鳴弦を持ち，右手につけた金属の爪ではじいて旋律を演奏する。

(1)　タンブーラ　　(2)　バーヤ　　(3)　シタール

(4)　サントゥール

(☆☆☆◎◎◎◎)

【7】次の解説が示す楽器を選びなさい。

ラテンアメリカのたて笛で，現地では主に葦で作られる。「コンドルは飛んでいく」の演奏で知られるほか，ペルーをはじめアンデス一帯に伝わるフォルクローレ(民俗音楽)で使われる。

(1)　ケーン　　(2)　バンスリ　　(3)　ナイ　　(4)　ケーナ

(☆◎◎◎◎)

【8】次の諸民族の合唱(ア)～(エ)と，その説明文(A)～(D)の組み合わせとして正しいものを選びなさい。

(ア)　ジョージア(グルジア)の合唱　　(イ)　ブルガリアの合唱

(ウ)　アフリカ・ピグミーの合唱　　(エ)　台湾・ブヌン族の合唱

(A)　祭りでは，男性たちが円陣を組んで反時計回りにゆっくりと歩きながら，粟の豊作を祈る歌を合唱する。リーダーが発した低音の歌声に合わせて半音よりも狭い音程でハーモニーを重ね徐々に音域を高めていく。これがうまくできた年は豊作になるといわれている。

(B)「村の男は誰もが歌う」といわれるほど日常に歌が浸透している。通常三声部に分かれ，低声部が主旋律を歌い，その上に二声部が重なる。ユネスコ無形文化遺産に登録され合唱文化を保存・推進する体制が生まれた。

(C)　女性たちの歌う合唱は，地声による激しく力強い発声や，二つのパートが半音でぶつかり合うことによる，うなりを伴う不協和音の響きが独特の音楽を生み出す。

(D)　一人が声を発すると，それに応えるように次のパートが歌い始め，次から次へと声が加わり重なり合っていく複雑な多声合唱が特徴である。

(1)　(ア)－(A)　　(イ)－(C)　　(ウ)－(D)　　(エ)－(B)

(2)　(ア)－(B)　　(イ)－(C)　　(ウ)－(D)　　(エ)－(A)

(3)　(ア)－(A)　　(イ)－(D)　　(ウ)－(B)　　(エ)－(C)

(4)　(ア)－(C)　　(イ)－(D)　　(ウ)－(A)　　(エ)－(B)

(☆☆☆☆◎◎◎)

【9】モンゴルの伝統音楽に関する説明文として，誤っているものを選びなさい。

(1)　伴奏にモリンホール，リンベ，ヨーチンなどが用いられる。

(2)　ホーミーは一人の人間が同時に二つの声を出す歌唱法で，主に男性が行う。歌い手は一定の高さの低音を発しながら，喉や口の開け方を変えることで，低音に含まれる自然倍音を強調して響かせる。

(3)　祭りでは，豊作を祈願したり農作業の疲れを癒したりするノンアクと呼ばれる芸能が披露される。複数の打楽器によるリズム・アンサンブルで踊りながら演奏する。

(4)　オルティンドーとは「長い歌」を意味し，決まった拍節はなく装飾音を多用するのが特徴である。日本の追分様式の民謡とよく似た雰囲気を持っている。

(☆☆☆◎◎◎◎)

【10】サトウハチロー作詞，中田喜直作曲「ちいさい秋みつけた」の2番の歌詞にないものを選びなさい。

(1)　はぜの葉　　(2)　風　　(3)　ガラス　　(4)　ミルク

(☆☆☆☆◎◎◎)

【11】次の曲のうち，坂本九(1941～85)が歌っていない曲の数を選びなさい。

涙そうそう　　上を向いて歩こう　　見上げてごらん夜の星を 心の瞳

(1)　1　　(2)　2　　(3)　3　　(4)　4

(☆☆◎◎◎)

【12】イギリスの聖職者J.ニュートンが作詞した作品を選びなさい。

(1) White Christmas (2) Oh Happy Day (3) Amazing Grace
(4) California Dreamin'

(☆☆◎◎◎)

【13】E.プレスリー作詞「ラブ・ミー・テンダー」の原曲として正しいものを選びなさい。

(1) Smile (2) Aura Lee (3) Tonight (4) Sing

(☆☆☆◎◎◎)

【14】G.ヘンデル作曲のオペラ「セルセ」で歌われるアリアを選びなさい。

(1) La fleur que tu m'avais jetée (花の歌)
(2) Ombra mai fù (かつて木陰は)
(3) Non più andrai farfallone amoroso (もはや飛べまい，この蝶々)
(4) Nessun dorma! (誰も寝てはならぬ)

(☆◎◎◎)

【15】G.ドニゼッティ作曲のオペラ「愛の妙薬」の登場人物で，「人知れぬ涙」を歌う役名を選びなさい。

(1) ドゥルカマーラ (2) アディーナ (3) ベルコーレ
(4) ネモリーノ

(☆☆☆◎◎◎)

【16】次の合唱曲とその作曲者の組み合わせとして誤っているものを選びなさい。

(1)「信じる」 － 松下 耕
(2)「ひとつの朝」 － 平吉毅州
(3)「走る川」 － 黒澤吉徳
(4)「聞こえる」 － 木下牧子

(☆☆◎◎◎)

【17】北原白秋作詞，山田耕筰作曲「この道」を扱う授業において，生徒への指導内容として誤っているものを選びなさい。

(1)　4拍子を意識しながらゆるやかに表現する。

(2)「あかしやの花」，「山査子の枝」は，写真などを見せて風景のイメージを持たせる。

(3)　言葉のイントネーションと音高が一致していることに気づかせる。

(4)「はながさいてる」をppでていねいに歌う。

(☆◎◎◎)

【18】次のオペラの中でジングシュピールでないものを選びなさい。

(1)「魔笛」(W.A.モーツァルト作曲)

(2)「ナブッコ」(G.ヴェルディ作曲)

(3)「フィデリオ」(L.v.ベートーヴェン作曲)

(4)「魔弾の射手」(C.M.ヴェーバー作曲)

(☆☆☆◎◎◎)

【19】次の(ア)～(エ)の作曲家とその作品の組み合わせについて，正誤の正しいものを選びなさい。

(ア)　F.シューベルト　－　三大歌曲集「美しき水車屋の娘」「冬の旅」「白鳥の歌」

(イ)　F.メンデルスゾーン　－　序曲「フィンガルの洞窟」

(ウ)　A.ブルックナー　－　交響曲　第1番　ニ長調「巨人」

(エ)　G.フォーレ　－　歌曲集「詩人の恋」

(1)　(ア)　誤　(イ)　誤　(ウ)　正　(エ)　正

(2)　(ア)　正　(イ)　誤　(ウ)　誤　(エ)　正

(3)　(ア)　正　(イ)　正　(ウ)　誤　(エ)　誤

(4)　(ア)　誤　(イ)　正　(ウ)　正　(エ)　誤

(☆☆◎◎◎◎)

【20】G.プッチーニ作曲のオペラ「トスカ」について，誤っているものを選びなさい。

(1) 警視総監スカルピアは「自分の言いなりになればカヴァラドッシを逃がしてやる」と言い寄り，トスカは嘆き苦しみ，死を決意してアリア「歌に生き，愛に生き」を歌う。

(2) トスカの恋人カヴァラドッシは，第1幕冒頭にアリア「妙なる調和」でトスカへのあふれる愛を誓い，3幕では処刑前にトスカへの愛を回想する「星は光りぬ」を歌う。

(3) オペラの主要な登場人物であるトスカ，スカルピア，カヴァラドッシのうち，トスカ以外の2人は，亡くなってしまう。

(4) 「トスカ」は，「ラ・ボエーム」「蝶々夫人」と並ぶプッチーニの三大オペラの一つで，1900年1月にローマで初演された。

(☆☆☆◎◎◎◎)

【21】次はある曲の冒頭部分です。この曲について述べた文として誤っているものを選びなさい。

(1) この曲は絵画にちなんだ10曲とプロムナードと呼ばれる部分で構成されている。

(2) この曲はフランス象徴派の詩人S.マラルメの詩に基づく管弦楽曲である。

(3) フルートによる第一主題は増4度という不安定な音程を外郭にもち，反復される度に少しずつ形を変えながら暑い夏の午後の倦怠感を描き出している。

(4) 作曲者は教会旋法や五音音階，全音音階といった長調・短調以外の音階を用いたり，リズムの輪郭をぼやかしたりして，従来にはみられない多彩な音色や響きを追求した。

(☆◎◎◎◎)

【22】L.v.ベートーヴェンが作曲した作品でないものを選びなさい。

(1)　ヴァイオリン・ソナタ　第9番　作品47「クロイツェル」

(2)　ピアノ・ソナタ　第8番　作品13「悲愴」

(3)　ピアノ三重奏曲　第7番　作品97「大公」

(4)　弦楽四重奏曲　第62番　作品76－3「皇帝」

(☆◎◎◎)

【23】次の第一主題を持つ吹奏楽曲を選びなさい。

(1)　アルヴァマー序曲(J.バーンズ作曲)

(2)　第一組曲(G.ホルスト作曲)

(3)　風紋(保科洋作曲)

(4)　ワシントンポスト(J.P.スーザ作曲)

(☆☆☆◎◎)

【24】歌舞伎の演目において，「世話物」に分類される作品を選びなさい。

(1)　曾根崎心中　(2)　義経千本桜　(3)　仮名手本忠臣蔵

(4)　京鹿子娘道成寺

(☆☆☆◎◎◎)

【25】文楽についての説明として誤っているものを選びなさい。

(1)　太夫，三味線，人形遣いの三者が一体となってつくり上げる。

(2)　もともとは「人形浄瑠璃」と呼ばれていたが，明治時代に「文楽」と呼ばれるようになった。

(3)　演奏で用いられる「義太夫三味線」は細棹である。

(4)　人形遣いは，主遣い，左遣い，足遣いの三人で一体の人形を操る

(☆☆◎◎◎)

【26】次の尺八音楽のうち，古典本曲でないものを選びなさい。

(1) 鹿の遠音　(2) 双魚譜　(3) 虚空　(4) 鶴の巣籠

(☆☆☆☆◎◎◎)

【27】次の琵琶楽について，誕生した順に正しく並べたものを選びなさい。

(ア) 平家琵琶　(イ) 薩摩琵琶　(ウ) 楽琵琶

(1) (ウ)→(イ)→(ア)　(2) (ウ)→(ア)→(イ)

(3) (ア)→(ウ)→(イ)　(4) (ア)→(イ)→(ウ)

(☆☆☆◎◎◎)

【28】Hを主音とするブルー・ノート・スケールにおいて，ブルー・ノートにあたらない音を選びなさい。

(1) D　(2) F　(3) A　(4) G

(☆☆☆☆◎◎◎)

【29】曲中で「サウンド・モンタージュ」の技法が用いられている作品を選びなさい。

(1) A Day in the Life　(2) Imagine　(3) Let it be

(4) Norwegian Wood

(☆☆☆☆☆◎◎)

【30】P.d.サラサーテ作曲「ツィゴイナーヴァイゼン」で使用されている音階を選びなさい。

(1) スレンドロ音階　(2) 5音音階　(3) 全音音階

(4) ロマ音階

(☆☆◎◎◎)

【31】楽曲の形式について書かれた次の文の中の(　ア　)，(　イ　)にあてはまる数の組み合わせとして，正しいものを選びなさい。

リート形式の3部形式は，大楽節三つで構成され，ふつう(　ア　)小節である。また，小楽節三つで構成される場合は，(　イ　)小節である。

(1)　ア　24　　イ　18　　(2)　ア　24　　イ　12
(3)　ア　18　　イ　12　　(4)　ア　36　　イ　18

(☆☆☆◎◎◎◎)

【32】次の楽譜の作曲技法を表す言葉を選びなさい。

(1)　ミニマル・ミュージック　　(2)　ミュジック・コンクレート
(3)　トーン・クラスター　　(4)　12音技法

(☆☆☆☆◎◎◎)

【33】次の文章があらわす舞曲を選びなさい。

「ドイツの」という意味のフランス語に由来する，アウフタクトで始まる緩やかな宮廷舞曲。

(1)　ガヴォット　　(2)　アルマンド　　(3)　ジーグ
(4)　クーラント

(☆☆◎◎◎)

【34】次の文章があらわす語句を選びなさい。

新約聖書の福音書に記されたキリストの受難の部分を題材にした楽曲。レチタティーヴォ，アリア，コラールからなる。

(1) madrigal　(2) passion　(3) gospel　(4) passacaglia

(☆☆☆◎◎◎)

【35】次の西洋音楽史上の出来事について，年代の古いものから順に正しく並べたものを選びなさい。

(ア) モノディー様式の歌曲が誕生した。

(イ) グイードが階名唱法を考案した。

(ウ) グーテンベルクの活版印刷発明により楽譜の大量生産が可能になった。

(エ) 世俗音楽が流行し，フランスではトルバドゥールやトルヴェールなどの吟遊詩人が活躍した。

(1) (ウ)→(イ)→(エ)→(ア)　(2) (ア)→(イ)→(エ)→(ウ)

(3) (イ)→(エ)→(ウ)→(ア)　(4) (エ)→(イ)→(ア)→(ウ)

(☆☆☆☆◎◎◎)

【36】次の作品のうち，作曲の背景においてフランス皇帝ナポレオン・ボナパルトと関係がないものを選びなさい。

(1) 歌劇「オルフェオとエウリディーチェ」 － C.グルック

(2) 交響曲　第3番 － L.v.ベートーヴェン

(3) ハーリ・ヤーノシュ － Z.コダーイ

(4) 序曲「1812年」 － P.チャイコフスキー

(☆☆◎◎◎)

【37】次は，高等学校学習指導要領(平成30年告示)の「第3章　主として専門学科において開設される各教科　第11節　音楽　第2款　各科目　第3　演奏研究　1　目標」の一部です。文中の(　A　)～(　C　)に入

る語句の組み合わせとして正しいものを選びなさい。

> (2)　音楽の様式を踏まえた演奏に関する(　A　), (　B　), (　C　)等を育成する。

(1)　A　表現　　B　鑑賞　　C　態度
(2)　A　視唱　　B　視奏　　C　聴音
(3)　A　解釈　　B　知識　　C　技能
(4)　A　思考力　B　判断力　C　表現力

(☆◎◎◎◎◎)

【38】次は，高等学校学習指導要領(平成30年告示)の「第2章　各学科に共通する各教科　第7節　芸術　第1款　目標」の一部です。文中の(　A　)～(　D　)に入る語句の組み合わせとして正しいものを選びなさい。

> 芸術の幅広い活動を通して，各科目における(　A　)・(　B　)を働かせ，生活や社会の中の芸術や芸術文化と豊かに関わる(　C　)・(　D　)を次のとおり育成することを目指す。

(1)　A　認識　B　理解　　C　知覚　D　感受
(2)　A　見方　B　考え方　C　資質　D　能力
(3)　A　知覚　B　感受　　C　見方　D　考え方
(4)　A　理解　B　知覚　　C　感受　D　技能

(☆◎◎◎◎◎)

【39】次は，高等学校学習指導要領(平成30年告示)の「第2章　各学科に共通する各教科　第7節　芸術　第2款　各科目　第2　音楽Ⅱ　2　内容　A　表現　(1)歌唱」の一部です。文中の(　A　)～(　C　)に入る語句の組み合わせとして正しいものを選びなさい。

イ　次の(ア)から(ウ)までについて理解すること。
　(ア)　曲想と音楽の構造や(　A　)，文化的・歴史的背景との関わり及びその関わりによって生み出される表現上の効果
　(イ)　言葉の特性と(　B　)に応じた発声との関わり及びその関わりによって生み出される表現上の効果
　(ウ)　様々な表現形態による(　C　)の固有性や多様性

(1)　A　歌詞　　B　曲種　　　C　歌唱表現
(2)　A　調和　　B　曲想　　　C　音楽表現
(3)　A　特徴　　B　発音　　　C　演奏
(4)　A　要素　　B　創意工夫　C　旋律

(☆◎◎◎◎◎)

【40】高等学校学習指導要領(平成30年告示)の「第2章　各学科に共通する各教科　第7節　芸術　第2款　各科目　第1　音楽Ⅰ　3　内容の取扱い」に示されていないものを選びなさい。

(1)　内容の「A表現」及び「B鑑賞」の指導については，中学校音楽科との関連を十分に考慮し，それぞれ特定の活動のみに偏らないようにするとともに，必要に応じて，〔共通事項〕を要として各領域や分野の関連を図るものとする。

(2)　内容の「A表現」の指導に当たっては，生徒の特性等を考慮し，視唱と視奏及び読譜と記譜の指導を含めるものとする。

(3)　内容の「A表現」及び「B鑑賞」の教材については，学校や地域の実態等を考慮し，我が国や郷土の伝統音楽を含む我が国及び諸外国の様々な音楽から幅広く扱うようにする。また，「B鑑賞」の教材については，西洋の音楽を含めて扱うようにする。

(4)　自己や他者の著作物及びそれらの著作者の創造性を尊重する態度の形成を図るとともに，必要に応じて，音楽に関する知的財産権について触れるようにする。また，こうした態度の形成が，音楽文化の継承，発展，創造を支えていることへの理解につながるよう配慮

する。

(☆◎◎◎◎◎)

解答・解説

【中学校】

【1】(1)　4　　(2)　2

〈解説〉(1)「グランディオーソ」と読む。1の「レッジェーロ」は軽く優美に，2の「コン　テネレッツァ」は愛情を込めて，3の「コモード」は気軽に，の意味。　(2)「アレグロ　コン　ブリオ」と読む。1の「アジタート」は興奮した，3の「グラーヴェ」は重々しい，4の「リステッソ　テンポ」は同じ速さで，の意味。

【2】(1)　1　　(2)　3　　(3)　4　　(4)　2　　(5)　4

〈解説〉(1)　ミとド♯で，長6度である。　(2)　C durを例に挙げると，ドとシの音程である。　(3)　図の相互関係は，中心の主調に対して，上が同主調，下が平行調。そして右が属調，左が下属調で，それに対する上下関係は主調と同様である。図Bを読み解くと，gis mollの平行調はH dur，H durを属調とする調はE dur，E durの下属調はA dur，A durの同主調はa mollである。　(4)　シ・ミ・ラ・レに♭がつき，ソにはないので♭が4つの調であると判断できる。また導音上がりもなく短調ではないので，As durである。　(5)　サスペンデッド・フォースは，第3音が根音から完全4度上の音になる。他の選択肢の構成音は1はド・ファ・ソ，2はド・ミ♭・ソ・シ♭，3はド・ミ♭・ソ♭・シ♭である。

【3】1

〈解説〉律音階は雅楽などで用いられる。日本の音階4つは楽譜で音を示せるようにしておきたい。2は都節音階，3は民謡音階，4は琉球音階である。

【4】4

〈解説〉能は，非常に長い歴史を有する舞台芸術である。観阿弥・世阿弥など主要な人物，有名な演目，舞台の構成と配置，音楽の編成とその楽器の構造，歴史などについても学習しておこう。歌舞伎や文楽についても同様である。

【5】1

〈解説〉in Esからin Fに移調する際は，音程を長2度下げる。D durからC durに書き換える。

【6】(1)　3　　(2)　1　　(3)　2　　(4)　3

〈解説〉楽譜は，滝廉太郎作曲「荒城の月」である。歌唱共通教材は，実際に歌唱し，理解を深めておこう。その際に，楽曲に関する基本的な知識を確認した上で，旋律を書けるようにしておくこと，歌詞とその意味を正しく覚えることが必要である。

【7】(1)　2　　(2)　2　　(3)　4

〈解説〉楽譜は，ナポリ民謡の「帰れソレントへ」である。教科書に掲載されている歌曲は，作詞者及び作曲者などの情報を確認するのはもちろんのこと，実際に歌唱し，旋律や歌詞に親しんでおこう。

【8】(1)　1　　(2)　3　　(3)　1

〈解説〉(1)　楽譜は中田喜直作曲「夏の思い出」である。楽譜より，ニ長調の曲であることがわかる。和声の進行に基づいて選択することにより，最も適切なものを選択することができる。　(2)　ニ長調なので，ニの音がドになる。　(3)　ウ は後奏の前4小節の部分である。ピアノのパートは1のような音型になっている。2は曲が始まって3小節，3は前奏，4は曲が始まって5小節からの音型である。演奏しておくことで容易に解答できる。少なくとも，歌唱共通教材のピアノ伴奏は全て練習しておこう。

【9】(1)　3　　(2)　2　　(3)　1　　(4)　1

〈解説〉(1)「MATSURI」は教科書に掲載されている器楽曲である。①を演奏するのは，篠笛であり，楽譜の下の漢数字からも判断できる。 (2)　指打ちは，同じ音が連続している際に用いられる。1は穴の押さえ方やあごの動きで，音を半音低くだす奏法，3は一孔の指だけを素早く動かして鶴の鳴き声のような音を出す，4は2人以上で演奏すること。　(3)　アは当り鉦，イは鉦鼓，エは小鼓である。　(4)　終止感を表す際に用いられる。

【10】(1)　1　　(2)　3　　(3)　4　　(4)　4　　(5)　3　　(6)　1

〈解説〉(1)　楽譜は，「カントリー・ロード」である。ピアノ伴奏など，和音を含めて弾いたことがあれば解答できる。簡単なコードで表せば，最初から2小節ごとにG・D・Em・C・G・D・G・Gとなる。　(2)　アルトリコーダー，ソプラノリコーダーの運指の問題は頻出である。十分に確認し，教科書に掲載されている楽曲は演奏できるようにしておこう。　(3)　ギターのダイヤグラムの問題も頻出なので主なコードはしっかり学習しておくこと。また，各弦の開放の音を覚えておくことにより，ダイヤグラムよりコードを確認することが可能である。他の選択肢は1はEm，2はG，3はCである。　(4)　ダイヤグラムは上が1弦，下が6弦で，×のついている弦は弾かない。　(5)　ギター，リコーダーの音域は必ず覚えておこう。　(6)　楽箏は雅楽で使用される箏で，13本の弦のものが一般的である。箏も同じである。各弦の呼び名も確認しておこう。

【11】1

〈解説〉舞楽については，中国に由来する左舞(唐楽)と朝鮮半島に由来する右舞(高麗楽)。歌物については，催馬楽と朗詠，国風歌舞については東遊，久米舞，和舞，五節舞を整理して学習しておこう。

【12】2

〈解説〉雅楽に使用される楽器の名称及び役割や奏法，配置は必ず確認しておこう。また，写真を見て名称を答えられるようにしておきたい。

【13】(1)　4　　(2)　2　　(3)　3

〈解説〉(1)　バッハ作曲「フーガ　ト短調」で，パイプオルガンで演奏される。1はチェンバロ，2はアコーディオン，3はチェレスタの説明である。　(2)　作曲者はJ.S.バッハである。1はロッシーニ，3はヘンデル，4はハイドンの作品である。　(3)　曲名の通り，フーガ形式である。スコアで主題と形式を確認しておこう。

【14】(1)　3　　(2)　3　　(3)　2

〈解説〉(1)　武満徹作曲「ノヴェンバー・ステップス」である。現代音楽も，楽譜を参照しながら実際に鑑賞しておこう。1はガーシュウィンの「ラプソディ・イン・ブルー」，2はグリーグの「ペールギュント組曲」，4は團伊玖磨のオペラ「夕鶴」である。　(2)　1は團伊玖磨，2は山田耕筰，4は芥川也寸志の説明である。　(3)「ノヴェンバー・ステップス」は琵琶，尺八，オーケストラのための作品である。

【15】2

〈解説〉作曲者はリチャード・ロジャースである。ミュージカルの主要な楽曲と作曲者，あらすじについては覚えておこう。

【16】4

〈解説〉ケーナは南米の縦笛で，複数の管をもった笛ではない。説明文は，パンパイプもしくはパンフルートである。この形の楽器は世界各地にみられ，ルーマニアに伝わるものは「ナイ」，アンデス地方に伝わるものでは「サンポーニャ」がある。

【17】3

〈解説〉目標に関しては，学年ごとに整理し文言も正しく覚えておこう。学習指導要領解説を用いて詳細な意味を確認することも大切である。

【18】1

〈解説〉表現は，歌唱，器楽，創作からなる。ここでは，創作に関して出題された。創作の目標及び内容に関しても，学年ごとに整理し，理解しておこう。教科書や学習指導要領解説を用いて，実際の授業を想定した学習をして理解を深めよう。

【19】4

〈解説〉表現は，歌唱，器楽，創作からなる。ここでは，歌唱に関して出題された。歌唱の目標及び内容に関しても，学年ごとに整理し，理解しておこう。教科書や学習指導要領解説を用いて，実際の授業を想定した学習をして理解を深めよう。

【20】1

〈解説〉鑑賞の目標及び内容に関しても，学年ごとに整理し，理解しておこう。教科書や学習指導要領解説を用いて，実際の授業を想定した学習をして理解を深めよう。教科書の各教材がどのような目標及び内容に対応しているのかを整理してみよう。

【21】3

〈解説〉表現は，歌唱，器楽，創作からなる。ここでは，器楽に関して出題された。器楽の目標及び内容に関しても，学年ごとに整理し，理解しておこう。教科書や学習指導要領解説を用いて，実際の授業を想定した学習をして理解を深めよう。学校の音楽では，リコーダーやギターなどの演奏が想定される。各楽器における技能の身に付け方を想定し，指導案を作ってみよう。

【22】2

〈解説〉〔共通事項〕の「音楽を形づくっている要素」には，どのようなものが示されているのかを全て把握しておくこと。また，その要素の意味を正しく理解することが必要である。

【23】2

〈解説〉指導計画の作成と内容の取扱いに関しては，実際に指導計画を作成し，理解を深めることが重要である。例えば，他者との協働にはどのような活動が想定されるのかなどを考えてみよう。

【24】4

〈解説〉指導計画の作成と内容の取扱いに関しては，実際に指導計画を作成し，理解を深めることが重要である。例えば，音や音楽及び言葉によるコミュニケーションとはどのようなものが想定されるかを考えてみよう。学習指導要領解説と照らし合わせることで，より詳細に理解できるであろう。

【25】3

〈解説〉指導計画の作成と内容の取扱いに関しては，実際に指導計画を作成し，理解を深めることが重要である。教科書に掲載されている伝統的な歌唱にはどのようなものがあり，実際の表現活動に取り入れられるものはどれかを考えてみよう。学習指導要領解説と照らし合わせることで，より詳細に理解できるであろう。

【26】4

〈解説〉「ふるさと」は小学校第6学年の共通教材。共通教材の曲について，作曲者名，作詞者名，歌詞は必ず覚えておこう。また，演奏の指導をすることを想定して，実際演奏し，伴奏などの練習もすることで理解を深めることが必要である。

【高等学校】

【1】(1)

〈解説〉リコーダーの運指の問題は頻出である。教科書教材を演奏するために必要なリコーダーの運指は必ず覚えておくこと。

【2】(4)

〈解説〉教科書教材の演奏に必要なダイヤグラムは必ず覚えておくこと。各弦の開放の音を覚えておくことにより，コードの構成音を確認することも可能である。(1)はB，(2)はF_{M7}なら1の指がⅢフレット，2～4はⅤフレット，(3)はCmである。

【3】(2)

〈解説〉タンボリンは膜鳴楽器に分類される。サンバやボサノヴァなどブラジルの音楽で用いられる，片面の太鼓。

【4】(1)

〈解説〉サックスは，ソプラノとテナーがB♭管，アルトとバリトンがE♭管である。よって実音はソプラノからシ・ファ・レ・ソで，G_7となる。

【5】(3)

〈解説〉ドイツ語でトロンボーンのことである。(1)はシンバル，(2)はティンパニ，(4)はヴァイオリンのドイツ語表記である。スコアを用いた問題でも，楽器名はイタリア語，英語，ドイツ語，フランス語で問われることがあるため，オーケストラで用いられる楽器については確認しておこう。

【6】(3)

〈解説〉映像とともに音も聴いておこう。他の選択肢もインドの楽器で，(1)は弦楽器で弦は4弦，(2)は太鼓で高音のタブラーに対して低音のバーヤの2種類がある。(4)は木の箱に弦を張った打弦楽器。

【7】(4)

〈解説〉ケーナは尺八に近い構造をしている。写真や音源を聴き，学習しておこう。(1)は東南アジアの山岳民族の気鳴楽器で，リードの付いた7～9対の竹管が，吹き口の付いた部分に差しこまれている。(2)はインドの気鳴楽器。竹製の横笛である。(3)は長さのちがう木でできた管を7～8本束ねたパンパイプのルーマニアにおける呼び名。

【8】(2)

〈解説〉合唱の他にも，様々な地域の声に関する音楽を可能な限り鑑賞しておこう。特徴を確認するのはもちろんのこと，その音楽が生まれた背景や，演奏される場面も学習しよう。

【9】(3)

〈解説〉(3)のノンアク(農楽)は朝鮮半島の祭りの音楽である。チン・ケンガリ・チャンゴ・プクなどの打楽器を使用する。

【10】(1)

〈解説〉はぜの葉は3番の歌詞にある。

【11】(1)

〈解説〉「涙そうそう」は，森山良子作詞，BEGIN作曲である。

【12】(3)

〈解説〉Amazing Graceは，作曲者は不詳であるが，作詞者はJ.ニュートン(1725～1807)である。(1)はアーヴィング・バーリン，(2)はエドウィン・ホーキンズ，(4)はジョン・フィリップスとミシェル・フィリップスによる楽曲。

【13】(2)

〈解説〉Aura Leeは，1861年にアメリカで発表された。ウィリアム・ホワイトマン・フォスディック作詞・ジョージ・R・プールトン作曲。

【14】(2)

〈解説〉(1)はビゼー作曲のオペラ「カルメン」，(3)はモーツァルト作曲のオペラ「フィガロの結婚」，(4)はプッチーニ作曲のオペラ「トゥーランドット」のアリアである。オペラの主要なアリアについてはスコアとともに音源を聴いておこう。

【15】(4)

〈解説〉ネモリーノはアディーナに想いを寄せている貧農で，配役はテノールである。(1)はインチキな薬売り(バス)，(2)は美人で頭の良い富農の娘(ソプラノ)，(3)は野心にあふれた軍曹(バリトン)である。

【16】(4)

〈解説〉「聞こえる」は岩間芳樹作詞，新実徳英作曲の作品である。合唱の指導力は教員にとっては必須であるので，曲のレパートリーも蓄えておこう。

【17】(1)

〈解説〉「この道」は3拍子と2拍子の混合した曲である。日本語のイントネーションと音が密接に関わりあっている。

【18】(2)

〈解説〉ジングシュピールはドイツに由来する音楽劇であり，喜劇的な内容のものが多い。ヴェルディはイタリアの作曲家である。

【19】(3)

〈解説〉(ウ)はマーラーの作品，(エ)はシューマンの作品である。

【20】(3)

〈解説〉トスカはスカルピアを刺し殺し，カヴァラドッシはスカルピアの策略で処刑され，それに絶望したトスカは，自ら命を絶つ。オペラのあらすじと主なアリアは鑑賞し覚えておこう。

【21】(1)

〈解説〉この曲はドビュッシーの「牧神の午後への前奏曲」である。(1)はムソルグスキー作曲「展覧会の絵」について述べた文である。

【22】(4)

〈解説〉(4)はハイドンの作品である。

【23】(1)

〈解説〉近年では，吹奏楽曲に関する出題も珍しくない。吹奏楽に用いられる楽器に関する理解はもちろんのこと，楽曲についても可能な限り鑑賞しておこう。

【24】(1)

〈解説〉歌舞伎の演目は，大きく時代物，世話物に分けられる。曾根崎心中は元禄期に大坂で話題となった，醤油問屋の手代徳兵衛と遊女お初が梅田曾根崎天神の森で心中をとげた事件をもとに作られた。

【25】(3)

〈解説〉義太夫三味線は太棹である。文楽の主な演目，舞台の構造，音楽と楽器について学習しておこう。

【26】(2)

〈解説〉(2)は吉松隆の1986年の作品「双魚譜～尺八と二十絃のための四つの寓話抄～」である。

【27】(2)

〈解説〉楽琵琶は中国から伝来し，鎌倉時代には平家琵琶が起こり，室町時代には薩摩琵琶が起こった。

【28】(4)

〈解説〉ブルー・ノート・スケールは，ジャズやブルースで用いられる。長音階に，第3音，第5音，第7音を半音下げたものを加える。特にその第3音，第5音，第7音をブルー・ノートと呼ぶ。主音からみて短三度，減五度，短七度の音である。

【29】(1)

〈解説〉サウンド・モンタージュとは，現代音楽で用いられる技法で，音や曲をコラージュしたものである。選択肢はすべてビートルズの楽曲である。ジョンレノンとマッカートニーはジョン・ケージやベリオら前衛音楽の作曲家に興味をもっていた。(1)の曲では人の声や，目覚ましの音などを録音して楽曲に切り貼りして取り入れている。

【30】(4)

〈解説〉曲名の意味は，「ロマの旋律」である。ロマはかつてジプシーと呼ばれた，北インドに起源を持つ移動型の民族で，各地を放浪し音楽の演奏やダンスをして生計をたてる旅芸人である。放浪先の中近東やヨーロッパの音楽文化に影響を与えた。ロマ音階は通常の短調の第4音を半音上げたものである。c mollでいうと，ド・レ・ミ♭・ソ♭・ソ・ラ♭・シ・ドである。

【31】(2)

〈解説〉形式の問題は頻出である。楽節について，2部形式，3部形式，ロンド形式，ソナタ形式については必ず学習し，説明できるようにしておこう。

【32】(3)

〈解説〉トーン・クラスターは，複数の音を同時に音群として鳴らす奏法である。楽譜の下段の音域の音をすべて鳴らすという指示である。ペンデレツキの「広島の犠牲者への哀歌」などが参考になるので，音源とスコアをあわせて鑑賞するとよい。

【33】(2)

〈解説〉組曲などで用いられる。舞曲については，選択肢にあげられているものはもちろん，他にも様々なものがあるため，実際に鑑賞し，特徴を押さえておこう。

【34】(2)

〈解説〉日本語では，受難曲と言われる。バッハのマタイ受難曲など，実際に鑑賞しておくことが望ましい。(1)のマドリガルはイタリア発祥の歌曲形式。(3)のゴスペルはアメリカに移民したアフリカ人たちによって歌われた黒人霊歌を元にして生まれた。(4)のパッサカリアはシャコンヌと似たスペインの舞曲。バッソ・オスティナートをもつ緩やかな3拍子の変奏曲である。

【35】(3)

〈解説〉(イ)のグイードは，1000年頃に活躍した人物である。(エ)は11世紀から12世紀，(ウ)は1450年頃，(ア)は1600年頃である。

【36】(1)

〈解説〉(1)はオルフェオが亡き妻のエウリディーチェを生き返らせるために冒険をする作品である。また，初演された時代も，ナポレオンが生まれる前である。(2)の副題は「英雄」で，元々ナポレオンを讃える曲として作曲していた。(3)の第4曲は「戦争とナポレオンの敗北」である。(4)について，1812年はナポレオンのロシア遠征が行われた年である。第3部ではフランス国歌「ラ・マルセイエーズ」の旋律，第5部ではロシア帝国国歌が演奏される。

【37】(4)

〈解説〉高等学校学習指導要領の第3章の主として専門学科において開設される各教科からの問題である。音楽理論・音楽史・演奏研究・ソルフェージュ・声楽・器楽・作曲・鑑賞研究の8つの研究分野についてまとめられている。それぞれの目標，内容，内容の取扱いをしっかり覚えておこう。

【38】(2)

〈解説〉第2章に関する出題である。芸術の目標は十分に読み込み，語句も正しく覚えておこう。中学校の音楽科の目標も参照することで，接続的な視点で芸術の目標を捉えることができる。

【39】(1)

〈解説〉第2章は各科目ごとにまとめられている。本問は音楽Ⅱに関する出題である。他の科目についても区別し，整理しておこう。学習指導要領解説や教科書を用いて学習することにより，具体的な理解が深まるであろう。

【40】(3)

〈解説〉音楽Ⅰ　3　内容の取扱いでは11の項目が示されている。選択肢(1)は(1)，選択肢(2)は(5)，選択肢(4)は(11)の項目である。他の項目についても確認しておこう。選択肢(3)は最後の文の「西洋の音楽」を「アジア地域の諸民族の音楽」にすれば，(9)の項目になる。

2020年度　実施問題

【中学校】

【１】次の(1)，(2)の意味を表すものを，下の1～4の中から1つずつ選びなさい。

(1)　甘美に

1　con malinconia　　2　nobile　　3　marziale　　4　delizioso

(2)　おどけて

1　leggiero　　2　risoluto　　3　giocoso　　4　amabile

(☆☆☆☆◎◎)

【２】次の(1)～(5)の問いに答えなさい。

(1)　三全音にあたる音程を，次の1～4の中から1つ選びなさい。

1　長3度音程　　2　完全3度音程　　3　増4度音程

4　完全4度音程

(2)　長6度の転回音程を，次の1～4の中から1つ選びなさい。

1　長3度　　2　短3度　　3　長2度　　4　短6度

(3)　次の図Aは，C durを主調に置いた場合の近親調とそれに準ずる調を示したものです。図Aにおける調の相互関係で図Bに調を書き入れた場合，①に入る調を下の1～4の中から1つ選びなさい。

図A

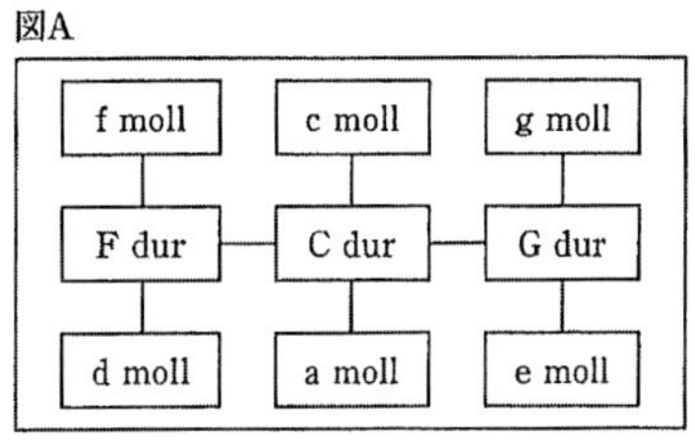

図B

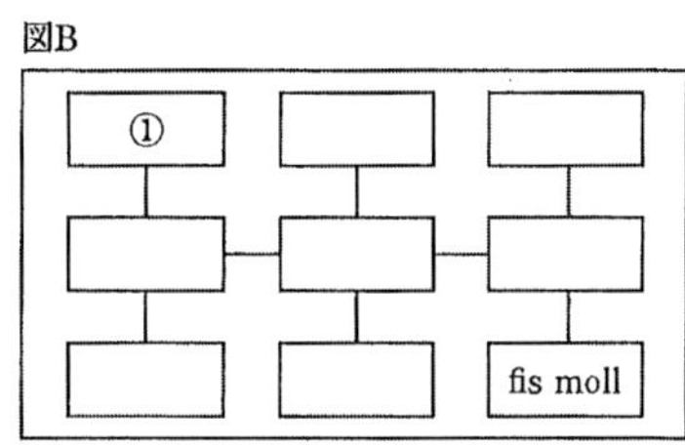

1　e moll　　2　a moll　　3　h moll　　4　g moll

(4)　次の楽譜は何調ですか。あとの1～4の中から1つ選びなさい。

1　c moll　　2　Es dur　　3　es moll　　4　f moll

(5)　次の1～4の中から，CmM7の和音を1つ選びなさい。

1　　2　　3　　4

(☆☆☆◎◎◎)

【3】次の1～4の中から都節音階を1つ選びなさい。

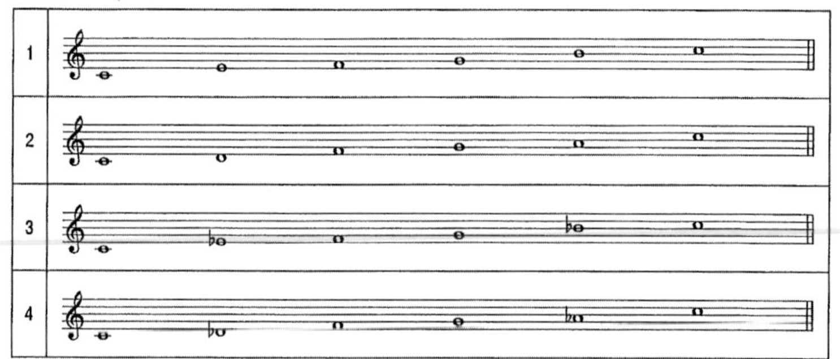

(☆☆☆◎◎◎)

【4】次の文は何について説明しているものですか。下の1～4の中から1つ選びなさい。

劇やオペラの幕間に演奏される曲で，通常は器楽曲である。

1　Prelude　　2　Intermezzo　　3　Impromptu　　4　Overture

(☆☆◎◎)

【5】次は，記譜音によるクラリネット(in B♭)の楽譜です。これをアルト・サクソフォーン用に移調した楽譜として正しいものを，あとの1

～4の中から1つ選びなさい。

(☆☆◎◎◎◎)

【6】次のア～エは，中学校学習指導要領(平成29年告示)「第2章　各教科　第5節　音楽　第3　指導計画の作成と内容の取扱い　2　(2)(ウ)」で示されている共通教材です。これらの作品を発表年の古い順に並べたものとして最も適切なものを，下の1～4の中から1つ選びなさい。

ア　赤とんぼ　　イ　浜辺の歌　　ウ　夏の思い出　　エ　花

1　エ→イ→ア→ウ　　2　ア→エ→イ→ウ　　3　イ→エ→ウ→ア

4　エ→ウ→イ→ア

(☆☆☆◎◎◎)

【7】次の表は，日本の民謡についてまとめたものです。曲名と歌い継がれている地域の組み合わせとして最も適切なものを，次の1～4の中から1つ選びなさい。

	曲名	歌い継がれている地域
1	八木節	沖縄県
2	朝花節	北海道
3	よさこい節	香川県
4	こきりこ節	富山県

(☆☆☆◎◎◎)

【8】次のAとBの楽譜は，それぞれある曲の一部です。これを見て，あとの(1)～(8)の問いに答えなさい。

【Aの楽譜】

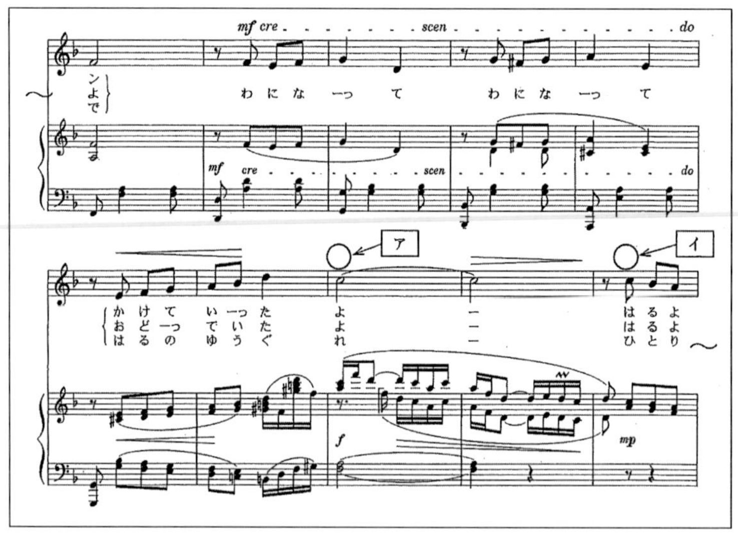

【Bの楽譜】

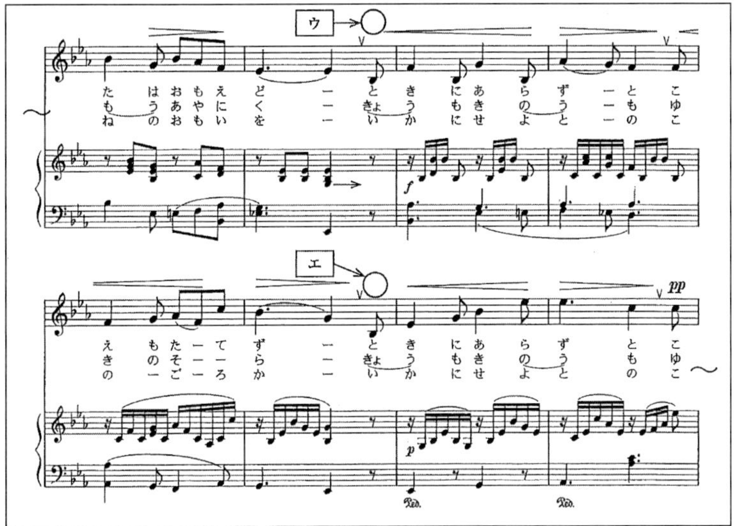

(1) Aの楽譜の曲名，作詞者，作曲者の正しい組み合わせを，次の1～4の中から1つ選びなさい。

	曲名	作詞者	作曲者
1	花の街	江間　章子	團　伊玖磨
2	花の街	江間　章子	中田　喜直
3	浜辺の歌	武島　羽衣	滝　廉太郎
4	浜辺の歌	林　古溪	成田　為三

(2) Aの楽譜の曲の作詞者の作品と，作曲者の作品の組み合わせとして正しいものを，次の1～4の中から1つ選びなさい。

	作詞者の作品	作曲者の作品
1	浜辺の歌	ふるさと
2	夏の思い出	オペラ「夕鶴」
3	花	長唄「勧進帳」
4	赤とんぼ	筑後川

(3) Aの楽譜の曲について述べた文として適切でないものを，次の1～

4の中から1つ選びなさい。

1　この曲に描かれている街は，作詞者の幻想の街である。

2　この曲の作詞者は，希望をもって，いつか日本中の街に美しい花が咲くように願ってこの詩を書いた。

3　この曲は，波の情景を表すような伴奏に支えられた，抒情的な歌詞と旋律をもつ曲である。

4　この曲の三番の歌詞は，戦争によってさまざまな苦しみや悲しみを味わった人々の姿を映したものである。

(4)　Aの楽譜の曲を用いて，中学校学習指導要領(平成29年告示)「第2章　各教科　第5節　音楽　第2　各学年の目標及び内容〔第2学年及び第3学年〕2　内容　A　表現　(1)　イ　(ア)　曲想と音楽の構造や歌詞の内容及び曲の背景との関わり」に基づいた授業を行うこととしました。この授業の展開として最も適切なものを，次の1～4の中から1つ選びなさい。

1　音素材及び音の重なりや反復，変化，対照などによって生み出される特質や雰囲気と自分が表したいイメージとの関わりを捉えていくことができるような授業を展開する。

2　世界の様々な国や地域の生活や文化などと結び付きが深い諸民族の音楽を扱うことによって，生活や社会における音楽の意味や役割について，更に幅広く，また深く理解することのできる学習になるような授業を展開する。

3　教材曲のよさを捉えなおし，更に曲に対する捉え方を質的に深め，自分にとっての意味を見いだしたり，「人はなぜ歌うのか」などについて考えたりすることにつながるような授業を展開する。

4　他者や他の声部の声，全体の響きなどを意識して，他者と合わせて歌うよさや必要性を感じながら技能を身に付けていくことに重点をおいて授業を展開する。

(5)　Bの楽譜の曲名，作詞者，作曲者の正しい組み合わせを，次の1～4の中から1つ選びなさい。

	曲名	作詞者	作曲者
1	早春賦	武島　羽衣	滝　廉太郎
2	早春賦	吉丸　一昌	中田　　章
3	夏の思い出	江間　章子	團　伊玖磨
4	夏の思い出	江間　章子	中田　喜直

(6)　Bの楽譜の曲の作曲者について述べた文として最も適切なものを，次の1～4の中から1つ選びなさい。

1 「待ちぼうけ」の作曲者の父であり，ピアニストとして活躍した。

2 「スキーの歌」の作曲者の父であり，ヴァイオリニストとして活躍した。

3 「夏の思い出」の作曲者の父であり，オルガニストとして活躍した。

4 「ふるさと」の作曲者の父であり，指揮者として活躍した。

(7)　Bの楽譜の曲を用いて，中学校学習指導要領(平成29年告示)「第2章　各教科　第5節　音楽　第2　各学年の目標及び内容〔第2学年及び第3学年〕2　内容　A　表現　(1)　ウ　(ア)　創意工夫を生かした表現で歌うために必要な発声，言葉の発音，身体の使い方などの技能」に基づいた授業を行うこととしました。この授業の展開として最も適切なものを，次の1～4の中から1つ選びなさい。

1　即興的に音を出しながら音のつながり方を試すなど，音を音楽へ構成していく体験を重視しながら授業を展開する。

2　曲の旋律の構成音を調べることによって，音階の特徴を理解することを大切にしながら授業を展開する。

3　感じ取ったこと，考えたこと，夢，想像や感情などの心の世界などを基に，発想や構想をすることができるような授業を展開する。

4　生徒が「フレーズのまとまりを大切にして歌いたい」という思いや意図をもったとき，複数の技能を関わらせて，よりふさわしい歌い方を工夫しながら技能を身に付けていけるような授業の展開をする。

(8)　Aの楽譜[ア]，[イ]とBの楽譜の[ウ]，[エ]の部分に入る強弱記号の組み合わせとして最も適切なものを，次の1～4の中から1つ選びなさい。

	ア	イ	ウ	エ
1	*f*	*mp*	*f*	*p*
2	*p*	*pp*	*p*	*pp*
3	*f*	*mf*	*ff*	*p*
4	*mf*	*pp*	*mp*	*p*

(☆☆☆◎◎◎)

【9】次のリコーダーの楽譜を見て，下の(1)～(5)の問いに答えなさい。

※Sはソプラノリコーダー、A1はアルトリコーダー１、A2はアルトリコーダー２をそれぞれ示しています。

(1)　[ア]の部分の音をそれぞれのリコーダーで演奏するとき，指番号の組み合わせとして最も適切なものを，次の1～4の中から1つ選びなさい。

	S (ソプラノリコーダー)	A1 (アルトリコーダー1)	A2 (アルトリコーダー2)
1	0 1 2	0 1 2 3 4 5	2
2	1 2	0 1 2 3 4 5	0 2
3	0 1 2	0 1	0 2
4	1 2	0 1	2

(2) ア の部分に合うコードとして最も適切なものを，次の1～4の中から1つ選びなさい。

1 A7　2 C7　3 Am　4 G

(3) ウ からの5小節を演奏するときのアーティキュレーションとして最も適切なものを，次の1～4の中から1つ選びなさい。

1 タンギングを用いて，一つ一つの音を短く切って演奏する。

2 そのつど吹き直さずに，押さえている指を指孔から一瞬離してすぐにふさいで演奏する。

3 息の流れを切らずに，一音ずつタンギングしながら，滑らかに演奏する。

4 タンギングをしないで演奏する。

(4) この楽譜を用いたリコーダーの伴奏に，ギターを加えます。ギターで イ の部分のコードを演奏するときのダイヤグラムとして，最も適切なものを，次の1～4の中から1つ選びなさい。

○…開放弦　●…押さえる　×…弾かない

1	2	3	4

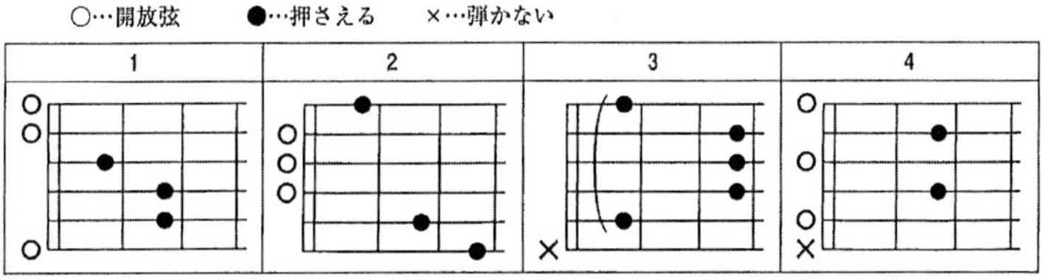

(5) この楽譜を用いたリコーダーの伴奏に，ドラムセットを加えます。あとの1～4の中から　　　の部分を演奏する楽器として最も適切なものを1つ選びなさい。

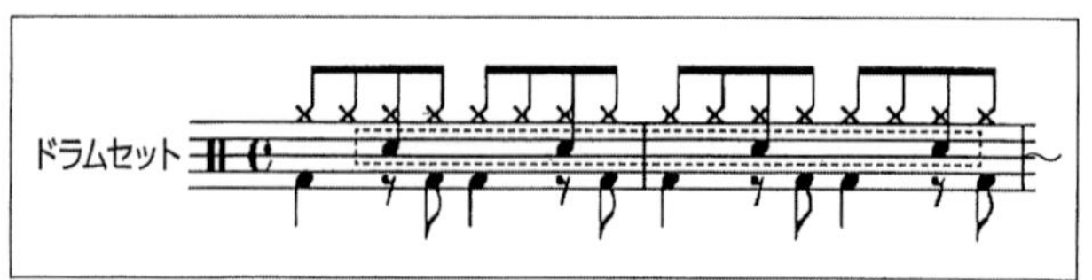

1　フロア・タム　　2　スネァ・ドラム
3　ハイハット・シンバル　　4　バス・ドラム

(☆☆☆◎◎◎)

【10】和楽器について，次の(1)，(2)の問いに答えなさい。

(1)　箏に関する記述として適切でないものを，次の1～4の中から1つ選びなさい。

1　角爪を用いて，箏に対して斜め左向きに座る流派は，「生田流」という。

2　演奏する前に柱の位置を調節し，曲にあった調弦をする。基本的な調弦法は「八本調子」という。

3　柱の左の弦を指でつまみ，右の方へ引いて音を低くする左手の奏法を「引き色」という。

4　左手で柱の左側の弦を人さし指と中指で下に向かって押し，右手で弾く奏法を「押し手」という。

(2)　三味線に関する記述として適切でないものを，次の1～4の中から1つ選びなさい。

1　棹(さお)の太さや胴の大きさ，重さなどによって，「細棹」「中棹」「太棹」の3種類に分類できる。

2「サワリ」とは，倍音や噪音が入り混じった，複雑な音色や響き，余韻などを生み出すように工夫された構造である。

3　左手で糸を押さえる時の正しい位置を「勘所」といい，フレットのすぐ近くを垂直に押さえる。

4「スクイ」とは，バチを上から下に振りおろす基本的な奏法とは逆に，バチを下から糸に当ててすくい上げるように弾く奏法である。

(☆☆☆◎◎◎)

【11】次の(1)，(2)の問いに答えなさい。

(1) 奏法と楽器の組み合わせとして，適切でないものを次の1～4の中から1つ選びなさい。

	奏　法	楽　器
1	una corda	ピアノ
2	con pedale	ヴァイオリン
3	con sordino	ピアノ
4	col legno	ヴァイオリン

(2) 雅楽「越天楽」で使われている楽器の編成として最も適切なものを，次の1～4の中から1つ選びなさい。

	吹物	打物	弾物
1	能管	篳篥	胡弓
2	篠笛	笙	琵琶
3	竜笛	鞨鼓	箏
4	尺八	鉦鼓	東流二弦琴

(☆☆☆◎◎◎)

【12】能に関する次の文章中の(　①　)～(　③　)にあてはまる言葉の組み合わせとして正しいものを，あとの1～4の中から1つ選びなさい。

> 能に使われる面は，少しあお向けると(　①　)という喜びの表情を表し，下に向けると(　②　)という悲しみの表情を表すように作られています。
>
> また，演技でも感情はさまざまな「型」によって表現されます。例えば，悲しんで泣くような場面では「(　③　)」という「型」で悲しみを表現します。

	①	②	③
1	テラス	ニジリ	フシ
2	テラス	クモラス	シオリ
3	アイ	クモラス	フシ
4	アイ	ニジリ	ハジキ

(☆☆◎◎)

【13】「千一夜物語」からイメージした情景をもとに作曲されたものを，次の1～4の中から1つ選びなさい。

(☆☆◎◎◎)

【14】次の楽譜は，「春―第1楽章―」(「和声と創意の試み」第1集「四季」から)の一部です。これを見て，あとの(1)～(6)の問いに答えなさい。

(1) この楽譜の部分のソネットを，次の1～4の中から1つ選びなさい。

1 小鳥は楽しい歌で春を歓迎する。

2 泉はそよ風に誘われ，ささやき流れていく。

3 黒雲と稲妻が空を走り，雷鳴は春が来たことを告げる。

4 嵐がやむと，小鳥はまた歌いはじめる。

(2) この曲の作曲者と出身国が同じ作曲者を，次の1～4の中から1つ選びなさい。

1 レスピーギ　2 アルベニス　3 チャイコフスキー

4 メンデルスゾーン

(3) 楽譜中の①のパートを，次の1～4の中から1つ選びなさい。

1 第1ヴァイオリン　2 独奏ヴァイオリン

3 ソプラノヴァイオリン　4 アーチリュート

(4) 楽譜中②の譜表でC音の位置を示しているものを，次の1～4の中から1つ選びなさい。

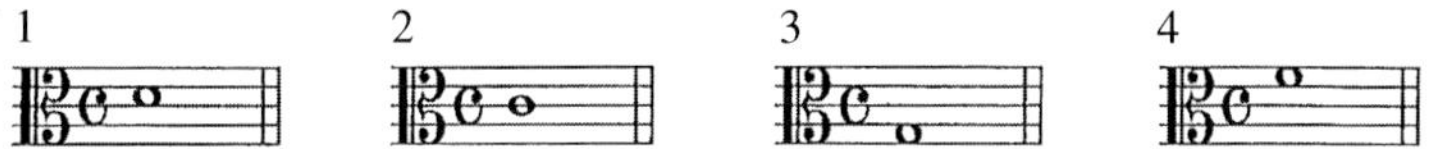

(5) 楽譜中②のパートを担当する楽器を，次の1～4の中から1つ選びなさい。

1 チェロ　2 ヴィオラ　3 コントラバス　4 チェンバロ

(6) 通奏低音についての記述として適切でないものを次の1～4の中から1つ選びなさい。

1 通奏低音は，17世紀半ばには用いられなくなったが，和声学の一部分としての数字付低音は今日まで存在し続けている。

2　独奏パートが休む場合も，低音は楽曲を一貫して演奏することからcontinuo(通奏)と呼ばれている。

3　低音パートの上に即興的に和音を付けながら伴奏する方法のことである。

4　通奏パートには，ハープシコードやオルガンのほかにハープやリュート属の楽器が用いられることがある。

(☆☆☆☆◎◎◎)

【15】次の楽譜は，あるアリアの一部分です。この曲の作曲家のオペラ作品でないものを，下の1～4の中から1つ選びなさい。

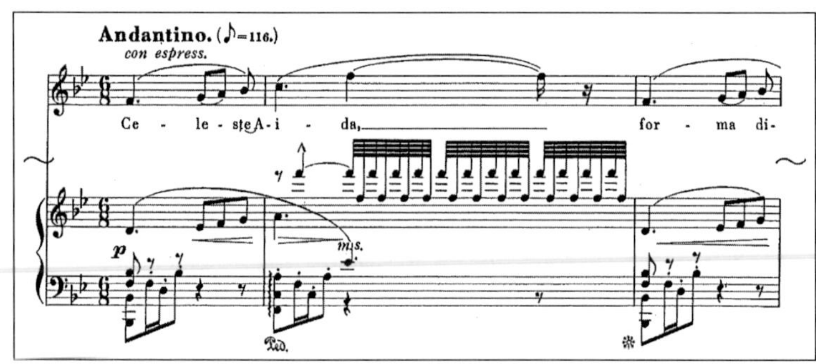

1　La traviata　　2　Rigoletto　　3　Tosca　　4　Macbeth

(☆☆☆◎◎◎)

【16】歌舞伎について次の(1)，(2)の問いに答えなさい。

(1)「勧進帳」の中で，次の場面で演じられる舞を，下の1～4の中から1つ選びなさい。

場面：富樫左衛門に酒をふるまわれた武蔵坊弁慶は，その返礼に舞った。

1　武舞　　2　鬼次拍子舞　　3　破の舞　　4　延年の舞

(2)「見得」の効果を上げるため，拍子木状の2本の木を平らな板に打ち付けて音を出すことを，次の1～4の中から1つ選びなさい。

1　ツケ　　2　ツレ　　3　シテ　　4　サシ

(☆☆☆☆◎◎)

【17】次は，中学校学習指導要領(平成29年告示)「第2章　各教科　第5節　音楽　第2　各学年の目標及び内容〔第1学年〕1　目標　(2)」の全文です。(　①　)，(　②　)に入る語句の組み合わせとして正しいものを，下の1～4の中から1つ選びなさい。

> (2)　(　①　)することや，(　②　)しながらよさや美しさを味わって聴くことができるようにする。

	①	②
1	音楽の多様性について理解	音楽を評価
2	音楽表現を創意工夫	音楽を自分なりに評価
3	音楽の多様性について理解	音楽を自分なりに評価
4	音楽表現を創意工夫	音楽を評価

(☆☆☆◎◎◎)

【18】次は，中学校学習指導要領(平成29年告示)「第2章　各教科　第5節　音楽　第2　各学年の目標及び内容〔第1学年〕2　内容　A　表現　(1)」の一部です。(　①　)，(　②　)に入る語句の組み合わせとして正しいものを，あとの1～4の中から1つ選びなさい。

> (1)　歌唱の活動を通して，次の事項を身に付けることができるよう指導する。
>
> イ　次の(ア)及び(イ)について理解すること。
>
> (ア)　曲想と音楽の構造や歌詞の内容との関わり
>
> (イ)　(　①　)及び(　②　)と曲種に応じた発声との関わり

	①	②
1	声の音色や響き	歌詞の内容
2	全体の響き	言葉の特性
3	全体の響き	歌詞の内容
4	声の音色や響き	言葉の特性

(☆☆☆◎◎◎)

【19】次は，中学校学習指導要領(平成29年告示)「第2章　各教科　第5節　音楽　第2　各学年の目標及び内容〔第2学年及び第3学年〕2　内容　A　表現　(2)」の一部です。(　①　)，(　②　)に入る語句の組み合わせとして正しいものを，下の1～4の中から1つ選びなさい。

> (2)　器楽の活動を通して，次の事項を身に付けることができるよう指導する。
> イ　次の(ア)及び(イ)について理解すること。
> (ア)　曲想と(　①　)との関わり
> (イ)　(　②　)と奏法との関わり

	①	②
1	音楽の構造や曲の背景	音素材の特徴及び音の重なり方
2	音楽の構造	楽器の音色や響き
3	音楽の構造や曲の背景	楽器の音色や響き
4	音楽の構造	多様な楽器の音色や響き

(☆☆☆◎◎◎)

【20】次は，中学校学習指導要領(平成29年告示)「第2章　各教科　第5節　音楽　第2　各学年の目標及び内容〔第2学年及び第3学年〕2　内容　B　鑑賞　(1)」の一部です。(　①　)，(　②　)に入る語句の組み合わせとして正しいものを，あとの1～4の中から1つ選びなさい。

(1)　鑑賞の活動を通して，次の事項を身に付けることができるよう指導する。
イ　次の(ア)から(ウ)までについて理解すること。
(ウ)　(　①　)及び(　②　)の特徴と，その特徴から生まれる音楽の多様性

	①	②
1	我が国や郷土の伝統音楽	諸外国の様々な音楽
2	身近な地域や日本	アジア地域の諸民族の音楽
3	我が国や郷土の伝統音楽	アジア地域の諸民族の音楽
4	身近な地域や日本	諸外国の様々な音楽

(☆☆☆◎◎◎)

【21】次は，中学校学習指導要領(平成29年告示)解説　音楽編「第2章　音楽科の目標及び内容　第1節　音楽科の目標　1　教科の目標」の一部です。(　①　)，(　②　)にあてはまる語句の組み合わせとして正しいものを，下の1～4の中から1つ選びなさい。

音楽的な見方・考え方とは，「音楽に対する感性を働かせ，音や音楽を，(　①　)とその働きの視点で捉え，自己のイメージや感情，生活や社会，(　②　)などと関連付けること」であると考えられる。

	①	②
1	音楽を形づくっている要素	我が国及び世界の様々な音楽文化
2	音楽を形づくっている要素	伝統や文化
3	〔共通事項〕	我が国及び世界の様々な音楽文化
4	〔共通事項〕	伝統や文化

(☆☆☆◎◎◎)

【22】次は，中学校学習指導要領(平成29年告示)「第2章　各教科　第5節　音楽　第2　各学年の目標及び内容〔第2学年及び第3学年〕2　内容〔共通事項〕(1)」の一部です。「用語や記号など」について，中学校3学年間で取り扱うものとして示されていないものを，下の1～4の中から1つ選びなさい。

> (1)「A表現」及び「B鑑賞」の指導を通して，次の事項を身に付けることができるよう指導する。
> イ　音楽を形づくっている要素及びそれらに関わる用語や記号などについて，音楽における働きと関わらせて理解すること。

1　拍　　2　序破急　　3　largo　　4　和音

(☆☆☆◎◎)

【23】次は，中学校学習指導要領(平成29年告示)「第2章　各教科　第5節　音楽　第2　各学年の目標及び内容〔第1学年〕2　内容　A　表現　(3)」の一部です。(　①　)，(　②　)に入る語句の組み合わせとして正しいものを，下の1～4の中から1つ選びなさい。

> (3)　創作の活動を通して，次の事項を身に付けることができるよう指導する。
> イ　次の(ア)及び(イ)について，表したいイメージと関わらせて理解すること。
> (ア)　(　①　)の特徴
> (イ)　(　②　)や反復，変化，対照などの構成上の特徴

	①	②
1	音のつながり方	音素材の特徴及び音の重なり方
2	音のつながり方	創意工夫を生かし，全体の響き
3	曲想と音楽の構造	課題や条件に沿った音の選択
4	曲想と音楽の構造	創作表現に関わる知識

(☆☆☆◎◎◎)

【24】次は，中学校学習指導要領(平成29年告示)「第2章　各教科　第5節　音楽　第3　指導計画の作成と内容の取扱い　2　(2)　イ」の全文です。(　①　)，(　②　)に入る語句の組み合わせとして正しいものを，下の1～4の中から1つ選びなさい。

> イ　変声期及び(　①　)の声の変化について気付かせ，変声期の生徒を含む全ての生徒の心理的な面についても配慮するとともに，変声期の生徒については(　②　)によって歌わせるようにすること。

	①	②
1	成長の過程	無理のない声域や声量
2	変声前後	無理のない声域や声量
3	成長の過程	適切な声域と声量
4	変声前後	適切な声域と声量

(☆☆☆◎◎)

【25】次は，中学校学習指導要領(平成29年告示)「第2章　各教科　第5節　音楽　第3　指導計画の作成と内容の取扱い　2　(6)」の全文です。(　①　)，(　②　)に入る語句の組み合わせとして正しいものを，下の1～4の中から1つ選びなさい。

> (6)　我が国の伝統的な歌唱や和楽器の指導に当たっては，(　①　)と音楽との関係，姿勢や身体の使い方についても配慮するとともに，適宜，(　②　)を用いること。

	①	②
1	言葉	口唱歌
2	曲想	移動ド唱法
3	曲想	体を動かす活動
4	言葉	掛け声

(☆☆☆◎◎◎)

【26】次は，中学校学習指導要領(平成29年告示)「第2章　各教科　第5節　音楽　第3　指導計画の作成と内容の取扱い　2　(8)　イ」の全文です。(　①　)，(　②　)に入る語句の組み合わせとして正しいものを，下の1～4の中から1つ選びなさい。

> イ　第1学年では(　①　)したり，第2学年及び第3学年では批評したりする活動を取り入れ，曲や演奏に対する(　②　)を明らかにできるよう指導を工夫すること。

	①	②
1	他者と共有	思いや意図
2	他者と共有	評価やその根拠
3	言葉で説明	思いや意図
4	言葉で説明	評価やその根拠

(☆☆☆◎◎)

【高等学校】

【1】高等学校学習指導要領(平成30年告示)の「第2章　各学科に共通する各教科　第7節　芸術　第2款　各科目　第1　音楽Ⅰ　1　目標」に示されたものを選びなさい。

(1)　自己のイメージをもって音楽表現を創意工夫することや，音楽を評価しながらよさや美しさを自ら味わって聴くことができるようにする。

(2)　個性豊かに音楽表現を創意工夫することや，音楽を評価しながらよさや美しさを深く味わって聴くことができるようにする。

(3)　曲想と音楽の構造や文化的・歴史的背景などとの関わり及び音楽文化の多様性について理解するとともに，創意工夫や表現上の効果を生かした音楽表現をするために必要な技能を身に付けるようにする。

(4)　音楽に関する知識や技能を総合的に働かせながら，個性豊かに音楽表現を創意工夫したり音楽を評価しながらよさや美しさを深く味わって聴いたりすることができるようにする。

(☆☆☆◎◎◎)

【2】次の文は，高等学校学習指導要領(平成30年告示)の「第2章　各学科に共通する各教科　第7節　芸術　第2款　各科目　第1　音楽Ⅰ　B鑑賞〔共通事項〕(1)」の一部です。文中の(　A　)，(　B　)に入る語句の組み合わせとして正しいものを選びなさい。

> ア　音楽を形づくっている要素や要素同士の関連を(　A　)し，それらの働きを(　B　)しながら，(　A　)したことと(　B　)したこととの関わりについて考えること。

(1)　A　知覚　　B　理解　　(2)　A　知覚　　B　感受
(3)　A　認識　　B　感受　　(4)　A　認識　　B　理解

(☆☆◎◎◎)

【3】次の文は，高等学校学習指導要領(平成30年告示)の「第2章　各学科に共通する各教科　第7節　芸術　第2款　各科目　第1　音楽Ⅰ　3内容の取扱い」の一部です。文中の(　A　)，(　B　)に入る語句の組み合わせとして正しいものを選びなさい。

> (10)　音楽活動を通して，それぞれの教材等に応じ，生徒が音や音楽と生活や(　A　)との関わりを実感できるよう指導を工夫する。なお，適宜，(　B　)や環境音などについても取り扱い，音環境への関心を高めることができるよう指導を工夫する。

(1)　A　社会　　B　自然音
(2)　A　自己　　B　生活音
(3)　A　社会　　B　生活音
(4)　A　自己　　B　音楽を形づくっている要素

(☆☆☆◎◎◎)

【4】次の文は，高等学校学習指導要領(平成30年告示)の「第3章　主として専門学科において開設される各教科　第11節　音楽　第3款　各科目にわたる指導計画の作成と内容の取扱い」の一部です。文中の(　A　)，(　B　)に入る語句の組み合わせとして正しいものを選びなさい。

(5)　(　A　)，学習活動を行う場合に生じる(　B　)に応じた指導内容や指導方法の工夫を計画的，組織的に行うこと。

(1)　A　生徒の特性等に応じ　　B　音楽的な見方・考え方
(2)　A　音楽に関する学科においては　　B　各科目の特質
(3)　A　各科目の特質を踏まえ　　B　学校の実態
(4)　A　障害のある生徒などについては　　B　困難さ

(☆☆☆◎◎)

【5】図のア～ウにあてはまる箏の各部の名称の組み合わせとして正しいものを選びなさい。

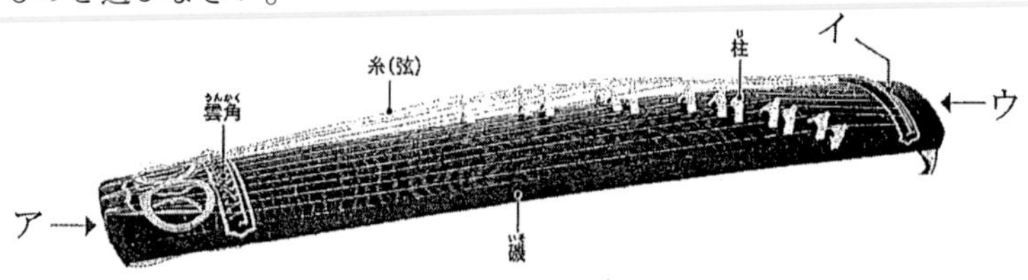

(1)　ア　竜角　　イ　竜甲　　ウ　竜尾
(2)　ア　竜頭　　イ　竜尾　　ウ　竜角
(3)　ア　竜尾　　イ　竜角　　ウ　竜頭
(4)　ア　竜頭　　イ　竜角　　ウ　竜尾

(☆☆◎◎◎)

【6】次の解説文は，どの民謡について書かれたものか選びなさい。

牡鹿半島付近の沿岸で歌われていた櫓こぎ歌。3曲からなる「大漁唄い込み」の2曲目にあたる。

(1) 木曽節　(2) 斎太郎節　(3) ソーラン節
(4) こきりこ節

(☆☆☆☆◎◎)

【7】江戸時代の音楽について述べた文として誤っているものを選びなさい。

(1) 豊後節から派生した新内節は，歌舞伎に結びついて発達した。
(2) 浄瑠璃は人形劇と結びついて発達し，大阪では義太夫節が現れて，今日の文楽のもとになった。
(3) 尺八音楽は，読経の代わりに尺八を吹く仏教の一派，普化宗ができて以来次第に広まり，その僧を虚無僧と称した。
(4) 端唄，小唄は江戸で流行した短い歌曲で，地歌は上方で流行した歌曲である。

(☆☆☆☆☆◎)

【8】次の日本の現代音楽の作品のうち，編成に尺八を含まないものを選びなさい。

(1) エクリプス(武満徹)
(2) 双魚譜(吉松隆)
(3) ノヴェンバー・ステップス(武満徹)
(4) 朱鷺によせる哀歌(吉松隆)

(☆☆☆☆☆◎)

【9】左手の勘所が示されている三線(さんしん)の楽譜を選びなさい。

(1) 文化譜　(2) イロハ譜　(3) 工工四　(4) 弦名譜

(☆☆☆☆◎◎)

【10】島崎藤村が，友人の柳田國男から聞いた「愛知県伊良湖岬の浜辺での出来事」の話から着想を得て書いた詩が用いられている歌曲を選びなさい。

(1)　浜辺の歌　　(2)　椰子の実　　(3)　故郷　　(4)　浜千鳥

(☆☆☆◎◎)

【11】独唱の教材として石川啄木作詞，越谷達之助作曲「初恋」を扱う授業において，生徒への指示として誤っているものを選びなさい。

(1)　感動詞「ああ」だけになる部分の表現を工夫しよう。

(2)　波の音を表現しているような前奏に続いて，柔らかく憧憬をもって歌おう。

(3)　tranquilloの指示のある中間部は，細かい音の動きや強弱，呼吸法などに留意して歌おう。

(4)　強弱に注意し，特に歌詞「なみだ」の***p***を効果的に歌おう。

(☆☆☆☆◎◎)

【12】リコーダーの説明として誤っているものを選びなさい。

(1)　18世紀中期までは，フラウト・トラヴェルソと呼ばれていた。

(2)　18世紀中期以後に登場する強弱変化の著しい音楽にはふさわしくなかったので，この楽器のための作品がほとんど作曲されない時期があった。

(3)　木製の場合，管が冷えているとピッチが低いので，温めてから吹くと良い。

(4)　同じ指使いで，テナー・リコーダーはバス・リコーダーの5度高い音が出せる。

(☆☆☆☆☆◎◎)

【13】次の楽曲を，発表順に正しく並べたものを選びなさい。

(ア)　草野正宗　作詞作曲「楓」

(イ)　西條八十　作詞／服部良一　作曲「青い山脈」

(ウ)　三浦徳子　作詞／小田裕一郎　作曲「青い珊瑚礁」
(エ)　桑田佳祐　作詞作曲「東京VICTORY」
(1)　(ウ)→(イ)→(エ)→(ア)　　(2)　(イ)→(ウ)→(エ)→(ア)
(3)　(イ)→(ウ)→(ア)→(エ)　　(4)　(ウ)→(イ)→(ア)→(エ)

(☆☆☆◎)

【14】朝鮮半島の民族楽器と読み方の組み合わせが誤っているものを選びなさい。

(1)　洋琴 — ヤングム　　(2)　伽倻琴 — カヤグム
(3)　玄琴 — ヘグム　　(4)　杖鼓 — チャンゴ

(☆☆☆☆◎◎)

【15】フィンランドの民族楽器「カンテレ」の奏法の説明として正しいものを選びなさい。

(1)　弦を弓で擦って演奏する。
(2)　弦を指でつま弾く。
(3)　枠と鼓面を手で打つ。
(4)　管の端に唇をあてて振動させて発音する。

(☆☆☆◎◎)

【16】メヘテルハーネの説明として正しいものを選びなさい。

(1)　オスマン帝国時代に生まれた軍楽隊のことである。
(2)　男声合唱を伴奏に演じる舞踏劇のことである。
(3)　一人で語り歌う民衆芸能のことである。
(4)　青銅製の打楽器群を中心とする合奏のことである。

(☆☆◎◎◎)

【17】諸民族の音楽の説明として誤っているものを選びなさい。

(1)　アリランは，朝鮮半島の民謡で，地域によって歌詞や旋律，テンポなどが異なる。

(2)　ウズン・ハワは，「長い歌」を意味し，拍節のない自由なリズムで歌われる。

(3)　カッワーリーは，宗教歌謡の一つでコール・アンド・レスポンス形式の合唱で歌われる。

(4)　オルティンドーは，「長い歌」を意味し，拍節が決まっており，装飾音が多用される。

(☆☆☆◎◎◎)

【18】W.A.モーツァルトが作曲したAとBの作品の組み合わせにおいて，冒頭楽章が同主調の関係でないものを選びなさい。

(1)　A　交響曲第41番　K.551
　　B　ミサ曲　K.427

(2)　A　ピアノ協奏曲第20番　K.466
　　B　2台のピアノのためのソナタ　K.448

(3)　A　交響曲第40番　K.550
　　B　セレナード第13番「アイネ・クライネ・ナハトムジーク」 K.525

(4)　A　ピアノ・ソナタ第11番「トルコ行進曲付き」 K.331
　　B　クラリネット協奏曲　K.622

(☆☆☆☆◎◎)

【19】交響詩「はげ山の一夜」についての説明として正しいものを選びなさい。

(1)　ロシアの民話に基づいた，夏至の日の前夜に起こる物語を描写している作品である。

(2)　リムスキー＝コルサコフの原曲を，ムソルグスキーが補筆完成させ発表した。

(3)　原曲では，曲の終盤，夜明けを告げるホルンのソロが現れる。

(4)　この曲の作曲者と編曲者は，1800年前半にロシアで活躍したロシア五人組の作曲家である。

(☆☆☆☆◎◎)

【20】世俗カンタータ「カルミナ・ブラーナ」についての説明として誤っているものを選びなさい。

(1)　カール・オルフが1935年から翌年にかけて作曲した。

(2)　曲全体は「初春・酒場にて・愛の庭」の3部で構成され，曲の冒頭と最後に「おお，運命の女神よ」が演奏される。

(3)　オーケストラ，混声合唱，少年合唱，独唱(ソプラノ，アルト，テノール，バリトン)のための作品である。

(4)　カルミナは「歌」，ブラーナは「ボイエルンの」という意味である。

(☆☆☆☆☆◎)

【21】W.A.モーツァルトと，G.ヴェルディが作曲した「レクイエム」にはあるが，G.フォーレの作曲した「レクイエム」には含まれない曲を選びなさい。

(1)　Kyrie　　(2)　Dies irae　　(3)　Sanctus　　(4)　Agnus Dci

(☆☆☆☆☆◎)

【22】次のオペラ作品を，初演順に正しく並べたものを選びなさい。

(1)　フィガロの結婚　－　セビーリャの理髪師　－　トゥーランドット　－　リゴレット

(2)　セビーリャの理髪師　－　フィガロの結婚　－　リゴレット　－　トゥーランドット

(3)　フィガロの結婚　－　セビーリャの理髪師　－　リゴレット　－　トゥーランドット

(4)　セビーリャの理髪師　－　フィガロの結婚　－　トゥーランドット　－　リゴレット

(☆☆☆☆☆◎)

【23】オペラ「カルメン」についての説明として正しいものを選びなさい。

(1)　主な配役は，ミカエラ(ソプラノ)，カルメン(メッゾ・ソプラノ)，ホセ(テノール)，エスカミーリョ(バリトン)である。

(2)　3幕からなる，フランスのオペラである。

(3)　最後の場面でエスカミーリョがカルメンを殺害する。

(4)　G.ビゼーが作曲した，19世紀前半のパリを舞台としたオペラである。

(☆☆☆◎◎◎)

【24】次の(ア)～(エ)のオペラとアリアの組み合わせについて，正誤の正しいものを選びなさい。

(ア)　Cosi fan tutte (W.A.Mozart)　－　Vaga luna，che inargenti

(イ)　La Traviata (G.Verdi)　－　Brindisi

(ウ)　Rinaldo (G.F.Händel)　－　Ombra mai fù

(エ)　Gianni Schicchi (G. Puccini)　－　O mio babbino caro

(1)　(ア)　誤　(イ)　正　(ウ)　誤　(エ)　正

(2)　(ア)　誤　(イ)　誤　(ウ)　正　(エ)　正

(3)　(ア)　正　(イ)　正　(ウ)　誤　(エ)　誤

(4)　(ア)　正　(イ)　誤　(ウ)　正　(エ)　誤

(☆☆☆☆☆◎)

【25】作品とその作品の作曲者の組み合わせが正しいものを選びなさい。

(1)　タクシーム　－　黛敏郎

(2)　オペラ「愛の妙薬」　－　G.ドニゼッティ

(3)　食卓の音楽　－　J.ハイドン

(4)　交響曲第3番「カディッシュ」　－　G.ガーシュイン

(☆☆☆☆☆◎)

【26】次の(ア)～(エ)の作曲家を生誕順に正しく並べたものを選びなさい。

(ア)　G.p.d.パレストリーナ　(イ)　G.デュファイ

(ウ)　ジョスカン・デ・プレ　(エ)　G.d.マショー

(1)　(ア)→(ウ)→(イ)→(エ)　　(2)　(イ)→(ア)→(エ)→(ウ)
(3)　(ウ)→(エ)→(ア)→(イ)　　(4)　(エ)→(イ)→(ウ)→(ア)

(☆☆☆☆☆◎)

【27】A.シェーンベルク(1874～1951)の説明として正しいものを選びなさい。

(1)　4声で書かれた無伴奏の曲「鳥の歌」を作曲した。
(2)　笑いや呟き，演劇的な要素を取り入れた「セクエンツァⅢ」を作曲した。
(3)　語りと歌の境界を曖昧にしたシュプレッヒ・シュティンメを取り入れた「月に憑かれたピエロ」を作曲した。
(4)　2度以下の音程でぶつかり合うトーンクラスターを用いた「ルカ受難曲」を作曲した。

(☆☆☆☆☆◎)

【28】次の楽譜は，A.シェーンベルク作曲『ピアノ組曲』Op.25から第1曲「プレリュード」の冒頭部分です。ア と イ にあてはまる音符のドイツ音名の組み合わせとして正しいものを選びなさい。

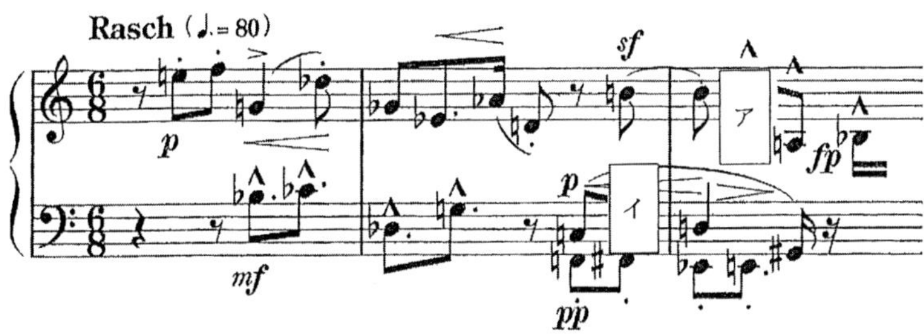

(1)　ア－Dis　　イ－B
(2)　ア－Cis　　イ－As
(3)　ア－Fis　　イ－H
(4)　ア－C　　イ－A

(☆☆☆☆◎)

【29】ゲーテの詩「Heidenröslein(野ばら)」に曲をつけていない作曲家を選びなさい。

(1)　G.ヘンデル　(2)　L.v.ベートーヴェン　(3)　R.シューマン　(4)　J.ブラームス

(☆☆☆◎)

【30】F.シューベルトが作曲した歌曲集「冬の旅」に含まれていない曲を選びなさい。

(1)　辻音楽師　(2)　さすらい　(3)　おやすみ　(4)　菩提樹

(☆☆☆☆◎)

【31】ミュージカル「レ・ミゼラブル」で歌われない曲を選びなさい。

(1)　オン・マイ・オウン　(2)　夢やぶれて　(3)　愛を感じて　(4)　民衆の歌

(☆☆☆◎◎◎)

【32】アイルランド民謡「ダニーボーイ」の旋律がもととなり，日本ではケルティック・ウーマンの演奏がよく知られている曲を選びなさい。

(1)　You raise me up　(2)　Time to Say Goodbye
(3)　Amazing Grace　(4)　My heart will go on

(☆☆☆◎◎)

【33】「スピリチュアル(霊歌)」の説明として誤っているものを選びなさい。

(1)　「故郷の空」「蛍の光」が代表的な曲である。
(2)　「深い河」「ジェリコの戦い」が代表的な曲である。
(3)　キリスト教の讃美歌とアフリカ独特のリズムや音階が結びついた。
(4)　ブルースやラグタイムなどとともに，ジャズの源流となった音楽である。

(☆☆☆☆◎)

【34】1985年7月13日，ロンドンのウェンブリー・スタジアムとフィラデルフィアのジョン・F・ケネディ・スタジアムで開催されたチャリティ・コンサートを選びなさい。

(1) コツ・フェス　(2) ウッドストック・フェスティバル
(3) バンド・エイド　(4) ライヴ・エイド

(☆☆☆☆☆◎)

【35】作曲家ジョン・ウイリアムズがテーマ音楽を作曲していない映画を選びなさい。

(1) ハリー・ポッターとアズカバンの囚人
(2) ファンタスティック・ビーストと黒い魔法使いの誕生
(3) シンドラーのリスト
(4) インディ・ジョーンズ／最後の聖戦

(☆☆☆◎)

【36】ワルシャワで5年に1回開催される「ショパン国際ピアノコンクール」で優勝したことがある人物を選びなさい。

(1) ユンディ・リ
(2) ウラディーミル・アシュケナージ
(3) スヴャトスラフ・リヒテル
(4) エフゲニー・キーシン

(☆☆☆☆◎)

【37】「アーメン終止」と呼ばれる終止形を選びなさい。

(1) Ⅴ－Ⅳ　(2) Ⅴ－Ⅰ　(3) Ⅳ－Ⅰ　(4) Ⅲ－Ⅰ

(☆☆☆◎◎)

【38】A Durの音階とes mollの音階に共通する音を属音とする短調の曲が，下属調へ転調した場合の調を選びなさい。ただし，短音階は和声短音階とし，異名同音は共通する音としないものとします。

(1)　b moll　　(2)　d moll　　(3)　g moll　　(4)　c moll

(☆☆☆◎◎◎)

【39】Hを第3音とする短三和音の根音を属音とする短音階の音階の第6音を選びなさい。ただし，短音階は和声短音階とします。

(1)　Ais　　(2)　A　　(3)　H　　(4)　His

(☆☆☆◎◎◎)

【40】8分の6拍子で130小節の曲を「♪＝120」で演奏したときの演奏時間を選びなさい。

(1)　2分20秒　　(2)　2分30秒　　(3)　4分30秒　　(4)　6分30秒

(☆☆☆◎◎◎)

解答・解説

【中学校】

【1】(1)　4　　(2)　3

〈解説〉(1)　1は「憂鬱に，暗く悲しげに」，2は「上品な，気品をもって」，3は「勇壮な，行進曲ふうの」の意味である。　(2)　1は「軽く，優美に」，2は「きっぱりと，断固として」，4は「やさしい，愛らしい」の意味である。

【2】(1)　3　　(2)　2　　(3)　4　　(4)　1　　(5)　4

〈解説〉(1)　三全音はトライトーンと呼ばれ，全音3つ分の音程を意味し，増4度もしくは，減5度に相当する。　(2)　転回音程とは，片方の音をオクターブ上げたり，下げたりしてできる音程である。長は短に，増は減に，完全は同じく完全音程で，度数は9度から元の音程をひいたものとなる。　(3)　主調に対して上の列は同主調，下は平行調。右は属調で，左が下属調となっている。fis mollの平行調はA dur，A durを属調とする調は，D dur。D durの下属調はG durでその同主調なので，g mollである。　(4)　楽譜より♯は刺繍音や経過音で臨時記号と判断できるので，ミとラについた♭が調号で，レにはついていないので，♭を3つ調号にもつ調であることが判断できる。また，4小節目の最後のシの音に♭がついていないので，これを導音上がりと見て，c mollが正解と導き出せる。　(5)　コードは，Cを根音とする短三和音に長7度音を加えた和音を示している。1はC7，2はCm7，3はCのコードとしては使わない和音構成である。

【3】4

〈解説〉都節音階は短2度＋長3度を長2度で2つつないだ組み合わせで成り立つ。1は琉球音階，2は律音階，3は民謡音階である。

【4】2

〈解説〉インテルメッツォは，「間奏曲」という意味。1のプレリュードは「前奏曲」，3のアンプロンプチュは「即興曲」，4のオーバーチュアは「序曲」である。

【5】3

〈解説〉問題の楽譜はin B♭で調号1つのG durで書かれているので，in CではF durの曲である。アルト・サクソフォーンはE♭管で，実音は記譜より長6度低い。F durの長6度上の，D dur(♯2つ)で書かれている3が正解である。もしくは，クラリネットB♭管の実音とは完全5度違いになるので，クラリネットのG durを完全5度上げてD durで記譜すると判断してもよい。

【6】1

〈解説〉アは1927年，イは1918年，ウは1949年，エは1900年である。

【7】4

〈解説〉1は群馬県と栃木県，2は鹿児島県奄美大島，3は高知県の民謡である。

【8】(1)　1　(2)　2　(3)　3　(4)　3　(5)　2　(6)　3
(7)　4　(8)　1

〈解説〉(1)　江間章子作詞・團伊玖磨作曲の「花の街」である。

(2)「浜辺の歌」は林古溪作詞・成田為三作曲，「ふるさと」は高野辰之作詞・岡野貞一作曲，「花」は武島羽衣作詞・滝廉太郎作曲，長唄「勧進帳」は三代目並木五瓶作詞・四代目杵屋六三郎作曲，「赤とんぼ」は三木露風作詞・山田耕筰作曲，「筑後川」は丸山豊作詞・團伊玖磨作曲の楽曲である。　(3)「波の情景を表すような伴奏」が間違い。(4)　中学校学習指導要領解説　音楽編では，第1学年は「曲想と音楽の構造や歌詞の内容との関わり」としているが，第2学年及び第3学年では「曲の背景」を加えて示している。「第2学年及び第3学年において，『曲想と曲の背景との関わり』の理解を加えることは，生徒が教材曲のよさを捉え直し，更に曲に対する捉え方を質的に深め，自分にとっての意味を見いだしたり，『人はなぜ歌うのか』，『歌が人々の生活や社会に果たす役割は何か』などについて考えたりすることにつながるものである。」と説明している。　(5)　吉丸一昌作詞・中田章作曲の「早春賦」である。　(6)　設問の楽曲の作曲者は，1は山田耕筰，2は橋本国彦，3は中田喜直，4は岡野貞一である。　(7)　学習指導要領解説では，「生徒が『力強さを感じるこの歌の歌詞は，作詞者が中学生に向けて強く語りかける気持ちで書いた詩なので，一つ一つの言葉を大切にしながら，言葉が一つ一つ切れてしまわないように，フレーズのまとまりを大切にして歌いたい』という思いや意図をもったとき，言葉が伝わりやすい発音の仕方とフレーズを意識した息の使い方とを関わらせるなど，複数の技能を関わらせて，よりふさわしい歌い方を工夫しながら技能を身に付けていく学習が考えられる。」と説明している。　(8)　伴奏譜の強弱記号と，旋律に書かれたクレッシェンドなどの記号，または音型と構成から導き出すことができる。

【9】(1)　4　　(2)　1　　(3)　3　　(4)　3　　(5)　2

〈解説〉「イエスタデイ」のリコーダーの三部合奏の楽譜である。 (1)　ソプラノリコーダー運指「012」はイ音，アルトリコーダー運指「012345」はイ音，「02」はヘ音を表す。 (2)　1以外は嬰ハ音を含まない和音である。和音構成音は，(A)・Cis・E・Gと考えられる。 (3)　音楽の流れは一番クライマックスになる部分なので，音の長さは必要である。音型や，リズムから奏法が推測できる。 (4)　和声構成音は，B♭・D・FでコードB♭である。1はE，2はG7，4はA7のダイヤグラムである。 (5)　1は第2間に，2が正答で第3間に，3は上第1間に，4は第1間に記譜される。

【10】(1)　2　　(2)　3

〈解説〉(1)「八本調子」が間違い。正しくは「平調子」である。 (2)「フレット」が間違い。三味線にフレットはない。

【11】(1)　2　　(2)　3

〈解説〉(1)　2の「コン・ペダーレ」は「ペダル(右)を使って」の意味でピアノに関する語句である。1の「ウナ・コルダ」は，弱音ペダル(左のシフトペダル)を使っての意味。3の「コン・ソルディノ」は弱音器(ミュート)をつけての意味で，弦楽器でよく使われる。ピアノではソフトペダルを使っての意味。4の「コル・レーニョ」は弦楽器で弓の木の部分をつかって弾く奏法。 (2)　1の「篳篥」は「打物」ではなく「吹物」である。2の「笙」は「打物」でなく「吹物」である。4は「尺八」は越天楽では使われていない。越天楽の楽器編成は，吹物は，篳篥・竜笛・笙。打物は楽太鼓・羯鼓・鉦鼓。弾物は，楽琵琶・楽箏である。

【12】2

〈解説〉同じ面でも光と影の具合で表情は大きく変化する。「シオリ」はこぼれる涙を抑えるしぐさで悲しみを表現した型である。

【13】4

〈解説〉4がリムスキー＝コルサコフ作曲「シェヘラザード」の第1楽章のシェヘラザードの主題である。1はホルスト作曲の組曲「惑星」の「木星」，2はブラームス作曲「交響曲第1番」ハ短調第4楽章の第1主題，3はロドリーゴ作曲の「アランフェス協奏曲」の第2楽章の主題である。

【14】(1)　4　　(2)　1　　(3)　2　　(4)　2　　(5)　2　　(6)　1

〈解説〉(1)　第1楽章の「鳥のさえずり」の部分である。　(2)　ヴィヴァルディはイタリアの作曲家である。2はスペイン，3はロシア，4はドイツの作曲家である。　(3)　「四季」の4曲は独奏ヴァイオリン，第1ヴァイオリン，第2ヴァイオリン，ヴィオラ，通奏低音で作曲されている。　(4)　アルト譜表は第3線がハ音となる。　(5)　アルト譜表はヴィオラに用いられる。　(6)　「17世紀半ば」が間違いで，正しくは「18世紀後半」である。

【15】3

〈解説〉ヴェルディ作曲のオペラ「アイーダ」の第1幕第1場のラメダスのアリア「清きアイーダ」である。3はプッチーニ作曲のオペラである。

【16】(1)　4　　(2)　1

〈解説〉(1)　物語の内容と，延年の舞，勧進帳読上げ，山伏問答，飛び六方などの見どころは押さえておきたい。　(2)　舞台上手に置かれた「ツケ板」と呼ばれる板に四角柱の木を打ち付けて効果音を出す。

【17】2

〈解説〉中学校学習指導要領解説　音楽編では「第1学年では，音楽を形づくっている要素を知覚・感受し，知覚と感受との関わりを考えながら，自分なりに創意工夫することを求めている。」と説明している。

【18】4

〈解説〉歌唱分野でのこの事項は，「知識」に関する資質・能力である。曲想と音楽の構造や歌詞の内容との関わりを理解できるようにすることをねらいとしている。学習指導要領解説では，我が国の伝統的な音楽の発声方法について，言葉の抑揚や特徴にあわせた発声について，指導するための配慮事項が詳しく説明されているので学習しておくことが必要である。

【19】3

〈解説〉(ア)について学習指導要領解説では，「『曲想と曲の背景との関わり』の理解を加えることは，生徒が教材曲のよさを捉え直し，更に曲に対する捉え方を質的に深め，自分にとっての意味を見いだしたり，『なぜこの楽器がこの地域で生まれたのか』，『音楽が人々の生活や社会に果たす役割は何か』などについて考えたりすることにつながるものである。」としている。(イ)については，「それぞれの楽器の構造，音色や響き，奏法，楽器の様々な組合せによる表現の特徴を理解することなども重要となる。また，その楽器がどのような曲種で用いられてきたかということや，その楽器を生み出した風土，文化や歴史などについて学習することは，楽器の構造や奏法を知ったり，その楽器固有の音色や響きのよさなどを捉えたりする際にも有効である。」と説明している。

【20】1

〈解説〉学習指導要領解説では，「我が国や郷土の伝統音楽及び諸外国の様々な音楽のそれぞれの特徴を比較したり関連付けたりして聴き，共通点や相違点，あるいはその音楽だけに見られる固有性などから，音楽の多様性を理解できるようにすることが大切である。」と説明している。

【21】2

〈解説〉学習指導要領解説で，「生徒が自ら，音楽に対する感性を働かせ，音や音楽を，音楽を形づくっている要素とその働きの視点で捉え，捉えたことと，自己のイメージや感情，生活や社会，伝統や文化などとを関連付けて考えているとき，音楽的な見方・考え方が働いている。音楽的な見方・考え方を働かせて学習をすることによって，実感を伴った理解による『知識』の習得，必要性の実感を伴う『技能』の習得，質の高い『思考力，判断力，表現力等』の育成，人生や社会において学びを生かそうとする意識をもった『学びに向かう力，人間性等』の涵養が実現する。」と説明している。

【22】3

〈解説〉学習指導要領では，取り扱う用語や記号などとして，27個挙げているので学習しておくこと。速度記号については「Andante」「Moderato」「Allegro」が挙げられている。

【23】1

〈解説〉学習指導要領解説では，「表したいイメージと関わらせて理解することとしているのは，創作の活動では，その過程において，(ア)や(イ)に示す，音のつながり方や音素材，構成上の特徴などと生徒が自己の内面に生じたイメージとを関わらせながら学習を展開することが重要だからである。これは，学習の初期の段階から学習の対象となる音楽が存在している歌唱や器楽の学習とは異なる，創作の学習ならではの側面を踏まえたものである。」として具体的に説明しているので，理解しておくこと。

【24】4

〈解説〉従前から変声期の生徒に対する配慮は示されていたが，今回の改訂で変声前後の生徒に対する配慮も含めて示されるようになった。この時期は成長の個人差が激しく，変声する前の生徒，変声中の生徒，変声が終わりに近付いた生徒などが混在しており，それぞれに不安を抱えていることも予想される。無理のない声域や声量で歌わせるように留意し，今の自分の声で歌唱表現できるよう，丁寧な指導を求めている。

【25】1

〈解説〉学習指導要領解説で，この項目について，我が国の伝統的な歌唱や和楽器の指導について示されている。日本語固有の響きが，旋律の動きやリズム，間，声の音色など，日本的な特徴をもった音楽を生み出す源となっており，言葉の存在が音楽と深く関わっている。今回の改訂で新たに示された「口唱歌」は旋律やリズムだけでなく，楽器の音や響き，奏法などと併せて表現することができる。我が国固有の音色や旋律，間などの知覚・感受を促し，鑑賞の学習の質を高めたり創作の学習の際の手段として用いるなど，様々な面で有効なものとなる。

【26】4

〈解説〉この配慮事項は鑑賞の指導において欠かすことのできないものである。他者と共に論じ合う，批評する活動を取り入れて，音楽を聴き味わうことが一層深まっていくように配慮する。このような活動を積み重ねることにより，音楽に対する感性が一層豊かになり，自分にとっての音楽の価値を見いだしていくことにつながっていく。

【高等学校】

【1】(1)

〈解説〉(1)　音楽Ⅰ　1　目標の(2)である。　(2)　音楽Ⅱ　1　目標(2)である。　(3)　音楽Ⅲ　1　目標(1)である。　(4)　音楽Ⅲ　1　目標(2)である。各科目による文言の違いをしっかり理解しておきたい。

【2】(2)

〈解説〉今回の改訂から，音楽Ⅰ・Ⅱ・ⅢともA表現，B鑑賞について共通事項を次のように示している。「(1)『A表現』及び『B鑑賞』の指導を通して，次の事項を身に付けることができるよう指導する。
ア　音楽を形づくっている要素や要素同士の関連を知覚し，それらの働きを感受しながら，知覚したことと感受したこととの関わりについて考えること。　イ　音楽を形づくっている要素及び音楽に関する用語や記号などについて，音楽における働きと関わらせて理解すること。」

【3】(1)

〈解説〉音楽Ⅰ　3　内容の取扱い　において，11個の項目をあげている。それぞれ理解しておくこと。(10)は，音楽Ⅰの目標において，生活や社会の中の音や音楽と幅広く関わる資質・能力の育成が明示されていることを踏まえ，従前の内容を一層充実させて改訂された部分である。音や音楽が生活や社会に与える影響などを考え，よりよい音環境を求める意識を高めることが求められている。

【4】(4)

〈解説〉「1　指導計画の作成に当たっては，次の事項に配慮するものとする。」として，5つの項目があげられており，そのうちの(5)である。高等学校学習指導要領解説　芸術科の同項目(5)において，「・音楽を形づくっている要素(音色，リズム，速度，旋律，テクスチュア，強弱，形式，構成など)を知覚することが難しい場合は，要素に着目しやすくできるよう，要素の表れ方を視覚化，動作化するなどの配慮をする。なお，動作化する際は，決められた動きのパターンを習得するような活動にならないよう留意する。・音楽を聴くことによって自分の内面に生まれる様々なイメージや感情を言語化することが難しい場合は，表現したい言葉を思い出すきっかけとなるよう，イメージや感情を表す形容詞などのキーワードを示し，選択できるようにするなどの配慮をする。」と示されているので参考にする。

【5】(3)

〈解説〉箏の形が竜に似ているので各部に竜に見立てた名が付けられた。演奏する部分の先端部分は竜の頭に見立てて「竜頭」，弦を支えている部分を「竜角」，竜頭の反対側が「竜尾」と呼ばれる。足は「竜手(猫足)」である。

【6】(2)

〈解説〉「さいたらぶし」と読む。牡鹿半島は宮城県の北東部の太平洋に突き出た半島。松島湾一帯で歌われていた大漁唄を，後藤桃水が他の歌とともに「大漁唄い込み」としてまとめた。(1)は，長野県の木曽谷一帯の村々に伝わる民謡の代表的なもので，盆踊り唄として広く木曽地域で歌われていた。(3)は北海道の日本海沿岸の民謡で，ニシン漁の作業歌である。(4)は富山県の五箇山地方に伝わる民謡で，五穀豊穣を祈り祝う民謡である。

【7】(1)

〈解説〉「歌舞伎に結びついて発達した」が間違い。新内節は鶴賀新内が始めた一流派で初期には歌舞伎にも用いられていたが，後に歌舞伎から離れ，主として花街を中心に行われ，いわゆる「流し」という街頭芸になっていった。浄瑠璃と人形劇・義太夫節，尺八と普化宗，地歌と上方など，それぞれのジャンルとキーワードをあわせて覚えるとよい。

【8】(4)

〈解説〉吉松隆が滅びゆく朱鷺に触発されて作曲した，弦楽合奏とピアノのための作品である。舞台上の楽器配置があり，左右の弦楽は朱鷺の両翼を，中央のピアノは朱鷺の頭を，低弦が尾を表している。(1)(3)は琵琶と尺八，(4)は尺八と二十絃箏が使用されている。

【9】(3)

〈解説〉沖縄三線の工工四（くんくんしー）は，縦書きの枠の中に勘所を表す漢字や奏法記号が書き込まれている。(1)は杵家弥七によって考案された三味線の楽譜で，民謡や俗曲など様々な分野でよく使われる。三味線譜としては，最も普及している。横書きの3本の線の上に，指で押さえる場所(勘所)が算用数字で書かれている。(2)は三味線の楽譜で音の高さをイロハで表している。(4)は箏の楽譜で，押さえる弦，勘所が記されている。

【10】(2)

〈解説〉「椰子の実」島崎藤村作詞・大中寅二作曲である。柳田國男が愛知県伊良湖岬に1ヶ月ほど滞在した時に，浜に流れ着いた椰子の実の話を藤村に語り，藤村がその話を元に創作したものである。(1)は，林古溪作詞・成田為三作曲，(3)は，高野辰之作詞・岡野貞一作曲，(4)は鹿島鳴秋作詞・弘田龍太郎作曲である。

【11】(4)

〈解説〉教科書に採用されている曲については，楽譜もあわせて学習しておく。深い理解がないと答えられない問題である。この曲の歌詞に「なみだ」という部分は無い。

【12】(1)

〈解説〉フラウト・トラヴェルソはフルートの前身となった横笛である。リコーダーは授業でアンサンブルをすることもあり，提示された旋律からリコーダーの重奏へ編曲する問題もあるので，それぞれの音域は覚えておくこと。

【13】(3)

〈解説〉(ア)はスピッツのシングル曲で1998年に，(イ)は同タイトルの映画の主題歌として1949年に発表，(ウ)は松田聖子のシングル曲で1980年，(エ)はサザンオールスターズのシングル曲で2014年にリリースされた。

【14】(3)

〈解説〉(1)のヤングムは4本×14セット張られた金属製の弦を撥でたたいて鳴らす楽器。(2)のカヤグムは，12本弦が張られた琴の一種。膝の上に楽器の頭をのせ，指で弾いて弾く。(3)のヘグムは奚琴で，胡弓に似た，絹糸が2本張られた，擦弦楽器である。玄琴は「コムンゴ」と言い，弦が6本張られた，琴の一種。左手で弦を押え，右手で持ったスルテという棒で弦を弾いて演奏する。(4)のチャンゴは日本の鼓を大きくしたような形の打楽器。桐の木を削った胴に羊，馬，牛，犬などの革を張る。胴体と革を紐で固定している。

【15】(2)

〈解説〉「カンテレ」はフィンランドでは，国の楽器と位置づけられており，民族叙事詩「カレワラ」の中にも登場している。詩や踊りの伴奏楽器，あるいはソロ楽器として使用され，小さいもので5弦から大きいもので40弦のものまである。

【16】(1)

〈解説〉(2)はインドネシアの「ケチャ」，(3)は独特な発声で歌う一人の歌い手(ソリクン)がさまざまな登場人物を演じ物語をすすめていく「パンソリ」，(4)はインドネシアの「ガムラン」の説明である。

【17】(4)

〈解説〉オルティンドーはモンゴルの民謡である。「拍節が決まっており」が間違い。正しくは非拍節的な自由リズムに基づく旋律で歌われる。(2)のウズン・ハワは同じ長い歌という意味で，トルコの音楽である。

【18】(4)

〈解説〉(1)は，Aハ長調／Bハ短調，(2)は，Aニ短調／Bニ長調，(3)は，A

ト短調／Bト長調，(4)はAもBもイ長調で，同じ調である。「同主調」とは同じ主音をもつ，短調・長調のことである。

【19】(1)

〈解説〉(2)は作曲者の名前が入れ替わっている。原曲がムソルグスキーで，編曲がリムスキー＝コルサコフである。(3)は原曲ではなく，編曲版ではハープが日の出を告げ，フルートとクラリネットのソロが朝焼けの空と穏やかな朝を表現している。(4)は，1800年前半ではなく，1800年後半である。

【20】(3)

〈解説〉独唱は3つの声部で，アルトはない。「第九」のように，近年，合唱団が演奏に取り上げることが多くなっている。

【21】(2)

〈解説〉Dies irae(怒りの日)のモチーフは様々な作曲家が楽曲で使用しているので，旋律を理解しておくこと。ガブリエル・フォーレの「レクイエム」は第1曲「introitus et kyrie」，第2曲「offertorium」，第3曲「sanctus」，第4曲「pie jesu」，第5曲「agnus dei」，第6曲「libera me」，第7曲「in paradisum」で構成される。モーツァルト・フォーレ・ヴェルディのレクイエムは，3大レクイエムと呼ばれている。

【22】(3)

〈解説〉「フィガロの結婚」は1786年，「セビーリャの理髪師」は1816年，「リゴレット」は1851年，「トゥーランドット」は1926年初演である。「フィガロの結婚」と「セビーリャの理髪師」はフィガロ3部作の作品で，戯曲は「セビーリャの理髪師」が先に作られたが，オペラ化・初演は「フィガロの結婚」が先である。

【23】(1)

〈解説〉(2)「3幕」ではなく「4幕」である。 (3)「エスカミーリョ」でなく「ホセ」がカルメンを殺害した。 (4)「パリ」ではなく「スペイン」が正しい。

【24】(1)

〈解説〉(ア)の「Vaga luna, che inargenti」はベッリーニ作曲の「3つのアリエッタ」の第3曲「優雅な月よ」である。(イ)は正で，椿姫の「乾杯の歌」である。(ウ)の「Ombra mai fù」はヘンデル作曲のオペラ「セルセ」の第1幕のアリアである。「ヘンデルのラルゴ」としても知られる曲である。(エ)は正で，ジャンニ・スキッキのラウレッタのアリア「私のお父さん」である。

【25】(2)

〈解説〉(1)は西村朗，(3)はテレマン，(4)はバーンスタインの楽曲である。

【26】(4)

〈解説〉(ア)はルネサンス後期の作曲家で1525年，(イ)はルネサンス初期，ブルゴーニュ楽派の作曲家で1397年，(ウ)はルネサンス期，フランドル楽派の作曲家で1450年頃，(エ)は14世紀のフランスで栄えた，アルス・ノーヴァを代表する作曲家で，1300年頃の生誕である。

【27】(3)

〈解説〉(1)は三好達治の鳥に関する7つの詩をもとにした，多田武彦作曲の男声合唱組曲である。(2)はイタリアの作曲家ルチアーノ・ベリオの楽曲である。独特の和声展開で書かれた曲である。(4)はトーンクラスターの第一人者である，ペンデレツキが作曲した。

【28】(4)

〈解説〉シェーンベルクが最初に12音技法を用いて作曲したのが，この

「ピアノ組曲」第1番「プレリュード」である。12音を均等に使用しているので，上の声部，下の声部それぞれまだ使用されてない音を選ぶ。

【29】(1)

〈解説〉「野ばら」の詩には世界中で100人以上もの人が曲をつけている。1799年出版のこの詩に1759年没のヘンデルが曲をつけるのは不可能である。

【30】(2)

〈解説〉「冬の旅」は2部に分かれた24曲から成る。シューベルトの3大歌曲集は，「美しき水車屋の娘」「冬の旅」「白鳥の歌」である。(2)はこの「美しき水車小屋の娘」の第1曲である。

【31】(3)

〈解説〉(3)の「愛を感じて(Can You Feel the Love Tonight)」は，ミュージカル「ライオン・キング」の楽曲である。

【32】(1)

〈解説〉(2)はサラ・ブライトマンとボチェッリとのデュエットで世界的に有名になった。(3)は，もともと賛美歌であるが，多くのアーティストがカバーしている。(4)は映画「タイタニック」の主題歌で，セリーヌ・ディオンが歌い，世界的にヒットした。

【33】(1)

〈解説〉「スピリチュアル(霊歌)」は白人の宗教音楽や教会音楽，クラシック音楽にアフリカ黒人の音楽的感性が融合して生まれた黒人霊歌を指す。(1)の「故郷の空」「蛍の光」はスコットランド民謡に歌詞をつけた日本の唱歌である。

【34】(4)

〈解説〉「1億人の飢餓を救う」というスローガンの下，「アフリカ難民救済」を目的とした20世紀最大のチャリティー・コンサートである。(1)は白血病のチャリティーライブイベントである。(2)は1969年に行われたロック中心の野外コンサート。(3)は1984年に起こったエチオピアの飢餓を受け，イギリス・アイルランドのロック・ポップス界のスーパースターが集まって行ったチャリティー・コンサート。(4)は(3)のコンサートを提唱した人物が中心となって行われた。

【35】(2)

〈解説〉(2)はジェームズ・ニュートン・ハワードにより作曲された。

【36】(1)

〈解説〉(1)は第14回の優勝者である。ショパン国際コンクール15年ぶりの第1位優勝者，中国人初の優勝者ということで話題になった。(2)1955年に出場したが2位だった。(3)は出場していない。(4)はコンクールにほとんど出場していない。

【37】(3)

〈解説〉変終止の1つ。賛美歌の最後の「アーメン」がこの和音で終わることからこの名で呼ばれる。柔らかい印象を与える終止である。完全終止，不完全終止，偽終止，半終止についても，理解しておくこと。

【38】(4)

〈解説〉A durは♯3つを持つ調，es mollは♭6つを持つ調である。異名同音は含まれず，和声短音階と指定されているので，共通音はes mollの導音で半音上がりになったDとなる。これを属音とするのはg mollで，その下属調なので完全4度上の，c mollが正答である。

【39】(2)

〈解説〉短三和音の根音は第3音Hの短3度下のGis，これを属音とする短調は完全5度下のcis mollで，この第6音はAとなる。

【40】(4)

〈解説〉6(拍)×130(小節)×60÷120＝390(秒)

2019年度　実施問題

中学校

【1】次の(1)，(2)の意味を表すものを，下の1～4の中から1つずつ選びなさい。

(1)　動きをつけて

1　con sordino　　2　con moto　　3　sotto voce

4　L'istesso tempo

(2)　穏やかに

1　risoluto　　2　nobilmente　　3　furioso　　4　tranquillo

(☆☆◎◎◎◎)

【2】次の(1)～(5)の問いに答えなさい。

(1)　へ短調の属音を導音とする長調は何調かを，次の1～4の中から1つ選びなさい。

1　変ニ長調　　2　ハ長調　　3　変ロ長調　　4　ニ長調

(2)　減三和音を，次の1～4の中から1つ選びなさい。

1

2

3

4

(3)　次の楽譜に記した3つの音をすべて含む調を，下の1～4の中から1つ選びなさい。

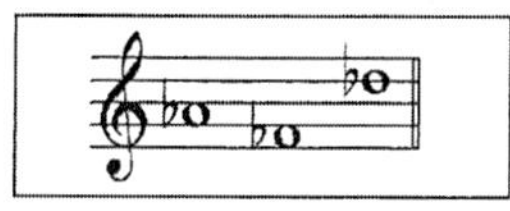

1　Des dur　　2　Ces dur　　3　As dur　　4　Ges dur

(4)　次の楽譜は何調ですか。下の1～4の中から1つ選びなさい。

1　c moll　　2　G dur　　3　g moll　　4　b moll

(5)　楽譜のコードネームと音符の組み合わせとして正しいものを，次の1～4の中から1つ選びなさい。

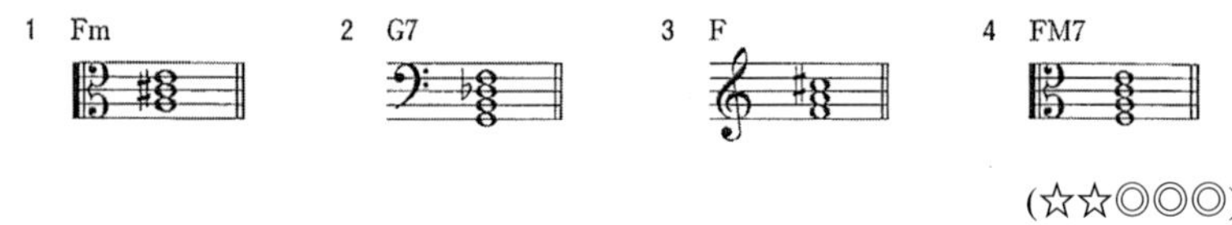

(☆☆◎◎◎)

【3】楽器と奏法の組み合わせとして適切でないものを，次の1～4の中から1つ選びなさい。

	楽器	奏法
1	ヴァイオリン	arco
2	スネアドラム	rim shot
3	ギター	thumbing
4	ピアノ	una corda

(☆☆☆◎◎)

【4】次の楽譜は，ベートーヴェン作曲「交響曲第5番　ハ短調」の一部です。➡の段を演奏する楽器として適切なものを，あとの1～4の中から1つ選びなさい。

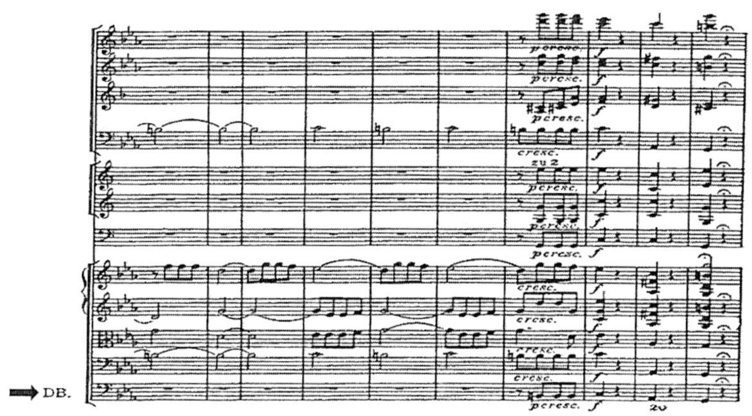

1　コントラバス　　2　バスーン　　3　バスドラム

4　ティンパニ

(☆☆☆◎◎)

【5】次は，記譜音によるアルトサクソフォーンの楽譜です。これを実音で読み直した楽譜として正しいものを，下の1～4の中から1つ選びなさい。

(☆☆☆◎◎◎◎)

【6】次の楽譜は「赤とんぼ」の一部です。下の(1)～(5)の問いに答えなさい。

(1)　中学校学習指導要領(平成29年3月告示)「第2章　各教科　第5節　音楽　第2　各学年の目標及び内容〔第1学年〕2　内容〔共通事項〕(1)　イ」で示されている〔共通事項〕の学習において，この曲で取り扱う「音楽を形づくっている要素」と，具体的な内容として適切でないものを，次の1～4の中から1つ選びなさい。

	音楽を形づくっている要素	具体的な内容
1	速度	♩＝60 ぐらい
2	旋律	歌詞と旋律のまとまりの関係
3	強弱	強弱の変化
4	形式	二部形式

(2) この曲の作曲者が作った曲として最も適切なものを，次の1～4の中から1つ選びなさい。

(3) 中学校学習指導要領(平成29年3月告示)「第2章　各教科　第5節　音楽　第3　指導計画の作成と内容の取扱い　2　(2)　(ウ)」で示されているア～エの共通教材を発表年の古い順に並べたものとして，最も適切なものを，下の1～4の中から1つ選びなさい。

	曲名
ア	花
イ	花の街
ウ	赤とんぼ
エ	浜辺の歌

1　イ→ア→ウ→エ　　2　ア→エ→ウ→イ　　3　エ→ウ→イ→ア
4　ウ→イ→エ→ア

(4) 楽譜の[ア]の部分に入る曲想に関する用語として，最も適切なものを，次の1～4の中から1つ選びなさい。

1　dolce　　2　cantabile　　3　animato　　4　con brio

(5)「赤とんぼ」を用いて，中学校学習指導要領(平成29年3月告示)「第2章　各教科　第5節　音楽　第2　各学年の目標及び内容〔第1学年〕2　内容　A表現　(1)　イ　(イ)　声の音色や響き及び言葉の特性と曲種に応じた発声との関わり」に基づいた授業を行うこととしました。この授業の展開として最も適切なものを，次の1～4の中から1つ選びなさい。

1　自分の感じ取った曲想と音楽の構造との関わりに気付くようにし，「赤とんぼ」の歌詞の内容を深く理解させる授業展開をする。

2　「赤とんぼ」に対してのイメージをもち，「懐かしいふるさとの風景」というイメージに合う柔らかい声で自然な強弱変化をつけて歌うような，思いや意図をもたせる授業展開をする。

3　導入で民謡の「ソーラン節」を歌い，次に「赤とんぼ」を歌う。歌い終わった後に，2曲の歌い方や声の響きを比較して振り返り，自分なりの声の出し方の違いに気付かせる。

4　自分と同じパートの人と音高やリズムをそろえたり，他の声部の声量を聴きながら音高やリズムをそろえて歌ったりする活動を多くとり，他者と合わせて歌うよさや必要性を感じ取らせる授業展開をする。

(☆☆☆☆◎◎◎)

【7】次の楽譜について，下の(1)～(4)の問いに答えなさい。

(1)　楽譜の［　ア　］の部分を移動ド唱法で歌う場合の階名として最も適切なものを，次の1～4の中から1つ選びなさい。

1　シシシドレドシシララソ

2　ミミミファソファミミレレド

3　ドドドレミレドドシシラ

4　ソソソラシラソソファファミ

(2)　移動ド唱法を用いることのねらいとして適切でないものを，次の1～4の中から1つ選びなさい。

1　相対的な音程感覚を育む。

2　歌唱における読譜力を伸ばす。

3　調性感を養うため，歌唱教材においては常に移動ド唱法を用いる。

4　音と音のつながり方を捉えて，フレーズなどを意識して表現を工夫する力を養う。

(3)　楽譜の［　イ　］～［　オ　］の部分にあてはまる記号の組み合わせとして最も適切なものを，次の1～4の中から1つ選びなさい。

	イ	ウ	エ	オ
1	***pp***	***dim.***	***mf***	***p***
2	***p***	***dim.***	***f***	***pp***
3	***p***	***cresc.***	***f***	***dim.***
4	***pp***	***dim.***	***mf***	***dim.***

(4)　この曲の最初の部分を「穏やかで流れるような感じがする」と感受した生徒は，音楽を形づくっている要素のどのような特徴を知覚したからだと考えられますか。最も適切なものを，次の1～4の中から1つ選びなさい。

1　1小節ごとにフレーズが感じられ，流れていく旋律が特徴的だから。

2　同じようなリズムが続き，隣り合った音に移っていくなだらかな旋律だから。

3　夢や希望に満ちた歌詞が情景を表し，3度のハーモニーが美しいから。

4　四分の三拍子♩＝72ぐらいとするリズムや速度が特徴だから。

(☆☆☆◎◎◎)

【8】口唱歌(くちしょうが)と楽器の組み合わせとして最も適切なものを，次の1～4の中から1つ選びなさい。

	口　唱　歌	楽器
1	チーラーロールロ　ターアルラアー	篳篥
2	テーントンシャン　シャシャコーロリン	三味線
3	トツツルツツンツトンチリレン	龍笛
4	トーラーロールロ　ターアロラアー	尺八

(☆☆☆◎◎◎)

【9】次のアルトリコーダーの楽譜について，下の(1)～(3)の問いに答えなさい。

(1) ア の音を演奏するときの指番号を，次の1～4の中から1つ選びなさい。

1　12　　2　1　　3　23　　4　13

(2) イ の音を1オクターブ高く演奏するときの指番号を，次の1～4の中から1つ選びなさい。

※Ø はサミングを示します。

1　Ø 2　　2　Ø 23　　3　Ø 145　　4　Ø 12346

(3) ウ の部分に合うコードとして最も適切なものを，次の1～4から1つ選びなさい。

1　Em　　2　D7　　3　G7　　4　Am7

(☆☆☆☆◎◎◎◎)

【10】楽器の取り扱い方や奏法について，次の(1)，(2)の問いに答えなさい。

(1) 篠笛について説明した文として適切でないものを，次の1～4の中から1つ選びなさい。

1 背筋を伸ばし肩の力を抜き，肘を横に張りすぎないで，笛をほぼ水平に右横に構える。

2 同じ音が続く場合，その音を吹いたまま，押さえている指の内の1本で指孔を打つことで音を区切る奏法を打ち指という。

3 左手人さし指と親指で笛をつまむように持ち，指孔は指の腹でふさぐ。

4 7つ(または6つ)の指孔をもつ竹製の横笛で，最も音域が低いものから順に半音刻みで笛の長さが異なる。

(2) 楽器の取り扱いについて説明した文として適切でないものを，次の1～4の中から1つ選びなさい。

1 アルトリコーダーのマウスピース内部が結露し音色が変わってしまった場合は，ウィンドウの上に指を1本軽く当て，息を強く吹き込んで詰まった水滴を飛ばす。

2 ティンパニのヘッドについた汚れはやわらかい布で拭く。運搬時にはフープ部分をバランスよく持つ。

3 ギターを弾き終えたら弦をすこしゆるめて拭く。保管する時は，直接日光の当たらない，風通しのよいところに置き，にかわの軟化を防ぐ。

4 スネアドラムの皮を張る時のロッドの巻き方は，隣りへ順に巻かずに対角線を結んで巻く。

(☆☆☆☆◎◎)

【11】次の楽譜は，「トリステーザ」というボサノヴァの曲の一部です。この曲について，あとの(1)～(4)の問いに答えなさい。

(1)　ボサノヴァの説明として最も適切なものを，次の1～4の中から1つ選びなさい。

1　ボサノヴァは，1950年代末から1960年代初めにかけてブラジルで流行した。サンバにジャズやクラシックの要素も取り込んだ音楽である。

2　ボサノヴァは，1950年代半ば，アメリカで流行した。R&Bとカントリーが融合して生まれたエイトビートの音楽である。

3　ボサノヴァは，1940年代にキューバで流行した。曲中で細かいリズムを繰り返し，ジャズのアレンジを大胆に取り入れながら発展した音楽である。

4　ボサノヴァは，1950年代にアメリカで流行した。黒人音楽から派生したブルースが，ジャズの影響を受けて，リズムの強調された音楽になったものである。

(2)「トリステーザ」と同じボサノヴァの曲として最も適切なものを，

次の1～4の中から1つ選びなさい。

1　スモーク　オン　ザ　ウォーター　　2　A列車で行こう

3　イパネマの娘　　4　エル　クンバンチェロ

(3) ［ア］の部分のコードに合うダイヤグラムとして最も適切なものを，次の1～4の中から1つ選びなさい。

○…開放弦　●…押さえる　×…弾かない

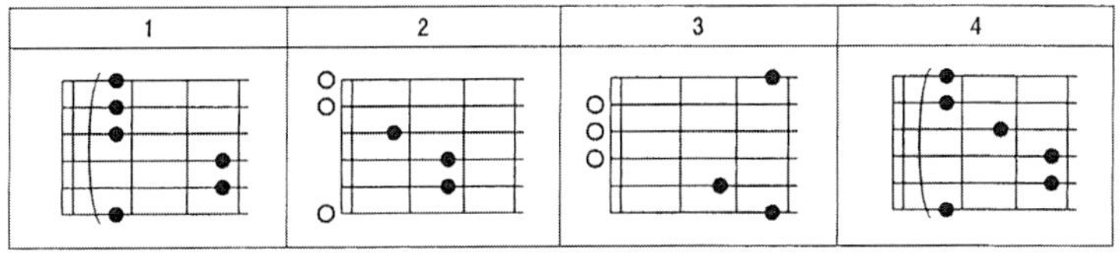

(4) ［イ］の部分に合うダイヤグラムとして最も適当なものを，次の1～4の中から1つ選びなさい。

○…開放弦　●…押さえる　×…弾かない

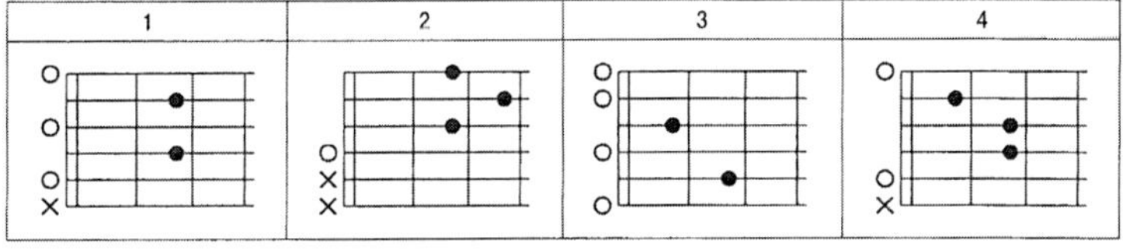

(☆☆☆◎◎)

【12】授業で，「和歌のイメージを表す旋律をつくろう」という題材で箏の平調子を用いた旋律を創作をし，発表することになりました。中学校3年生の国語の教科書に戴っている和歌から各自一首を選び，その和歌が表す情景や心情などを箏の奏法を入れながら旋律をつくりました。次の楽譜は，生徒Aさんの作品です。創作表現の創意工夫した点についてAさんが説明した文として最も適切なものを，あとの1～4の中から1つ選びなさい。

七	為	十 ス	十
⊙	⊙	十 斗	九
九	ヲ巾	十	十
⊙	⊙	○	○
八 ス	巾	五 ス	五
九 八	ヲ巾	五 六	四
七	為	五	五
為	○	○	○

1　私が選んだ和歌は，防人歌「父母が頭かき撫で幸くあれて言ひし言葉ぜ忘れかねつる」です。父母との悲しい別れを表しました。5小節目と6小節目で，九州地方への旅路を急ぐ兵士の気持ちを，押し手で表しました。弦を押すことにより半音下げ，防人の悲しい気持ちも表現しました。

2　私が選んだ和歌は，額田王の「君待つと我が恋ひ居れば我が屋戸のすだれ動かし秋の風吹く」です。秋の風に「恋人はいつくるの？」と問いかける様子を，高い音と低い音で同じ音を使いながら反復，変化をさせました。8小節目では，最後に音を上げて，「恋人がやってきた」という感じでまとめました。

3　私が選んだ和歌は，持統天皇の「春過ぎて夏来るらし白たへの衣干したり天の香具山」です。トレモロで華やかに始まり，春が過ぎ去り夏が来る様子を表しました。また，花が散る様子を流し爪で表しました。5小節目からは，だんだん音を高くして気持ちが高ぶっているさわやかで気持ちのよい様子を表しました。

4　私が選んだ和歌は，大伴家持の「春の園紅にほふ桃の花下照る道に出で立つをとめ」です。音を上から下に流して桃の花びらが舞い散る様子を表しました。7，8小節目は，乙女の存在を美しく際立たせるために，弦を弾いてかわいらしさを出しました。

(☆☆☆◎◎)

【13】次の楽譜は，「魔王」の伴奏の一部です。下の(1)～(3)の問いに答えなさい。

(1) この伴奏の部分の日本語の歌詞として最も適切なものを，次の1～4の中から1つ選びなさい。

1 風の夜に　馬を駆り　駆けりゆく者あり

2 なあに　あれは　枯葉の　ざわめきじゃ

3 お父さん　お父さん　それそこに　魔王の娘が

4 ぼうや一緒においでよ　用意はとうに　できてる

(2) 西洋音楽史におけるこの曲の作曲者が活躍した時代の説明として適切でないものを，次の1～4の中から1つ選びなさい。

1 ピアノ用に作曲された性格的小品が流行し，標題音楽が新たに開拓された。歌曲は表現に繊細さを加え，ピアノ・パートの表現力が増し，さまざまな国や民族の特色が反映されて，質的にも量的にも中心的なジャンルになった。

2 産業革命がはじまり，貴族に代わってブルジョワ階級の人々が社会を動かす実権を握りつつあった。市民階級の成長によって，私的なサークルでの音楽活動が普及した。

3 難解な音楽は音楽愛好家たちからは敬遠されがちで，より単純明快で，直接感情に訴えかける音楽が歓迎されるようになった。鍵盤音楽の分野では，軽やかで装飾的な旋律と素朴な伴奏によるギャラント様式の音楽が花開いた。

4　オーケストラに使われる楽器は，音量の増大を目的に改造された。特に，管楽器には，ベームが考案したキー・メカニズムが導入され，指づかいが能率的になって，半音階の演奏などが簡単になった。

(3)　次の1～4の中から，この曲の作曲者の歌曲作品でないものを1つ選びなさい。

1　死と少女　　2　糸を紡ぐグレートヒェン　　3　さすらい人

4　女の愛と生涯

(☆☆☆☆◎◎)

【14】次の2つの楽譜は，連作交響詩「我が祖国」の一部です。下の(1)～(5)の問いに答えなさい。

楽譜ア

楽譜イ（原曲は1オクターヴ下）

(1)　楽譜アと楽譜イが含まれる曲に関連した内容として最も適切なものを，次の1～4の中から1つ選びなさい。

1　連作交響詩「我が祖国」は，6曲の交響詩で構成されており，この曲は3曲目である。

2　この曲が作曲された頃のチェコは，ドイツ帝国の圧政を受けていて母国語を話すことを禁止されていた。

3「モルダウ」はチェコ語で，「ブルタバ」はドイツ語で，同じ川の名前を示している。

4　作曲者のスメタナは，チェコ近代音楽の父といわれる19世紀の作曲家である。

(2)　楽譜アを演奏する楽器として最も適切なものを，次の1～4の中から1つ選びなさい。

1　フルート　　2　クラリネット　　3　オーボエ

4　ヴァイオリン

(3) 楽譜イ を演奏する楽器として最も適切なものを，次の1～4の中から1つ選びなさい。

1　ヴァイオリン　　2　トランペット　　3　ホルン

4　チューバ

(4) この曲の標題が現れる順番として最も適切なものを，次の1～4の中から1つ選びなさい。

1　2つの源流→農民の結婚式→森の狩猟→月の光，水の精の踊り→聖ヨハネの急流→幅広く流れるブルタバ→ビシェフラトの動機

2　2つの源流→農民の結婚式→森の狩猟→月の光，水の精の踊り→聖ヨハネの急流→ビシェフラトの動機→幅広く流れるブルタバ

3　2つの源流→森の狩猟→農民の結婚式→月の光，水の精の踊り→聖ヨハネの急流→幅広く流れるブルタバ→ビシェフラトの動機

4　2つの源流→森の狩猟→農民の結婚式→月の光，水の精の踊り→幅広く流れるブルタバ→ビシェフラトの動機→聖ヨハネの急流

(5) この曲に使われていない拍子を，次の1～4の中から1つ選びなさい。

1　8分の6拍子　　2　4分の2拍子　　3　8分の9拍子

4　4分の4拍子

(☆☆☆◎◎◎◎◎)

【15】次のA～Dは，日本の伝統音楽である雅楽，黒御簾，追分，能のいずれかについて説明したものです。A～Dのそれぞれの説明にあたる日本の伝統音楽の組み合わせとして正しいものを，あとの1～4の中から1つ選びなさい。

A　演劇，舞踊，音楽の各要素が渾然一体となった舞台芸術。「謡」によって物語が進行する。情景や主人公の心理などを描写する場面の謡は，主に地謡が担当する。

B　唄・合方・鳴物の三種目からなり，劇の進行または背景音楽として演奏する。

C　民謡の種類。拍のないリズムでうたわれることが多い。

D　平安時代以降，主に宮廷・社寺で伝承されてきた楽舞。

	A	B	C	D
1	黒御簾	雅楽	追分	能
2	黒御簾	追分	能	雅楽
3	能	雅楽	黒御簾	追分
4	能	黒御簾	追分	雅楽

(☆☆☆◎◎)

【16】次の1～4の中から，著作権法に違反していない事例を1つ選びなさい。

1　中学校の部活動においては，例外として練習用であれば楽譜をコピーすることが認められているので，新入生用に楽譜をコピーした。

2　部活動で使う楽譜を買い足そうと思ったが，楽譜が絶版のため品切れであった。活動に支障がでるため早急に楽譜をコピーして間に合わせた。

3　合唱部で歌っている曲を，校内合唱コンクールでクラス全員が歌うことになった。授業で使うために，楽譜をコピーして全員に配った。

4　今年度，吹奏楽部で入場無料のコンサートを開くことになった。来場者と一緒に歌うためにプログラムに歌詞を載せた。

(☆☆☆☆◎◎)

【17】次は，中学校学習指導要領(平成29年3月告示)「第2章　各教科　第5節　音楽　第1　目標」の一部です。(　①　)，(　②　)に入る語句の組み合わせとして正しいものを，あとの1～4の中から1つ選びなさい。

表現及び鑑賞の(　①　)を通して，音楽的な見方・考え方を働かせ，生活や社会の中の音や音楽，音楽文化と豊かに関わる(　②　)を次のとおり育成することを目指す。

	①	②
1	幅広い活動	資質・能力
2	幅広い活動	知識及び技能
3	様々な音楽	資質・能力
4	様々な音楽	知識及び技能

(☆☆☆◎◎◎◎)

【18】次は，中学校学習指導要領(平成29年3月告示)「第2章　各教科　第5節　音楽　第1　目標　(1)」の全文です。(　①　)，(　②　)に入る語句の組み合わせとして正しいものを，下の1～4の中から1つ選びなさい。

(1)　曲想と音楽の構造や背景などとの関わり及び(　①　)について理解するとともに，創意工夫を生かした(　②　)をするために必要な技能を身に付けるようにする。

	①	②
1	音楽の共通性	音楽活動
2	音楽の多様性	音楽活動
3	音楽の共通性	音楽表現
4	音楽の多様性	音楽表現

(☆☆☆◎◎◎◎)

【19】次は，中学校学習指導要領(平成29年3月告示)「第2章　各教科　第5節　音楽　第2　各学年の目標及び内容〔第1学年〕2　内容　A　表現　(1)」の一部です。(　①　)，(　②　)に入る語句の組み合わせとして正しいものを，あとの1～4の中から1つ選びなさい。

(1)　歌唱の活動を通して，次の事項を身に付けることができるよう指導する。 ウ　(イ)　創意工夫を生かし，(　①　)や(　②　)などを聴きながら他者と合わせて歌う技能

	①	②
1	全体の響き	音の重なり方
2	声の音色	各声部の声
3	全体の響き	各声部の声
4	声の音色	音の重なり方

(☆☆☆◎◎◎)

【20】次は，中学校学習指導要領(平成29年3月告示)「第2章　各教科　第5節　音楽　第2　各学年の目標及び内容〔第1学年〕2　内容　A　表現　(3)」の一部です。(　①　)，(　②　)に入る語句の組み合わせとして正しいものを，下の1～4の中から1つ選びなさい。

(3)　創作の活動を通して，次の事項を身に付けることができるよう指導する。 ウ　(　①　)で旋律や音楽をつくるために必要な，(　②　)に沿った音の選択や組合せなどの技能を身に付けること。

	①	②
1	創作表現	設定した条件
2	創作表現	課題や条件
3	創意工夫を生かした表現	設定した条件
4	創意工夫を生かした表現	課題や条件

(☆☆☆◎◎◎)

【21】次は，中学校学習指導要領(平成29年3月告示)「第2章　各教科　第5節　音楽　第2　各学年の目標及び内容〔第2学年及び第3学年〕1

目標」の一部です。(①), (②)に入る語句の組み合わせとして正しいものを，下の1～4の中から1つ選びなさい。

(3) (①)に表現及び鑑賞の学習に取り組み，(②)ことを通して，音楽文化に親しむとともに，音楽によって生活を明るく豊かなものにし，音楽に親しんでいく態度を養う。

	①	②
1	主体的・協働的	音楽活動の楽しさを体験する
2	主体的・協働的	音楽活動のよさや美しさを味わう
3	主体的・対話的	音楽活動の楽しさを体験する
4	主体的・対話的	表現活動のよさや美しさを味わう

(☆☆☆◎◎◎)

【22】次は，中学校学習指導要領(平成29年3月告示)「第3章　各教科　第5節　音楽　第2　各学年の目標及び内容〔第2学年及び第3学年〕 2 内容　B　鑑賞　(1)」の一部です。(①), (②)に入る語句の組み合わせとして正しいものを，あとの1～4の中から1つ選びなさい。

(1)　鑑賞の活動を通して，次の事項を身に付けることができるよう指導する。

イ　次の(ア)から(ウ)までについて理解すること。

(ア)　曲想と(①)との関わり

(イ)　音楽の特徴とその背景となる文化や歴史，他の芸術との関わり

(ウ)　我が国や郷土の伝統音楽及び(②)音楽の特徴と，その特徴から生まれる音楽の多様性

	①	②
1	共通事項	アジア地域の諸民族の
2	共通事項	諸外国の様々な
3	音楽の構造	アジア地域の諸民族の
4	音楽の構造	諸外国の様々な

(☆☆☆◎◎◎)

【23】次は，中学校学習指導要領(平成29年3月告示)「第2章　各教科　第5節　音楽　第2　各学年の目標及び内容〔第2学年及び第3学年〕 2 内容〔共通事項〕(1)」の一部です。[　　]に入る語句として正しいものを，下の1～4の中から1つ選びなさい。

> (1)　「A表現」及び「B鑑賞」の指導を通して，次の事項を身に付けることができるよう指導する。
> ア　音楽を形づくっている要素や[　　]を知覚し，それらの働きが生み出す特質や雰囲気を感受しながら，知覚したことと感受したこととの関わりについて考えること。

1　自然音や環境音　　2　要素同士の関連
3「音符，休符，記号や用語」　4　音のつながり方や旋律の構成音

(☆☆☆◎◎◎)

【24】次は，中学校学習指導要領(平成29年3月告示)「第2章　各教科　第5節　音楽　第3　指導計画の作成と内容の取扱い　1　(1)」の全文です。(　①　)，(　②　)に入る語句の組み合わせとして正しいものを，あとの1～4の中から1つ選びなさい。

(1) (①)や時間のまとまりを見通して，その中で育む資質・能力の育成に向けて，生徒の主体的・対話的で深い学びの実現を図るようにすること。その際，音楽的な見方・考え方を働かせ，(②)しながら，音楽表現を生み出したり音楽を聴いてそのよさや美しさなどを見いだしたりするなど，思考，判断し，表現する一連の過程を大切にした学習の充実を図ること。

	①	②
1	題材など内容	他者と協働
2	題材など内容	知識や技能を得たり生かしたり
3	単元など内容	知識や技能を得たり生かしたり
4	単元など内容	他者と協働

(☆☆☆◎◎◎)

【25】次は，中学校学習指導要領(平成29年3月告示)「第2章　各教科　第5節　音楽　第3　指導計画の作成と内容の取扱い　1　(5)」の全文です。(①)，(②)に入る語句の組み合わせとして正しいものを，下の1～4の中から1つ選びなさい。

(5) 障害のある生徒などについては，(①)場合に生じる困難さに応じた指導内容や指導方法の工夫を(②)こと。

	①	②
1	学習活動を行う	体系的，継続的に行う
2	学習活動を行う	計画的，組織的に行う
3	表現活動を行う	体系的，継続的に行う
4	表現活動を行う	計画的，組織的に行う

(☆☆☆◎◎◎)

【26】次は，中学校学習指導要領(平成29年3月告示)「第2章　各教科　第5節　音楽　第3　指導計画の作成と内容の取扱い　2　(3)　イ」の全文です。[　　]に入る語句として正しいものを，下の1～4の中から1つ選びなさい。

> イ　生徒や学校，地域の実態などを考慮した上で，指導上の必要に応じて和楽器，弦楽器，管楽器，打楽器，鍵盤楽器，電子楽器及び世界の諸民族の楽器を適宜用いること。なお，3学年間を通じて1種類以上の和楽器を取り扱い，その表現活動を通して，生徒が我が国や郷土の伝統音楽のよさを味わい，[　　]工夫すること。

1　愛着をもつことができるよう
2　音楽文化が世代を超えて受け継がれていくよう
3　意欲を高め親しみがもてるよう
4　表現する喜びや充実感を味わうことができるよう

(☆☆☆◎◎◎)

高等学校

【一次試験】

【1】山田耕筰が作曲した作品を選びなさい。

(1)　浜千鳥　　(2)　我は海の子　　(3)　ちいさい秋みつけた
(4)　ペチカ

(☆☆◎◎)

【2】「Caro mio ben」の意味として最も適切なものを選びなさい。

(1)　ときめく心に　　(2)　愛しい私の恋人よ　　(3)　夢のあとに
(4)　うつろの心

(☆☆◎◎)

【3】次の歌曲のうち，高野辰之作詞，岡野貞一作曲でないものを選びなさい。

(1)　春が来た　　(2)　故郷　　(3)　からたちの花　　(4)　朧月夜

(☆☆☆◎◎◎)

【4】本来の曲名は「エレンの歌Ⅲ」であるが，冒頭の歌詞から「アヴェマリア」と呼ばれている曲の作曲者を選びなさい。

(1)　C.F.グノー　　(2)　F.シューベルト　　(3)　J.S.バッハ

(4)　G.P.パレストリーナ

(☆☆☆◎◎)

【5】東日本大震災(2011年)の被災地復興支援のチャリティーソングとして作られた曲を選びなさい。

(1)　花は咲く　　(2)　風が吹いている　　(3)　花鳥風月

(4)　世界に一つだけの花

(☆☆☆◎◎)

【6】ドイツ・プロテスタント教会の礼拝で，一般会衆が歌う賛美歌を意味するものを選びなさい。

(1)　コラール　　(2)　レクイエム　　(3)　オルガヌム

(4)　モテット

(☆☆☆◎◎◎)

【7】アリアで「もはや飛べまい，この蝶々」が歌われるオペラ作品を選びなさい。

(1)　ドン・ジョヴァンニ　　(2)　椿姫　　(3)　魔笛

(4)　フィガロの結婚

(☆☆☆◎◎)

【8】歌劇やバレエを上演する際，舞台と客席の間に置かれるオーケストラの演奏場所を何と呼ぶか選びなさい。

(1)　オーケストレーション　　(2)　オーケストラ・スコア

(3)　オーケストラ・ピット　　(4)　コンサートマスター

(☆☆◎◎)

【9】次の(ア)～(エ)の日本音楽史のできごとについて，年代の古い順に並べたものを選びなさい。

(ア)　小澤征爾がブザンソン国際指揮者コンクール1位を受賞した。

(イ)　日本初の女声合唱曲「花」を含む，組歌「四季」が出版された。

(ウ)　交響曲「かちどきと平和」が初演された。

(エ)　NHK交響楽団の前身である新交響楽団が発足した。

(1)　(エ)→(イ)→(ア)→(ウ)　　(2)　(イ)→(ウ)→(エ)→(ア)

(3)　(エ)→(ア)→(イ)→(ウ)　　(4)　(イ)→(エ)→(ウ)→(ア)

(☆☆☆◎◎◎)

【10】歌舞伎の用語である「引抜」の意味として最も適切なものを選びなさい。

(1)　登場人物が胸に秘めた思いを明かす見せ場のこと。

(2)　瞬時に衣装を替える演出のこと。

(3)　客席から舞台下手側につながる通路のこと。

(4)　三色の縦縞模様の引き幕のこと。

(☆☆☆◎◎◎)

【11】日本民謡の音階と，その音階が用いられている民謡の組み合わせが誤っているものを選びなさい。

(1)　沖縄音階－谷茶前　　(2)　民謡音階－ソーラン節

(3)　律音階－こきりこ節　　(4)　都節音階－佐渡おけさ

(☆☆☆◎◎◎)

【12】日本映画について，題名と音楽を担当した作曲家の組み合わせが正しいものを選びなさい。

(1)　七人の侍(1954年)－黛敏郎

(2)　戦場のメリークリスマス(1983年)－早坂文雄

(3)　怪談(1964年)－坂本龍一

(4)　ゴジラ(1954年)－伊福部昭

(☆☆☆☆◎◎)

【13】パキスタンなどのイスラム教徒独特の宗教歌謡で，現代ではポピュラー音楽としても人気があるものを選びなさい。

(1)　ゴスペル　　(2)　パンソリ　　(3)　ホーミー

(4)　カッワーリー

(☆☆☆◎◎◎)

【14】次の音楽に関する語句のうち，インドネシアが発祥でないものを選びなさい。

(1)　ジンジュ　　(2)　クロンチョン　　(3)　ケチャ

(4)　ガムラン

(☆☆☆◎◎◎)

【15】次の楽器のうち，打楽器でないものを選びなさい。

(1)　スティールパン　　(2)　バラフォン

(3)　サウン・ガウ　　(4)　レヨン

(☆☆☆◎◎)

【16】プッチーニ作曲オペラ「トゥーランドット」に用いられている中国民謡を選びなさい。

(1)　康定情歌　　(2)　茉莉花　　(3)　草原情歌　　(4)　慕情

(☆☆☆◎◎)

【17】ギターでGのコードを弾く場合に押さえるポジションを選びなさい。ただし，チューニングは通常のものとし，押さえない弦は開放弦を演奏するものとします。

	弦	フレット	弦	フレット	弦	フレット
(1)	第１弦	3	第４弦	2	第６弦	3
(2)	第１弦	3	第３弦	2	第６弦	3
(3)	第１弦	3	第５弦	2	第６弦	3
(4)	第１弦	3	第２弦	2	第６弦	3

(☆☆☆◎◎)

【18】アコースティック・ギターのパーツにないものを選びなさい。

(1)　ペッグ　　(2)　フロッグ　　(3)　ナット　　(4)　ブリッジ

(☆☆☆◎◎)

【19】テナーリコーダーの運指で，左手の人さし指と中指のみを押さえて吹いたときに出る実音を選びなさい。なお，音名はドイツ語で記されています。

(1)　Cis　　(2)　A　　(3)　Fis　　(4)　G

(☆☆☆◎◎)

【20】次の4つの楽器の最低音を低いものから順に正しく並べたものを選びなさい。

(1)　ファゴット→アルト・サクソフォン→ヴィオラ→Esクラリネット
(2)　ファゴット→Esクラリネット→アルト・サクソフォン→ヴィオラ
(3)　ファゴット→ヴィオラ→アルト・サクソフォン→Esクラリネット
(4)　ファゴット→Esクラリネット→ヴィオラ→アルト・サクソフォン

(☆☆☆☆◎◎)

【21】ピアノの説明として誤っているものを選びなさい。

(1)　ハンマーで弦を打つことで発音する。
(2)　1600年頃，イタリアのクリストフォリが開発した。

(3) 「ピアノフォルテ」または「フォルテピアノ」という名称が用いられた。

(4) 弦で発した振動は，駒を通じて響板で増幅する。

(☆☆☆◎◎)

【22】ツィンバロムの起源といわれている楽器を選びなさい。

(1) サントゥール　(2) カンテレ　(3) ツィター

(4) イリンバ

(☆☆☆☆◎◎)

【23】次の西洋音楽の楽派を，年代の古い順に並べたものを選びなさい。

(1) ブルゴーニュ楽派→ノートルダム楽派→フランドル楽派→マンハイム楽派

(2) ノートルダム楽派→ブルゴーニュ楽派→フランドル楽派→マンハイム楽派

(3) ノートルダム楽派→フランドル楽派→マンハイム楽派→ブルゴーニュ楽派

(4) ブルゴーニュ楽派→ノートルダム楽派→マンハイム楽派→フランドル楽派

(☆☆☆☆◎◎)

【24】J.S.バッハとヘンデルについての文として誤っているものを選びなさい。

(1) 2人とも宮廷楽長として活躍した経歴を持ち，数々のオペラを作曲した。

(2) 2人とも1685年にドイツで生まれた。

(3) 2人ともバロック時代末期に活躍した。

(4) ヘンデルはドイツやイタリアで学び，ロンドンを最後の活動地としたが，バッハは生涯ドイツを離れることはなかった。

(☆☆☆☆◎◎)

【25】古典派の音楽についての文として誤っているものを選びなさい。

(1)　独立した旋律に対して和声的な伴奏を付けるという明快な書法で書かれたホモフォニックな音楽が好まれるようになった。

(2)　器楽曲において重要な形式の一つである「ソナタ形式」が確立された。

(3)　チェンバロなどによる通奏低音の演奏習慣はしだいになくなり，より豊かな音量を得られるピアノが鍵盤楽器の中心となった。

(4)　木管楽器を3本ずつ使用する「3管編成」が，ハイドンによって確立された。

(☆☆☆☆◎◎)

【26】ドビュッシーが影響を受けたものとして誤っているものを選びなさい。

(1)　日本の浮世絵　　(2)　ジャワのガムラン　　(3)　12音技法

(4)　象徴主義の文学

(☆☆☆◎◎)

【27】次の文章があらわす作曲家は誰か選びなさい。

リムスキー＝コルサコフに作曲を学ぶ。初期には激しいエネルギーがほとばしる「原始主義」の作風を打ち出すが，その後「新古典主義」，後期には「音列技法」と次々と作風を変化させた。

(1)　I.ストラヴィンスキー　　(2)　A.シェーンベルク

(3)　S.プロコフィエフ　　(4)　B.バルトーク

(☆☆☆◎◎)

【28】アメリカの作曲家ジョン・ケージの作品とその作品に関連の深い語句の組み合わせとして誤っているものを選びなさい。

(1)　4分33秒－偶然性の音楽

(2)　ソナタとインターリュード－電子音楽

(3) 危険な夜－プリペアド・ピアノ

(4) カートリッジ・ミュージック－図形楽譜

(☆☆☆☆◎◎)

【29】「触れる」というイタリア語に由来し，急速なパッセージと華やかな性格を特徴とする鍵盤楽器のための楽曲を選びなさい。

(1) トッカータ　(2) フーガ　(3) ロンド　(4) スケルツォ

(☆☆☆◎◎)

【30】次の作品のうち，調性が他と異なるものを選びなさい。ただし，調性は第1楽章の冒頭とします。

(1) ヴァイオリン協奏曲(J.シベリウス作曲)

(2) ピアノ協奏曲第2番(S.ラフマニノフ作曲)

(3) 交響曲第9番(L.v.ベートーヴェン作曲)

(4) 交響曲(C.フランク作曲)

(☆☆☆☆◎◎)

【31】バルトーク作曲の「ルーマニア民俗舞曲」の中に含まれない曲を選びなさい。

(1) ブチュムの踊り　(2) 棒踊り　(3) 飾り帯の踊り

(4) 大地の踊り

(☆☆☆◎◎)

【32】次の解説文は，どの作品について書かれたものか選びなさい。

第1楽章，弦楽器の旋律から静かに始まった序奏は，ティンパニや管楽器を加えながら緊張感を高めていく。

(1) 交響曲第5番(D.ショスタコーヴィチ作曲)

(2) 交響詩「魔法使いの弟子」(P.デュカース作曲)

(3) 交響曲第7番(L.v.ベートーヴェン作曲)

(4)　交響曲第9番「新世界より」(A.ドヴォルジャーク作曲)

(☆☆☆☆☆◎◎)

【33】ヴィヴァルディ作曲「和声と創意の試み」第1集「四季」の説明として誤っているものを選びなさい。

(1)　独奏ヴァイオリンと弦楽合奏，通奏低音のための協奏曲である。

(2)　「春」「夏」「秋」「冬」の4曲からなり，それぞれ急－緩－急を基本とする3つの楽章で構成される。

(3)　ソナタ形式の先駆的作品である。

(4)　各曲には作者不明のソネットが添えられている。

(☆☆☆◎◎◎)

【34】次の舞曲のうち，フランス発祥の宮廷舞曲ではないものを選びなさい。

(1)　ガボット　(2)　メヌエット　(3)　サラバンド

(4)　クーラント

(☆☆☆◎◎)

【35】次の管弦楽曲のうち，バレエ音楽として作曲されていないものを選びなさい。

(1)　「春の祭典」　I.ストラヴィンスキー作曲

(2)　「ボレロ」　M.ラヴェル作曲

(3)　「はげ山の一夜」　M.ムソルグスキー作曲

(4)　「眠れる森の美女」　P.チャイコフスキー作曲

(☆☆☆◎◎)

【36】構成音が2つ共通するコードネームの組み合わせを選びなさい。

(1)　D♭m7－B♭7sus4　(2)　C♯7sus4－B　(3)　Adim－Fsus4

(4)　G♯m7(♭5)－Bm7

(☆☆☆◎◎)

【37】次の拍子のうち，複合拍子を選びなさい。

(1)　8分の3拍子　(2)　8分の5拍子　(3)　8分の12拍子
(4)　8分の7拍子

(☆☆◎◎◎)

【38】音楽の著作権についての記述として誤っているものを選びなさい。

(1)　学校の授業の中で楽譜を使用する場合も，かならず許諾を受けなくてはならない。

(2)　楽譜も音楽を表した著作物なので，無断でコピーすると権利を侵害したことになる。

(3)　日本では著作者が亡くなってから通常50年が経過すると，その作品は社会の共有財産となり自由に利用することができるようになる。

(4)　ホームページやブログに音楽を貼り付けるという行為は，「音楽を不特定多数に送信する」と見なされる。

(☆☆☆◎◎◎)

【39】高等学校学習指導要領(平成21年3月告示)の「第2章　各学科に共通する各教科　第7節　芸術　第2款　各科目　第1　音楽Ⅰ　2　内容　B　鑑賞」の指導事項として誤っているものを選びなさい。

(1)　我が国や郷土の伝統音楽の種類とそれぞれの特徴を理解して鑑賞すること。

(2)　音楽を形づくっている要素を知覚し，それらの働きを感受して鑑賞すること。

(3)　楽曲の文化的・歴史的背景や，作曲者及び演奏者による表現の特徴を理解して鑑賞すること。

(4)　音楽と他の芸術や文化とのかかわりを理解して鑑賞すること。

(☆☆☆◎◎◎)

【40】次は高等学校学習指導要領(平成21年3月告示)の「第3章　主として専門学科において開設される各教科　第11節　音楽　第2款　各科目　第1　音楽理論　3　内容の取扱い」の全文です。(　ア　)に入る言葉を選びなさい。

我が国の伝統音楽の理論については，(　ア　)扱うことができる。

(1)　根拠をもって　　　　　　　　(2)　必要に応じて
(3)　特定の活動のみに偏らないように　(4)　一つ以上を選択して

(☆☆◎◎◎)

【二次試験】

【1】次はJ.W.v.ゲーテ作詞，F.シューベルト作曲の「野ばら」の楽譜です。この曲を原語で歌う授業について，あとの問いに答えなさい。

問1 「発声法・発音に関すること」と「表現に関すること」について，生徒に指導する内容を例にならってそれぞれ2つずつ書きなさい。

	項目	該当小節番号	指導する内容
例	発声法・発音に関すること	2, 3, 5～7, 10～13	r の発音を巻き舌で歌わせる。

問2 この曲の模範唱をする上で，教師自身が留意する内容を書きなさい。

(☆☆☆☆☆◎◎)

【2】「オペラ」と「ミュージカル」について，それぞれの「起源と発展」と「表現の特徴」を書き，代表作品を2つずつあげなさい。

(☆☆☆☆☆◎◎)

【3】筑前琵琶「那須与市」について，次の問いに答えなさい。

問1 「那須与市」のあらすじを，次の語群の語をすべて用いて書きなさい。

語群

源義経　那須与市(与一)　扇　船　弓

問2 琵琶楽についての説明を，次の語群の語をすべて用いて書きなさい。

語群

平曲　平家物語　琵琶法師　弾き語り

(☆☆☆☆◎◎)

【4】次の楽譜は，日本の民謡の冒頭部分です。それぞれの曲名を答えなさい。また，それぞれの民謡が発祥した都道府県名と，どのような場面で歌われてきたかを書きなさい。

問1

問2

(☆☆☆◎◎◎)

【5】次の音楽用語について説明しなさい。

問1　ラグタイム

問2　タンゴ

(☆☆☆◎◎◎)

【6】次の楽譜を，クラリネット四重奏〔B♭クラリネット2本，アルト・クラリネット1本，バス・クラリネット1本〕で演奏する楽譜に，調号を用いて記譜しなさい。ただし，音高は変えないこととします。

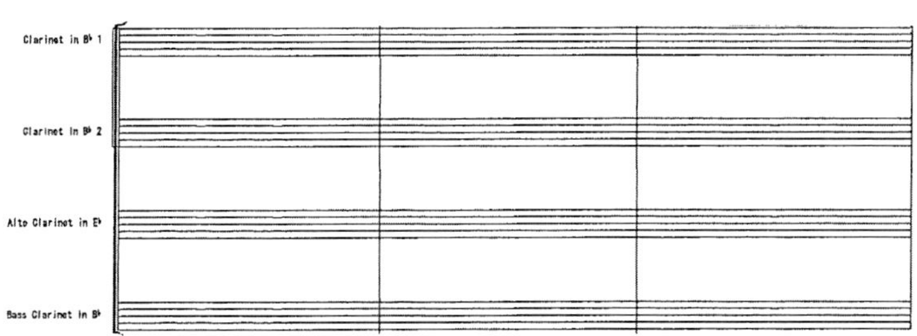

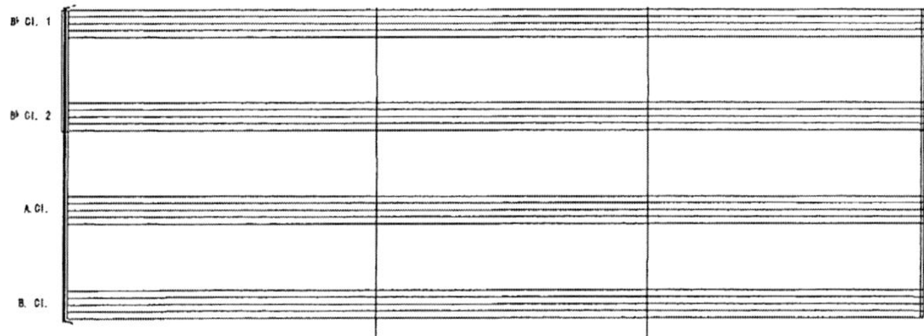

(☆☆☆◎◎◎)

【7】次のA～Dは古代ギリシャの音楽に関するものです。古代ギリシャの音楽についての解説を書きなさい。その際，A，Bに描かれている楽器の名称，Cの劇場における半円形の場所の名称，Dに描かれた人物名を用いることとします。

A

B

C

D

(☆☆☆☆☆◎◎)

【8】レスピーギが作曲した交響詩を3曲あげなさい。また，そのうちの1曲を選び，説明しなさい。

(☆☆☆☆◎◎)

【9】授業で，音楽における「テクスチュア」について生徒に説明します。次のA群とB群から，テクスチュアを1つずつ選び，それぞれのテクスチュアの例として用いる楽譜を下の旋律をもとに作成しなさい。

A群

ポリフォニー　　ホモフォニー　　ヘテロフォニー

B群

インターロッキング　　オスティナート　　ドローン

旋律

(☆☆☆☆☆◎◎)

【10】次の旋律と歌詞を用いて，混声3部合唱(ソプラノ・アルト・男声)の楽譜を作成し，各パートに歌詞を記入しなさい。

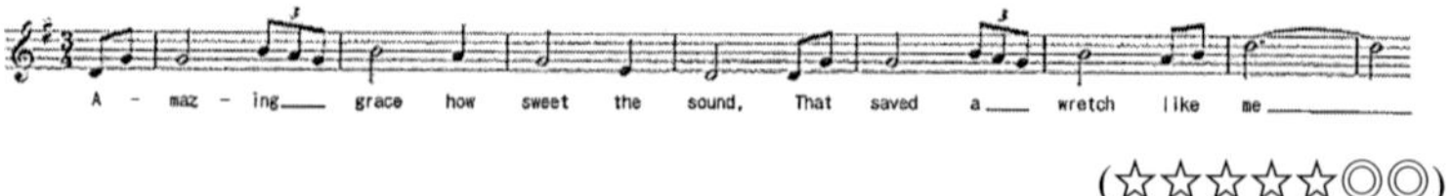

(☆☆☆☆☆◎◎)

解答・解説

中学校

【1】(1)　2　　(2)　4

〈解説〉(1)　1「弱音器をつけて，弱音ペダルを使って」，3「小声で，声をひそめて」，4「同じ速さで」の意味。2はラテン語の「motus」が語源である。「物体の動き，空間移動，体を動かしたり運動したりすること，動きやジェスチャー，突然の心の感情の動きや衝動，反乱暴動」などを意味する。　(2)　1「きっぱりと，断固として」，2「上品な，気品をもって」，3「熱狂的な，荒れ狂って」の意味。

【2】(1)　1　　(2)　2　　(3)　2　　(4)　3　　(5)　4

〈解説〉(1)　ヘ短調の属音はハ音なので，これを導音にもつ長調の主音はハ音から半音高い変ニ音となる。　(2)　減三和音は構成音が短三度音程からできている和音である。　(3)　♭の調号の最後の変ヘ音があるので，♭7つ全てが付く調であることが判断できる。　(4)　楽譜より，嬰ヘ音が和声的短音階の導音の半音上がりになっていることがわかる。　(5)　4は長七和音で，長三和音に長7度が加わる。

【3】3

〈解説〉3は「サミング」で親指の奏法で，リコーダーの奏法である。

【4】1

〈解説〉コントラバスの略語は「Cbs」もある。楽譜より，弦楽器のパート内の一番下に位置することからもコントラバスと判断できる。

【5】2

〈解説〉アルトサクソフォーンはE♭管なので，実音は記譜音より長6度低い。

【6】(1)　4　　(2)　4　　(3)　2　　(4)　1　　(5)　3

〈解説〉(1)　「赤とんぼ」は一部形式である。　(2)　4は「待ちぼうけ」で山田耕筰の作曲である。　(3)　アは1900年，イは1947年，ウは1927年，エは1916年発表の歌曲である。イの「花の街」の歌詞が第二次世界大戦後で荒れ果てた日本に希望を与えるものであることを知っていれば容易に解ける。　(4)　楽譜より，前奏の始まり部分であることと強弱記号がピアノであることから判断できる。dolce(柔らかく)である。　(5)　民謡の特徴を表すための言葉の発音，節回しなどを歌い試しながら，言葉の特性と曲種に応じた発声との関りを捉えていくことができる。また，声の出し方の特徴を捉えることもでき，それらを生かして「赤とんぼ」を歌う活動につなげることもできる。声の音色や響き，言葉の特性，曲種に応じた発声はそれぞれ関連するものであるので，これらを一体的に理解する学習が必要である。

【7】(1)　2　　(2)　3　　(3)　1　　(4)　2

〈解説〉(1)　「夏の思い出」である。楽譜より，ニ長調なので主音のニ音がドとなる。　(2)　中学校学習指導要領解説音楽編(平成29年7月)第4章　2　「内容の取り扱いと指導上の配慮事項」の(2)のウによると，移動ド唱法は適宜用いることとしており，全ての歌唱教材について移動ド唱法を用いることを求めてはいない。　(3)　歌詞の内容とリズムに合わせた強弱がつけられている。　(4)　音の動きから「穏やかさ」や「流れる」様子をイメージできたものと考えられる。楽譜より，最初は8分音符のリズムが続き，音の跳躍もない旋律が続いていることからも判断できる。

【8】1

〈解説〉2は箏，3は三味線，4は龍笛の口唱歌である。

【9】(1) 1　(2) 3　(3) 2

〈解説〉(1) 実音は1オクターブ上である。 (2) 元音は02である。 (3) 楽譜より，ウはドミナントにつながるところなのでサブドミナントの和音が入る。

【10】(1) 3　(2) 2

〈解説〉(1) 篠笛は指孔を押さえるとき，左手は指先の腹で押さえ，右手は第一関節と第二関節の中間で押さえる。 (2) 「フープ」が間違い。正しくは「フレーム」である。

【11】(1) 1　(2) 3　(3) 4　(4) 1

〈解説〉(1) ボサノヴァはブラジルの音楽様式である。ポルトガル語で「新しい傾向」「新しい感覚」などという意味。 (2) ボサノヴァの代表曲と言っても過言ではないくらい有名な曲である。「イパネマ」はブラジルにある海岸の名前。 (3) 楽譜の和音構成音より，ヘ・イ・ハのFコードが適切である。 (4) 楽譜の和音構成音より，イ・嬰ハ・ホ・トのA7コードと判断できる。

【12】2

〈解説〉1は「半音下げ」が間違い。押し手「ヲ」は半音高くする奏法である。3は「トレモロ」や「流し爪」が間違い。トレモロは記号の横に波線，流し爪は「カー」と書く。4は「音を上から下に流して」が間違い。

【13】(1) 4　(2) 3　(3) 4

〈解説〉(1) 魔王の声は長調でアルペジオの伴奏に合わせて上下に変化する。魔王のパートは「ピアノピアニッシモ」と指示があり，誘惑するような印象を与える。 (2) シューベルトは古典派からロマン派への移行期の作曲家である。3はバロック期から古典時代への移行期の内容である。 (3) 4はシューマン作曲の連作歌曲である。

【14】(1)　4　　(2)　2　　(3)　3　　(4)　3　　(5)　3

〈解説〉(1)　1のA・Bの楽譜は「ブルタバ」であるので，「2曲目」である。2は「ドイツ帝国」が間違い。正しくは「オーストリア＝ハンガリー帝国」である。3は「ドイツ語」と「チェコ語」が入れ替わっている。　(2)　楽譜アは「ブルタバ」の第2水源のモチーフである。フルートが演奏する第1水源のモチーフの反行型(上下を逆にした形)である。　(3)　楽譜イは「ブルタバ」の森の狩猟の場面である。狩猟においてホルンは合図を送る楽器として発達した。　(4)「ブルタバ」は2つの源流が合流し森林や牧草地を抜け，村に到達する頃には夜になっており，そこからプラハに向かって大きな流れになって進み，最終はエルベ川に向かうという情景を描いている。　(5)　水源の場面や主題の旋律部分，森の狩猟，聖ヨハネの急流の場面，ビシェフラトの主題は8分の6拍子，村の農民の婚礼の場面は4分の2拍子，月の光や水の精の踊りの場面は4分の4拍子である。

【15】4

〈解説〉Cから答えを絞るのが容易である。日本の民謡には，規則正しい有拍のリズムをもつ八木節と，規則性がなく自由な無拍のリズムをもつ追分節がある。ここで，1と4に絞ることができる。後は説明文をよく読めば正しく答えを導くことができる。

【16】3

〈解説〉著作権法においては著作物(楽譜や歌詞など)をコピーするときは，著作権者の許諾が必要である。ただし，私的使用のための複製や教育機関における授業での複製は例外として著作権者の許諾を受けずにコピーすることが認められている。文化庁から出ている「学校における教育活動と著作権」を参照しておくとよい。

【17】1

〈解説〉【17】～【26】は，新学習指導要領からの出題である。中学校学習指導要領解説音楽編(平成29年7月)より，①は目標の最初に位置付けている内容である。「表現及び鑑賞」は音楽科の学習内容の分類名であるので「活動」が適切である。②は音楽科で育成を目指す資質や能力である。

【18】4

〈解説〉学習指導要領解説より，この事項は知識及び技能の習得に関する目標である。①は表現や鑑賞の活動を通して，個々の音楽の特徴を捉え，さらに比較したり関連付けたりするなどして，それぞれの音楽の共通性や固有性を捉え，理解できるようにすることである。②は創意工夫の過程でもった音楽表現に対する思いや意図に応じて，その思いや意図を音楽で表現する際に活用できる技能のことである。

【19】3

〈解説〉学習指導要領解説より，この事項は歌唱分野における「技能」に関する資質・能力である，自分と同じ声部の他者の声や，他の声部の声などとの重なりやつながりを聴きながら歌う技能を身に付けることをねらいとしている。

【20】4

〈解説〉学習指導要領解説より，この事項は創作分野における技能に関する資質・能力である。①は生徒にとって思いや意図を表すために必要なものとなるように指導すること表している。②は旋律や音楽をつくる前提として課された内容やつくる際の約束事のことである。

【21】1

〈解説〉学習指導要領解説より，目標の(3)は学びに向かう力，人間性等の涵養に関するものである。　①　現行の学習指導要領には「協働的」という言葉は含まれておらず，今回の改訂で前回の領域ごとの目標ではなくなったことから生じたものである。　②「音楽活動の楽しさを体験する」は，現行の学習指導要領の表現と鑑賞の領域に含まれていた表現でもある。

【22】4

〈解説〉学習指導要領解説より，この事項は鑑賞領域における知識に関する資質・能力についてである。　①　単に音楽の構造がどのようになっているかについて知るということだけでなく，生徒が感じ取った曲想と音楽の構造との関りの理解を深めるよう指導することが求められている。　②　第1学年では「アジア地域の諸民族の音楽」を扱うことにしているが，第2・3学年では対象を広げて，「諸外国の様々な音楽」としている。

【23】2

〈解説〉学習指導要領解説より，この事項は音楽科における「思考力，判断力，表現力等」に関する資質・能力についてである。第2・3学年では，第1学年での学習を踏まえ，知覚・感受することや，それらの関わりについての考えを深められるようにすることを目指している。

【24】1

〈解説〉学習指導要領解説より，この事項は，音楽科の指導計画の作成に当たり，生徒の主体的・対話的で深い学びの実現を目指した授業改善を進めることとし，音楽科の特質に応じて，効果的な学習が展開できるように配慮すべき内容を示したものである。　①　主体的・対話的で深い学びは，必ずしも1単位時間の授業の中で全てが実現されるものではない。題材などの内容や時間のまとまりの中で，授業改善を図り，工夫を重ね，確実な習得を図ることが必要である。　②　学年の目標にも関わる事項であるが，「主体的・協働的」に音楽活動に取り組むことによって，学びに向かう力や人間性等の涵養に役立たせることができる。

【25】2

〈解説〉学習指導要領解説より，この事項は，障害のある生徒などに対する指導内容や指導方法の工夫を，計画的，組織的に行うよう配慮することを示している。 ① 表現だけでなく鑑賞や創作の場面における，生徒の学習負担や心理面に配慮する。 ② 事前に個別の指導計画を作成し，必要な配慮を記載し，他教科の担任等と共有したり，翌年度の担任に引き継いだりすることによって対応することができる。

【26】1

〈解説〉学習指導要領解説より，生徒が演奏する活動を通して，音色や響きや，奏法の特徴，表現力の豊かさや繊細さなどを感じ取るにはこの「愛着をもつこと」がカギになる。伝統音楽のよさを味わい，愛着をもち，音楽文化を尊重する態度を養うことが，和楽器を用いる意義である。

高等学校

【一次試験】

【1】(4)

〈解説〉(1)は弘田龍太郎作曲，(2)は文部省唱歌，(3)は中田喜直作曲である。

【2】(2)

〈解説〉イタリア語「caro」は「親愛なる」，「mio」は「私のもの」，「ben」は「恋人」の意味である。

【3】(3)

〈解説〉(3)は北原白秋作詞，山田耕筰作曲の歌曲である。

【4】(2)

〈解説〉シューベルトは「湖上の美人」という叙事詩の7つの詩に曲をつけており，その第6番目の歌が「エレンの歌Ⅲ　アヴェ　マリア」である。主人公のエレンが父の罪の許しを聖母マリアに求めて祈る歌である。

【5】(1)

〈解説〉「花は咲く　いつか生まれる君に」と繰り返される歌詞で，新しい世界や新しい世代，希望に重きを置いた歌詞となっている。

【6】(1)

〈解説〉(2)は死者の安息を願うミサで歌われる曲，(3)はグレゴリオ聖歌の対声部，(4)はポリフォニーによる短い宗教的合唱曲，である。

【7】(4)

〈解説〉お屋敷の女性にちょっかいを出していたケルビーノが伯爵により軍隊行きを命じられ，落ち込んでいる彼をフィガロがからかい半分に歌うアリアである。

【8】(3)

〈解説〉客席より低い位置にあるオーケストラ用の演奏スペース。

【9】(2)

〈解説〉(ア)は1959年，(イ)は1900年，(ウ)は1914年，(エ)は1926年，となる。

【10】(2)

〈解説〉肩や袖などに糸で留めておいたものを抜き，下に着ていた衣装が現れる仕掛けである。

【11】(3)

〈解説〉こきりこ節は「短3度＋長2度」の組み合わせによる民謡音階である。律音階は「長2度＋短3度」の組み合わせによる音階で，代表曲に「君が代」があげられる。

【12】(4)

〈解説〉(1)は早坂文雄，(2)は坂本龍一，(3)は武満徹，が音楽を担当した。

【13】(4)

〈解説〉(1)　アメリカ発祥の音楽で，元来はキリスト教のプロテスタント系の宗教音楽である。　(2)　朝鮮の伝統芸能で，歌い手と太鼓奏者によって奏でられる1人オペラのようなもの。　(3)　モンゴル民謡特有の倍音唱法である。

【14】(1)

〈解説〉(1)は中国の古典劇，京劇である。

【15】(3)

〈解説〉(3)はミャンマー語で「曲がった琴」を意味する撥弦楽器。

【16】(2)

〈解説〉(1)　四川省康定市に伝わる民謡。　(3)　新疆のウイグル自治区のカザフ族民謡を元に作られた中国歌曲。　(4)　ハリウッド映画「慕情」の主題歌。

【17】(3)

〈解説〉ギターの開放弦は第6弦から第1弦に向かって「ホ・イ・ニ・ト・ロ・ホ」となる。フレット1つずつで半音あがる。それぞれの弦の音を確かめて，Gコードの和音構成音になるものを選ぶ。

【18】(2)

〈解説〉(1)　ギターに弦を張るときに関わるパーツ。　(3)　上駒または弦受けと呼ばれる部分。　(4)　弦振動をボディーに伝える部分。

【19】(1)

〈解説〉テナーリコーダーはソプラノリコーダーと同じ運指と音名になる(音域は違う)。

【20】(3)

〈解説〉ファゴットの最低音は「一点ろ」，ヴィオラの最低音は「ハ」，アルト・サクソフォンの最低音は「嬰ハ」，Esクラリネットの最低音は「ト」である。

【21】(2)

〈解説〉ピアノは1709年にイタリア人のバルトロメオ・ディ・フランチェスコ・クリストフォリによって発明された。

【22】(1)

〈解説〉「ツィンバロム」はハンガリーなど中欧や東欧の地域で見られる打弦楽器。ロマ音楽で多く用いられる。「サントゥール」はペルシャ語で百弦琴を指す打弦楽器でピアノの原型になったといわれている。ペルシャから東西へ伝播し西では「ツィンバロム」「ハンマーダルシマー」などへ，東では「キム」「楊琴」などになり，台の形や弦の数など変化していったが，バチで弦を叩いてピアノのような音色を出す演奏方法は共通している。

【23】(2)

〈解説〉ノートルダム楽派は，12世紀半ばから約1世紀，パリのノートルダム大聖堂を中心に活躍した多声音楽の楽派である。ブルゴーニュ楽派は，15世紀前半にブルゴーニュ公国を中心に活躍した楽派で，後にフランドル楽派につながっていく。フランドル楽派は，15～16世紀にフランドル地方を中心に栄えた楽派である。マンハイム楽派は，18世紀半ばから後半にかけて，ドイツの西南部マンハイム中心に活躍した楽派である。

【24】(1)

〈解説〉バッハはオペラ以外のあらゆる曲種を作曲したが，彼の職務ゆえにオペラだけは作曲しなかった。

【25】(4)

〈解説〉古典派時代の管楽合奏ではハイドンによって「2管編成」が定着し，後のロマン派時代にはさらに数が増え「3管編成」になり現在の編成につながっている。

【26】(3)

〈解説〉(1)　ドビュッシー作曲「海」は葛飾北斎の浮世絵からインスピレーションを得たと言われている。　(2)　パリ万博で聴いたガムランの印象をドビュッシーはピアノ曲「版画」の第1曲「パゴダ」にこめている。　(4)　ドビュッシーが選ぶ詞やテーマは象徴主義の影響を色濃く受けている。

【27】(1)

〈解説〉原始主義は文明社会に隠れていた人間が持っている本来の激しい力を音楽で表そうとしたもので，その代表作はストラヴィンスキー作曲の3大バレエ音楽「火の鳥」「ペトルーシュカ」「春の祭典」である。ストラヴィンスキーは大学法学部で出会ったリムスキー＝コルサコフの末子の勧めによりリムスキー＝コルサコフに会い，彼から作曲を学んだ。

【28】(2)

〈解説〉(2)　電子音楽ではなく，プリペアド・ピアノのための楽曲である。グランドピアノの弦に，ゴム，金属，木などを挟んだり，乗せたりして音色を打楽器的なものに変え演奏する。

【29】(1)

〈解説〉トッカータは伊語「toccare」触れるという意味の語が語源で，即興的で技巧的な鍵盤楽曲である。

【30】(2)

〈解説〉(2)以外はニ短調，(2)はハ短調である。

【31】(4)

〈解説〉(4)はストラヴィンスキー作曲の「春の祭典」の第1部「大地の礼賛」の第８曲目である。

【32】(4)

〈解説〉(1)　弦楽器による主題の後，展開部でピアノが加わり，クライマックスはトランペットにより奏でられる。　(2)　ファゴットが活躍することで有名。　(3)　冒頭はオーボエのソロが活躍する。

【33】(3)

〈解説〉ヴィヴァルディの「四季」はリトルネッロ形式で書かれている。

【34】(3)

〈解説〉サラバンドはスペイン語の「舞踏会」に由来し，12世紀スペインで発祥し，17～18世紀ヨーロッパ宮廷で流行した3拍子の舞曲である。

【35】(3)

〈解説〉(3)はムソルグスキー作曲の管弦楽曲である。

【36】(2)

〈解説〉「C♯7sus4」は根音を嬰ハとする属七の和音で第3音が半音上がるので，構成音は「嬰ハ・嬰ヘ・嬰ト・ロ」である。

【37】(3)

〈解説〉複合拍子は分子が6・9・12のものである。

【38】(1)

〈解説〉著作権法第35条第1項によると，学校などの一定の教育機関での授業に用いるためのコピーは，例外として著作権者の許諾を受けずに著作物をコピーすることが認められている。以下を参照のこと。「学校その他の教育機関(営利を目的として設置されているものを除く。)において教育を担任する者及び授業を受ける者は，その授業の過程における使用に供することを目的とする場合には，必要と認められる限度において，公表された著作物を複製することができる。ただし，当該著作物の種類及び用途並びにその複製の部数及び態様に照らし著作権者の利益を不当に害することとなる場合は，この限りでない。」

【39】(4)

〈解説〉(4)は音楽Ⅲの鑑賞のエの内容である。学習指導要領の該当部分では4つの指導事項が示されている。あと1つは，「声や楽器の音色の特徴と表現上の効果とのかかわりを感じ取って鑑賞すること。」である。

【40】(2)

〈解説〉学習指導要領解説によると，問題文は現行の学習指導要領に改訂された際に，新たに示された箇所である。伝統音楽に関する種目を専門的に履修する生徒に対して，伝統音楽の理論を重視して扱うことや，すべての生徒に対して，伝統音楽の基礎的な理論を含めて扱うことなどが考えられる。

【二次試験】

【１】問1

項目	該当小節番号	指導する内容
発声法・発音に関すること　1	2, 3, 6, 11, 12, 13	歌詞にはウムラウトが多いので、充分に発音練習を行ってから歌わせる。
発声法・発音に関すること　2	4	Heiden の歌詞の -den の音が高い変ホなのでこの音だけが大きく、強くなってしまいがちなので、なるべく軽く歌わせる。
表現に関すること　1	10, 12	フェルマータが２か所あるが、そのために演奏が間延びすることの無いように流れを大切にして歌わせる。
表現に関すること　2	1〜14	全体的に２小節単位でメロディーラインができているので、そのフレーズ感を保って歌わせる。

問2　ピアノ伴奏をする上で，8分音符をほど良い長さで演奏するように心がける。

〈解説〉問1　楽曲の分析を事前にしっかりしておくと特徴がわかり指導ポイントも把握しやすい。「発声法・発音に関すること」では原曲はドイツ語なので，その一番の特徴は英語にない発音記号，ウムラウトである。楽譜より「ö」のウムラウトが頻出している。オの口の形のままイの発音をする練習をする必要がある。また音の動きに合わせて難しくなる発音にも指導が必要である。「表現に関すること」では，フェルマータやテンポなどから表現の工夫に関係するところを指導することができる。またフレーズ感も表現に関係するところである。歌詞の内容と表現を関連させ，なぜこのような記号が使われているのかを考えさせて表現に反映させられるように指導できる。　問2　伴奏にも注目させ，歌詞の内容と関連させて伴奏の動きにも意味を持たせ，情景をイメージしやすいように模範唱できる。

【2】オペラ：起源と発展…16世紀末，イタリアのフィレンツェで生まれ，その後イタリアを中心にヨーロッパ各地で流行した。　表現の特徴…「歌劇」と訳され，音楽・文学・演劇・美術・舞踏などが密接に結び付いた総合芸術。アリア(独唱)や重唱・合唱などの歌唱を中心に物語が展開される。多くは悲劇を扱う。発声はベルカント唱法で伴奏は管楽器によるクラシック音楽。　代表曲…トスカ，フィガロの結婚　ミュージカル：起源と発展…「オペレッタ」が起源と言われ，大衆的な需要を取り入れて20世紀前半にアメリカで確立した。　表現の特徴…歌とセリフ，踊りが一体となって物語が展開される音楽劇。ポピュラー音楽やジャズがベースになっており，マイクや音響装置などが効果的に用いられる。　代表曲…コーラスライン，レ・ミゼラブル

〈解説〉オペラは16世紀末から17世紀初めにイタリアで誕生した歌劇で，役に扮した歌手による歌唱で進められ，オーケストラ伴奏が付く。クラシック音楽の歌唱中心でベルカント唱法が用いられている。上流階級に受け入れられたオペラとは違い，庶民でも楽しめるものとしてオペレッタという喜劇よりの歌劇が登場し，ミュージカルはこちらに近いもので，19世紀後半から20世紀初めにかけて米国で誕生し発展した舞台芸術である。オペラやオペレッタと違い，ジャズやポップスなどクラシック以外の音楽も取り入れている。発声方法はポップスシンガーと同じ発声方法で，マイクを通して音が拡散される。あらかじめ編集された音楽を伴奏に歌ったり，ダンスをしたりしながら演劇が進んでいく。

【3】問1　源平の戦の最中，那須与市は主人の源義経に命じられて，平家の船のへさきに立てられた扇を弓で射落とす。その見事な弓の腕前に敵も味方もしばし戦いを忘れた。　問2　平家物語の文章をそのまま歌詞にしたものが平曲である。平曲は琵琶法師の弾き語りから生まれた。

〈解説〉問1　源氏と平氏の戦いを描いた「平家物語」の一部「扇の的」である。那須与一は源氏側の弓の名手である。敵方の平氏側の船の上に掲げた扇を射ってみよという挑発に応えるよう，義経から指名された与一が見事扇を落とし，敵味方から彼をたたえる声が上がった。

問2　琵琶は純器楽のためのものだったが，鎌倉時代以降，盲僧琵琶(天台宗の盲僧によって行われる琵琶楽)が語り物琵琶の発展と進歩に貢献し，現在では語り物琵琶も平曲，薩摩琵琶，筑前琵琶など多様化している。

【4】問1　曲名…南部牛追歌　　都道府県名…岩手県　　場面…南部牛を放牧する仕事歌として歌われた。　　問2　曲名…こきりこ(節)　都道府県名…富山県　　場面…五穀豊穣を願った踊り歌。室町時代の田楽がその原型と言われている。

〈解説〉問1　楽譜より岩手県の民謡の「南部牛追歌」と判断できる。仕事唄で，米を牛の背に乗せて運ぶ牛方たちが歌ったもの。

問2　楽譜より富山県の民謡「こきりこ節」と判断できる。日本で一番古い民謡といわれ，田植えや稲刈りの間に行われた日本の伝統芸能である田楽や田踊りとして発展した。

【5】問1　酒場やダンスホールで演奏されたピアノ曲で，シンコペーションのメロディーが特徴。スコット・ジョプリンの「ジ・エンターテイナー」が有名。　　問2　アルゼンチンで生まれたダンス音楽。バンドネオン，ヴァイオリン，ピアノなどで演奏される。「ラ・クンパルシータ」など。ヨーロッパに渡ったものはコンチネンタル・タンゴと呼ばれる。

〈解説〉問1　19世紀末から20世紀初頭にかけてアメリカで流行した音楽。黒人の伴奏音楽や酒場で演奏されたピアノ音楽が起源で，白人の客に受けのいいマーチなどの西洋音楽に黒人独特のノリが加わりシンコペーションを強調した音楽となった。　問2　18世紀後半にイベリア半島で発祥した舞曲で，19世紀半ばにハバネラなどの複数の音楽と混ざり合ってブエノスアイレスで生まれた音楽。それがヨーロッパに渡って変化したものをコンチネンタル・タンゴと呼び，従来のものをアルゼンチン・タンゴと呼ぶ。

【6】

〈解説〉楽譜よりこの楽曲の調性はト短調である。B♭クラリネットの記譜音は実音より長2度高いので，調性はイ短調で調号はなく，ソプラノとアルトパートを全て長2度上げて記譜する。アルトクラリネットの記譜音は実音より長6度高いので，テナーパートを長6度上げて記譜する。バスクラリネットの記譜音は1オクターブと2度高いので，バスパートを1オクターブと2度上げて記譜する。臨時記号の上がり下がりは移調後も同じ意味を音に反映させること。それぞれのパートの始まる小節を間違えずに書くこと。

【7】古代ギリシャの音楽は，宗教的な儀式との結びつきが強かった。真理と音楽を司る神アポロンの祭典には，竪琴であるキタラ(A)が，官能や酒を司る神ディオニュソスの祭典には，ダブルリードの管楽器であるアウロス(B)が用いられた。また，古代ギリシャの演劇では合唱が重要な役割を果たし，当時の人々はコロスと呼んだ。ここからコーラスという言葉が誕生する。またコロスが活躍する半円形の舞台をオルケストラ(C)と呼び，やがてこの言葉は場所ではなく，そこで演奏する人たちを指す言葉となり，オーケストラの語源となっている。さらに，この時代の哲学者としても有名なピュタゴラス(D)と，彼を中心とする理論家たちは，オクターブ，完全4度，完全5度の音程を作り出す弦の長さが，それぞれ2：1，3：2，4：3という単純な整数比であることを発見した。

〈解説〉Aは古代ギリシャの弦楽器「キタラ」，Bは二本管のダブルリードの木管楽器「アウロス」，Cは古代ギリシャの劇場構成のうち，舞台前の舞踏・合唱のためにとられる半円型の土間，Dは楽器を演奏しているピュタゴラスである。社会生活のすべての面に関わっていた音楽がギリシャでは詩や劇，歴史などと組み合わさって作られていった。ピュタゴラスは数が協和音を作り出すことを唱え，音階を作り音楽理論においても貢献した。この古代ギリシャの音楽は芸術的というより学問に近いものだった。

【8】曲名…ローマの松(説明する曲名)，ローマの祭り，ローマの噴水
説明…「ローマの噴水」「ローマの祭り」とともに，「ローマ3部作」とも呼ばれる。「ボルゲーゼ荘の松」「カタコンベ付近の松」「ジャニコロの松」「アッピア街道の松」の4つの部分からなる。全曲は，多彩な楽器が加わったオーケストラで，情景描写豊かに切れ目なく演奏される。

〈解説〉レスピーギはイタリアの作曲家だが，ローマ3部作と呼ばれる一連の交響詩「ローマの松」「ローマの祭り」「ローマの噴水」が有名である。「ローマの噴水」は4楽章構成でそれぞれの時間帯(夜明け，朝，

昼，黄昏)とローマの名所の噴水が標題に付けられている。「ローマの松」は4楽章構成で，それぞれの松と時間と場所を表している。「ローマの祭り」は祭りをテーマにした4つの部分から構成されている。

【9】選んだテクスチュア

A群　ポリフォニー

ホモフォニー

ヘテロフォニー

B群　インターロッキング

オスティナート

〈解説〉「ポリフォニー」は複数の異なる動きの声部が協和しあって進行する音楽。「ホモフォニー」は1つの旋律が主旋律となり，他の声部が和声的な伴奏の形で付いている音楽。「ヘテロフォニー」は多声音楽の1つで，同じ旋律を多くの人が演奏するときに，即興的な装飾などで音程やリズムにずれが生じる音楽。「インターロッキング」とは「かみ合わさる」という意味で，同じリズムを繰り返したり，ずらしたりしてできる音楽。「オスティナート」は「がんこな，執拗な」という意味で，一定の音型を繰り返し演奏する音楽。「ドローン」とは「うなり音」を意味し，「持続低音」とも訳される，単音で変化のない長い音を指す。

【10】

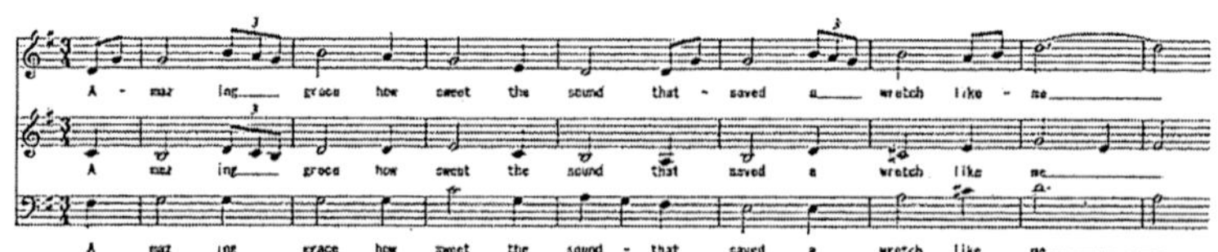

〈解説〉求められている条件を満たして簡潔に作るのが鉄則である。条件はソプラノ・アルト・男声の混声3部合唱なので，女性2，男性1の組

み合わせになる。楽譜にコード指定はないので，自分で分析し，各パートの無理のない音域を設定し作ることができる。

2018年度　実施問題

中学校

【1】次の(1)～(3)の意味を表すものを，下の1～4の中から1つずつ選びなさい。

(1)　厳粛に

1　lamentoso　　2　serioso　　3　agogik　　4　l'istesso tempo

(2)　重々しく

1　pesante　　2　nobilmente　　3　feroce　　4　pastorale

(3)　音の重なりと時間的な流れの双方が織りなす関係

1　和音　　2　テクスチュア　　3　曲想　　4　構成

(☆☆☆◎◎◎)

【2】次の(1)～(4)の問いに答えなさい。

(1)　変ホ長調の下属調の平行調は何調かを，次の1～4の中から1つ選びなさい。

1　ヘ短調　　2　変ト短調　　3　変ロ長調　　4　ニ長調

(2)　増三和音を，次の1～4の中から1つ選びなさい。

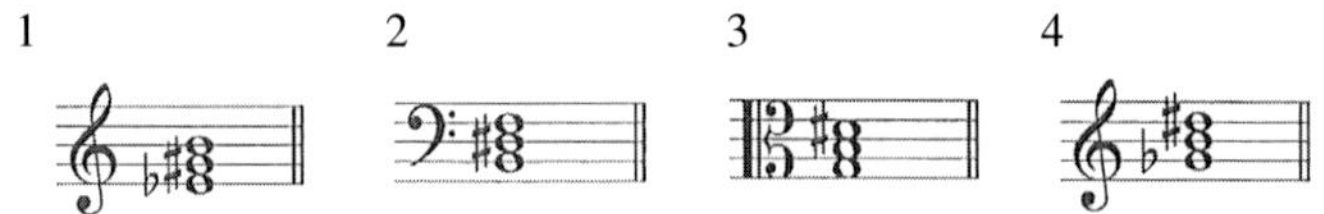

(3)　次の楽譜は，旋律短音階の構成音です。この音階の調を，下の1～4の中から1つ選びなさい。

1　g moll　　2　f moll　　3　cis moll　　4　d moll

(4)　次の楽譜のコードネームと音符の組み合わせとして正しいもの

を，1～4の中から1つ選びなさい。

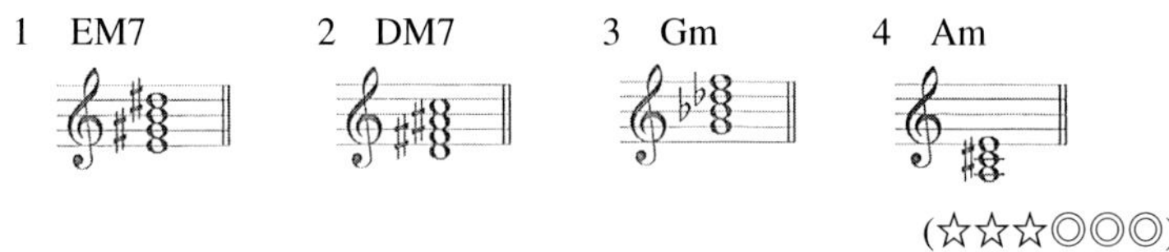

(☆☆☆◎◎◎)

【3】次の表は，楽曲の形式と説明をまとめたものです。その組み合わせとして適切でないものを，1～4の中から1つ選びなさい。

	形　式	説　明
1	galop	ドイツに起こり、19世紀、イギリスのビクトリア女王時代に流行した輪舞で、跳躍を伴ったテンポの速い3部形式の舞曲である。
2	gavotte	16世紀にメキシコからスペインに渡り、イタリア、ドイツで器楽形式として発展したもので、バロック時代の重要な器楽形式となった。
3	canon	主題と呼ばれる1声部が旋律を始め、これが応答と呼ばれる他声部によって、ある一定の時間的間隔をおいて正確に模倣される形式である。
4	scherzo	快活な3拍子（まれに2拍子・4拍子もある）で中間部にトリオをもつ複合3部形式の曲である。

(☆☆☆◎◎◎)

【4】次の楽譜を長3度上に移調した楽譜として正しいものを，下の1～4の中から1つ選びなさい。

2

(☆☆☆◎◎◎)

【5】次の楽譜は何調ですか。下の1～4の中から1つ選びなさい。

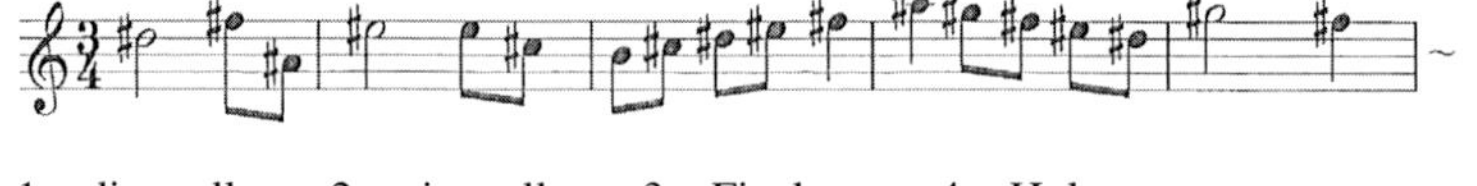

1　dis moll　　2　cis moll　　3　Fis dur　　4　H dur

(☆☆☆◎◎◎)

【6】次の楽譜は，ある楽曲の一部です。この楽曲について，下の(1)～(4)の問いに答えなさい。

(1)　この曲の作曲者として正しいものを，次の1～4の中から1つ選びなさい。

1　滝　廉太郎　　2　中田　章　　3　成田　為三

4　團　伊玖磨

(2)　この曲の「かぜのおとよ」という歌詞の主旋律を五線譜で表した楽譜として正しいものを，次の1～4の中から1つ選びなさい。

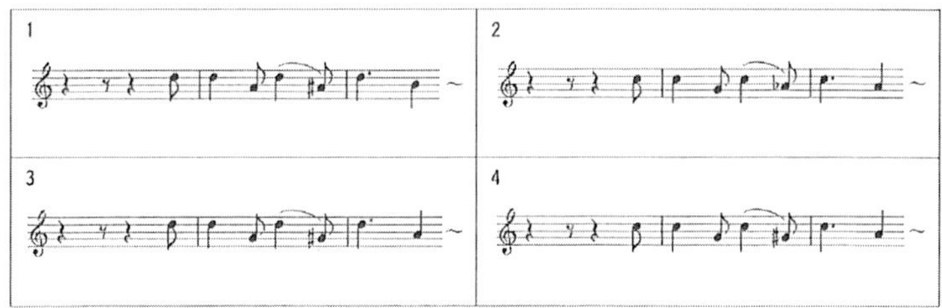

(3) この曲の形式について，最も適切なものを次の1～4の中から1つ選びなさい。

1 一部形式　2 二部形式　3 三部形式　4 複合三部形式

(4) 楽譜のアの部分を移動ド唱法で歌う場合の階名として最も適切なものを，次の1～4の中から1つ選びなさい。

1 ドドファソラソファソレファ

2 ファファシドレドシドソシ

3 ソソレミファミレミシレ

4 ソソドレミレドレラド

(☆☆☆◎◎◎)

【7】次の楽譜は，ある楽曲の一部です。この楽曲について，下の(1)～(3)の問いに答えなさい。

(1) 楽譜の ア ， イ ， ウ の部分にあてはまる記号の組み合わせとして正しいものを，次の1～4の中から1つ選びなさい。

	ア	イ	ウ
1	𝄐	rit.	a tempo
2	―	rit.	Tempo Ⅰ
3	𝄐	cresc.	decresc.
4	―	cresc.	dim.

(2)　下線部げに～せんきんのの歌詞の意味として最も適切なものを，次の1～4の中から1つ選びなさい。

1　ほんとうに　一国の富をもたらす　価値のある

2　ほんとうに　ひとときさえも　とても価値のある

3　ほんとうに　一国の栄華を　象徴するような

4　ほんとうに　ひとときの栄華を　象徴するような

(3)　この曲を歌う際の表現の工夫として適切でないものを，1～4の中から1つ選びなさい。

1　♩=112のテンポにのって，拍子を感じながら歌う。

2　歌詞が表す情景を想像しながら，強弱の変化の特徴をとらえて歌う。

3　言葉と16分音符や付点の弾むリズムの関係を確かめて，歌詞が生きるように歌う。

4　声部の役割や全体の響きを感じとって，表現を工夫しながら歌う。

(☆☆☆◎◎◎)

【8】次の楽譜について，下の(1)～(3)の問いに答えなさい。

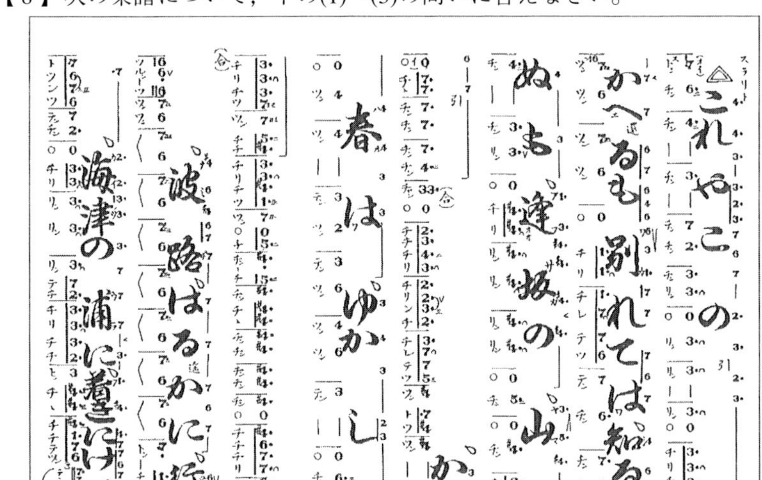

(1)　これは，我が国の伝統的な歌唱の楽譜です。この楽譜が使われる歌唱として最も適切なものを，次の1～4の中から1つ選びなさい。

1　歌舞伎の長唄　　2　民謡　　3　能の謡　　4　文楽の義太夫節

(2)　楽譜中のアの部分は「産字」です。「産字」の説明として最も適切なものを，次の1～4の中から1つ選びなさい。

1　節のまとまりの終わりの部分で用いられる唄い方

2　声楽旋律における細かい装飾的旋律

3　音の高さを変化させながら，長く延ばして唄う母音のこと

4　歌詞の母音を長く引かず，サラサラと謡う謡事

(3)　この曲の伝統的な唄い方として適切でないものを，次の1～4の中から1つ選びなさい。

1　一つ一つの言葉をはっきりと発音する。

2　頭のてっぺんから上に向かって息が出ていくような感じで声を出す。

3　背筋を伸ばし，おなかの底から息を出すような感じで唄う。

4　言葉のまとまりを大切にして唄う。

(☆☆☆◎◎◎)

【9】次の楽譜について，下の(1)～(5)の問いに答えなさい。

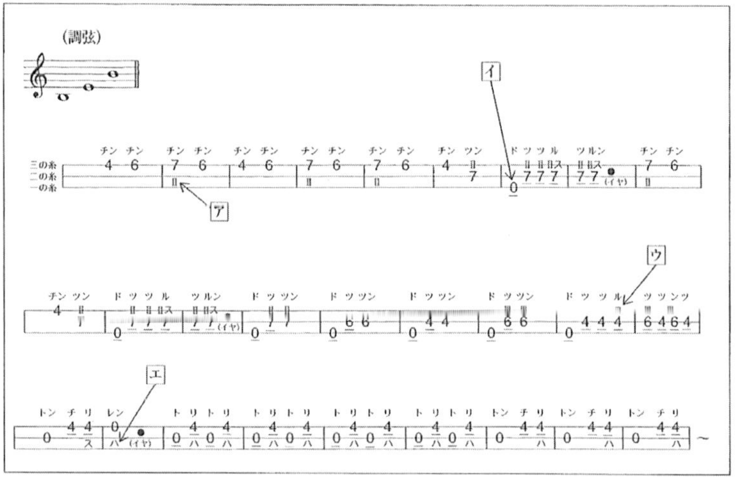

(1)　この曲の調弦法として最も適切なものを，次の1～4の中から1つ選びなさい。

1　一下り　　2　二上り　　3　三下り　　4　本調子

(2)　楽譜中アのⅡの記号は，何指で勘所をおさえることを示しますか。次の1～4の中から最も適切なものを1つ選びなさい。

1　人さし指　　2　中指　　3　薬指　　4　小指

(3)　楽譜中イの0の記号は，何の音ですか。最も適切なものを，次の1～4の中から1つ選びなさい。

1　ミ　　2　ラ　　3　シ　　4　ファ#

(4)　楽譜中のウとエの説明の組み合わせとして最も適切なものを，

次の1～4の中から1つ選びなさい。

	ウ	エ
1	左手で糸を押して音高を半音上げる奏法	左手の指で勘所を打つ奏法
2	左手で糸を押して音高を全音上げる奏法	左手の指で糸をはじいて音を出す奏法
3	ばち先で糸を下から上にすくい上げて音を出す奏法	二つの糸を同時に弾く奏法
4	ばち先で糸を下から上にすくい上げて音を出す奏法	左手の指で糸をはじいて音を出す奏法

(5)　これは,「寄せの合方」という曲の一部です。「合方」の説明として最も適切なものを,次の1～4の中から1つ選びなさい。

1　能・狂言の囃子における,打音と掛ケ声による演奏単位のことで,8拍からなることが多い。

2　主に舞踊系統の三味線音楽で,曲が終わりに向かってテンポアップする部分。

3　陰囃子における唄を伴わない三味線による間奏部分の曲。打楽器や笛が入る場合もある。

4　舞踊曲のクライマックスに達したところで行われる躍動感にあふれた拍子主体の部分。

(☆☆☆◎◎◎)

【10】次の楽譜について,あとの(1),(2)の問いに答えなさい。

S：ソプラノリコーダー　　A：アルトリコーダー　　G：ギター

打：打楽器

※ギターは,正しい音に調弦されたものとします。

(1) アとイの音を演奏するときの指番号として最も適切なものを，下の1～4の中から1つずつ選びなさい。

※ Øはサミングを示します。

ア

1 Ø1 2 3 4 5　　2 0 1 2 3 4　　3 0 1 2 3

4 Ø1 2 3

イ

1 Ø1 2 3 4 5　　2 0 2　　3 0 1 2 3

4 Ø1 2 3

(2) ウとエのコードに合うダイヤグラムとして最も適切なものを，下の1～4の中から1つ選びなさい。

○…開放弦　　●…押さえる　　×…弾かない

ウ

1	2	3	4

エ

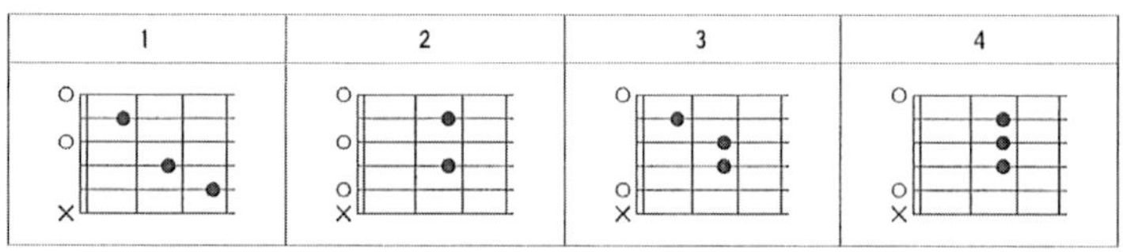

(☆☆☆◎◎◎)

【11】授業で，箏の平調子の響きを生かして「荒城の月」の2小節の前奏を創作し，発表することになりました。次の4つの楽譜は，生徒A，生徒B，生徒C，生徒Dがつくったものです。4人がつくった前奏の工夫点について解説した文として適切でないものを，あとの1～4の中から1つ選びなさい。

※一の弦をホで調弦し，前奏に続く「荒城の月」の出だしは，五五七八～とします。

生徒A作品	生徒B作品	生徒C作品	生徒D作品
十	巾	十	五
九	為	九十	
八	斗	十	七
七	十	為十	
八	斗	九	八
七	十	八九	九
六	九	九	八
五	九	十九	
六	十	八	八
五	斗	七	七
四	為	六	六
三	ヲ巾	七	七
二	巾	五六	八
	為	五六	九
三	巾	五	八

1　生徒A：「古城の庭にひらひらと落ちてくる，はかない落ち葉を表現するために，下行形の音を多用する前奏にしました。」

2　生徒B：「昔の栄華を表現するために，高い音域を効果的に使って，きらびやかで華やかな前奏にしました。」

3　生徒C：「城下町の雰囲気を表現するために，民謡音階で使われる音を効果的に使って明るくのんびりとした前奏にしました。」

4　生徒D：「城主が登場する様子を表現するために，四分音符から始まり，低い音を効果的に使って，堂々とした力強い前奏にしました。」

(☆☆☆◎◎◎)

【12】次の楽譜は，「交響曲第5番　ハ短調」の一部です。あとの(1)～(7)の問いに答えなさい。

(1)　この曲の作曲者が活躍した時代の西洋音楽史における特徴として最も適切なものを，次の1～4の中から1つ選びなさい。

1　ある人物や出来事を特定の動機で表すライトモティーフ(示導動

機)により，音楽と物語を融合させた。

2　ドイツ語で語られるせりふや歌と演技，音楽が一体となったコミカルな内容のジングシュピールが人気を博した。

3　独奏楽器群をオーケストラ全体と対置させる合奏協奏曲(コンチェルト・グロッソ)が確立した。

4　単旋律を和声的な伴奏が支える「モノディー」と呼ばれる様式が好まれた。

(2)　何度も繰り返される楽譜中の①の部分を何といいますか。最も適切なものを，次の1～4の中から1つ選びなさい。

1　動機　　2　小楽節　　3　主題　　4　応答

(3)　楽譜中の②の譜表と楽器の組み合わせとして正しいものを，次の1～4の中から1つ選びなさい。

	譜　表	楽　器
1	アルト	チェロ
2	テノール	オーボエ
3	テノール	トロンボーン
4	アルト	ヴィオラ

(4)　次の文は，この曲に関連した内容を示したものです。適切でないものを，次の1～4の中から1つ選びなさい。

1　この曲は4つの楽章からなり，第3楽章の終わりにattaccaと示されており，第3楽章と第4楽章は切れ目なく演奏される。

2　この曲の作曲者が活躍していた時代，日本では観阿弥・世阿弥親子の手で能が大成した。

3　この曲の作曲者は，56年の生涯の中で9曲の交響曲をはじめ，32曲のピアノソナタなど，数多くの優れた曲を残している。

4　この作曲家の交響曲は様式だけでなく楽器編成にも特徴があり，ロマン派にかけてオーケストラの標準的な編成を確立した。この曲の4楽章ではピッコロやトロンボーンなどが加わり，一段と響きが広がるように設計されている。

(5)　次の図はこの曲の第1楽章の構成を表しています。提示部の第二主題は何調ですか。最も適切なものを，下の1～4の中から選びなさい。

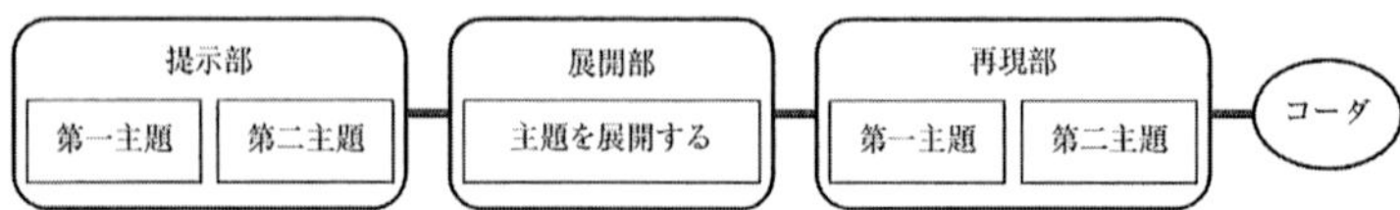

1　f moll　　2　g moll　　3　C dur　　4　Es dur

(6)　この曲の第二主題の導入部分を演奏している楽器として最も適切なものを，次の1～4の中から1つ選びなさい。

1　ホルン　　2　トランペット　　3　ティンパニ

4　ファゴット

(7)　次の文章は，「この曲の好きなところをあげ，その理由を，学習したことをもとに具体的にまとめよう」という課題に対してある生徒が記入したものです。

下線部①～③の部分について，知覚・感受・価値や解釈の3つの視点で評価するとき，各部分と評価の視点の組み合わせとして最も適切なものを，下の1～4の中から1つ選びなさい。

> 私は，①第1楽章全体に表れる「ウタタタターン」のリズムが時には弱く優しく形を変えながら表れるところが好きです。②そして強く激しいところはこの作曲者が難聴になった苛立ちや苦しみ，第2主題の優しいところは一瞬の安らぎを表していると思います。
>
> 私は難聴で苦しんでいる時に作曲されたこの曲は，③作曲者自身が自分の苦しみを人に訴えかけたかったのだと思います。

	①———線	②═══線	③－－－－－線
1	感受	知覚	価値や解釈
2	知覚	感受	価値や解釈
3	価値や解釈	感受	知覚

4	知覚	価値や解釈	感受

(☆☆☆◎◎◎)

【13】次の(1)～(3)の問いに答えなさい。

(1) 次の表中の組み合わせで適切でないものを，次の1～4の中から1つ選びなさい。

	曲　名	作曲者名	主な旋律を演奏する楽器
1	アランフエス協奏曲	ロドリーゴ	ギター
2	バレエ音楽「白鳥の湖」から情景	チャイコフスキー	オーボエ
3	ノヴェンバー・ステップス	武満　徹	琵琶・尺八
4	組曲「展覧会の絵」からプロムナード	プロコフィエフ ラヴェル（編曲）	トロンボーン

(2) 次の表は，日本の伝統音楽についてまとめたものです。その組み合わせとして最も適切なものを，次の1～4の中から1つ選びなさい。

	曲　名	楽譜や奏法の特徴	楽　譜
1	「羽衣」	太夫が語る際に床で用いる浄瑠璃本である。語り口を指定する詞や節は朱で書き込まれ、師匠から弟子へと引き継がれていく。	
2	「新版歌祭文」	謡の詞章を記した譜本である。演技の特徴、囃子の演奏、および「アイ」のセリフの一部分などが記されており、能の台本的性格も有している。	

3	「巣鶴鈴慕」	この曲を演奏する楽器は、指を使った奏法と首を使った奏法があり、音色や音程を変化させる。顎を引いて音高を下げる「メリ」と顎を出して音高を上げる「カリ」がある。	
4	「越天楽」	この曲の旋律を演奏する楽器は、低い音域を「呂」、高い音域を「甲」と呼ぶ。同じ音が続くときは「指打ち」して音を区切る。	

(3)　次の文は，著作権に関する内容の文です。適切でないものを，次の1～4の中から1つ選びなさい。

1　著作権には，著作物を保護する著作者の権利，実演等を保護する著作隣接権がある。

2　作品を作れば，アマチュアや子供でも著作権は発生する。

3　平成15年6月に著作権法が一部改正され，教育現場での著作物の利用を円滑にするため，著作権者の了解を得ずに著作物を利用できる例外措置が拡大された。

4　教科研究会やPTAサークル活動における楽譜の使用は，著作権法第35条での「授業の過程」にあたる。

(☆☆☆◎◎◎)

【14】次は，中学校学習指導要領(平成20年3月告示)「第2章　各教科　第5節　音楽　第2　各学年の目標及び内容〔第1学年〕 2　内容　A　表現　(2)」の一部です。(　①　)，(　②　)に入る語句の組み合わせとして正しいものを，あとの1～4の中から1つ選びなさい。

> (2) 器楽の活動を通して，次の事項を指導する。
> イ 楽器の(①)，(②)を身に付けて演奏すること。

	①	②
1	特徴をとらえ	ふさわしい音色や奏法
2	特徴をとらえ	基礎的な奏法
3	特徴を理解し	ふさわしい音色や奏法
4	特徴を理解し	基礎的な奏法

(☆☆☆◎◎◎)

【15】次は，中学校学習指導要領(平成20年3月告示)「第2章 各教科 第5節 音楽 第2 各学年の目標及び内容 〔第1学年〕 2 内容 B 鑑賞 (1)」の一部です。(①)，(②)に入る語句の組み合わせとして正しいものを，下の1～4の中から1つ選びなさい。

> (1) 鑑賞の活動を通して，次の事項を指導する。
> ア 音楽を形づくっている要素や(①)とのかかわりを感じ取って聴き，(②)などして，音楽のよさや美しさを味わうこと。

	①	②
1	構造と曲想	根拠をもって批評する
2	文化・歴史や他の芸術	言葉で説明する
3	構造と曲想	言葉で説明する
4	文化・歴史や他の芸術	根拠をもって批評する

(☆☆☆◎◎◎)

【16】次は，中学校学習指導要領(平成20年3月告示)「第2章 各教科 第5節 音楽 第2 各学年の目標及び内容 〔第2学年及び第3学年〕 1 目標 (1)」の全文です。(①)，(②)に入る語句の組み合わせ

として正しいものを，下の1～4の中から1つ選びなさい。

(1)　(　①　)を体験することを通して，音や音楽への興味・関心を高め，(　②　)，生涯にわたって音楽に親しんでいく態度を育てる。

	①	②
1	多様な音楽表現の豊かさ	音楽に対する感性を豊かにし
2	音楽活動の楽しさ	音楽に対する感性を豊かにし
3	多様な音楽表現の豊かさ	音楽によって生活を明るく豊かなものにし
4	音楽活動の楽しさ	音楽によって生活を明るく豊かなものにし

(☆☆☆◎◎◎)

【17】次は，中学校学習指導要領(平成20年3月告示)「第2章　各教科　第5節　音楽　第2　各学年の目標及び内容〔第2学年及び第3学年〕2　内容　A　表現　(3)」の一部です。(　①　)，(　②　)に入る語句の組み合わせとして正しいものを，下の1～4の中から1つ選びなさい。

(3)　創作の活動を通して，次の事項を指導する。

ア　(　①　)などの特徴を生かし，表現を工夫して(　②　)をつくること。

	①	②
1	言葉の抑揚やリズム	旋律
2	言葉の抑揚やリズム	簡単な旋律
3	言葉や音階	簡単な旋律
4	言葉や音階	旋律

(☆☆☆◎◎◎)

【18】次は，中学校学習指導要領(平成20年3月告示)「第2章　各教科　第5節　音楽　第2　各学年の目標及び内容〔第2学年及び第3学年〕2

内容　A　表現　(4)　イ」の一部です。[　　]に入る語句として正しいものを，下の1～4の中から1つ選びなさい。

> イ　歌唱教材には，次の観点から取り上げたものを含めること。
> (ア)　我が国で長く歌われ親しまれている歌曲のうち，我が国の[　　]を感じ取れるもの又は我が国の文化や日本語のもつ美しさを味わえるもの

1　自然や四季の美しさ　　2　伝統的な音感覚
3　伝統的な声の特徴　　4　自然や風土

(☆☆☆◎◎◎)

【19】次は，中学校学習指導要領(平成20年3月告示)「第2章　各教科　第5節　音楽　第2　各学年の目標及び内容〔第2学年及び第3学年〕2　内容〔共通事項〕(1)」の一部です。(　①　)，(　②　)に入る語句の組み合わせとして正しいものを，下の1～4の中から1つ選びなさい。

> (1)「A表現」及び「B鑑賞」の指導を通して，次の事項を指導する。
> ア　音色，リズム，速度，旋律，テクスチュア，強弱，形式，構成などの音楽を形づくっている要素や(　①　)を知覚し，それらの働きが生み出す特質や(　②　)こと。

	①	②
1	音楽の構造の原理	雰囲気を感受する
2	音楽の構造の原理	音楽の多様性を理解できるようにする
3	要素同士の関連	雰囲気を感受する
4	要素同士の関連	音楽の多様性を理解できるようにする

(☆☆☆◎◎◎)

【20】次は，中学校学習指導要領(平成20年3月告示)「第2章　各教科　第5節　音楽　第3　指導計画の作成と内容の取扱い　1　(4)」の全文で

す。[　　]に入る語句として正しいものを，下の1～4の中から1つ選びなさい。

> (4)　第1章総則の第1の2及び第3章道徳の第1に示す道徳教育の目標に基づき，道徳の時間などとの関連を考慮しながら，第3章道徳の第2に示す内容について，[　　]に応じて適切な指導をすること。

1　音楽科の特質　　　　2　生徒の発達の段階
3　学習活動や学習態度　　4　指導の内容及び時期

(☆☆☆◎◎◎)

【21】次は，中学校学習指導要領(平成20年3月告示)「第2章　各教科　第5節　音楽　第3　指導計画の作成と内容の取扱い　2　(1)」の一部です。(　①　)，(　②　)に入る語句の組み合わせとして正しいものを，下の1～4の中から1つ選びなさい。

> (1)　歌唱の指導については，次のとおり取り扱うこと。
> イ　変声期について気付かせるとともに，変声期の生徒に対しては(　①　)についても配慮し，(　②　)によって歌わせるようにすること。

	①	②
1	心理的な面	適切な声域と声量
2	二次性徴に伴う身体の変化	無理のない声域や声量
3	心理的な面	無理のない声域や声量
4	二次性徴に伴う身体の変化	適切な声域と声量

(☆☆☆◎◎◎)

【22】次は，中学校学習指導要領(平成20年3月告示)「第2章　各教科　第5節　音楽　第3　指導計画の作成と内容の取扱い　2　(2)」の全文です。(　①　)，(　②　)に入る語句の組み合わせとして正しいものを，

下の1～4の中から1つ選びなさい。

> (2) 器楽の指導については，指導上の必要に応じて和楽器，弦楽器，管楽器，打楽器，鍵(けん)盤楽器，電子楽器及び世界の諸民族の楽器を適宜用いること。なお，和楽器の指導については，3学年間を通じて1種類以上の楽器の(　①　)を通して，生徒が(　②　)のよさを味わうことができるよう工夫すること

	①	②
1	表現活動	我が国や郷土の伝統音楽を含む多様な音楽文化
2	体験活動	我が国や郷土の伝統音楽を含む多様な音楽文化
3	表現活動	我が国や郷土の伝統音楽
4	体験活動	我が国や郷土の伝統音楽

(☆☆☆◎◎◎)

【23】次は，中学校学習指導要領(平成20年3月告示)「第2章　各教科　第5節　音楽　第3　指導計画の作成と内容の取扱い　2　(7)」の一部です。[　　]に入る語句として正しいものを，下の1～4の中から1つ選びなさい。

> (7) 各学年の「A表現」及び「B鑑賞」の指導に当たっては，次のとおり取り扱うこと。
>
> イ　適宜，自然音や環境音などについても取り扱い，音環境への関心を高めたり，音や音楽が生活に果たす役割を考えさせたりするなど，生徒が音や音楽と[　　]とのかかわりを実感できるような指導を工夫すること。また，コンピュータや教育機器の活用も工夫すること。

1　地域や学校　　2　生活や社会　　3　他者や社会
4　家庭や地域社会

(☆☆☆◎◎◎)

高等学校

【一次試験】

【1】"I Could Have Danced All Night" が歌われるミュージカル作品を選びなさい。

(1)　オペラ座の怪人

(2)　ウエスト・サイド物語

(3)　マイ・フェア・レディ

(4)　ジーザス・クライスト・スーパースター

(☆☆☆◎◎◎)

【2】芸術歌曲と呼ばれる楽曲のうち，フランス語による歌曲を何というか選びなさい。

(1)　ベルセーズ　(2)　メロディ　(3)　アリア

(4)　ムジーク・ドラマ

(☆☆☆◎◎◎)

【3】スコットランド民謡の「アニー・ローリー」で題名が示しているものを選びなさい。

(1)　女性の名前　(2)　思い出の場所　(3)　人形につけた名前

(4)　由緒ある建造物

(☆☆☆◎◎◎)

【4】モーツァルト作曲のオペラ「魔笛」の登場人物で，「恋人か女房が」を歌う鳥刺し男の役名を選びなさい。

(1)　パミーナ　(2)　タミーノ　(3)　パパゲーノ

(4)　パパゲーナ

(☆☆☆◎◎◎)

【5】吉丸一昌作詞・中田章作曲の「早春賦」の歌詞にないことばを選びなさい。

(1) 胸　(2) 雪　(3) 声　(4) 故郷

(☆☆☆◎◎◎)

【6】次の日本歌曲の曲名と作詞・作曲者の組み合せが正しいものを選びなさい。

(1) シャボン玉 － 石川啄木作詞・中山晋平作曲
(2) かなりや － 西條八十作詞・成田為三作曲
(3) 雨 － 野口雨情作詞・平井康三郎作曲
(4) 鞠と殿様 － 西條八十作詞・越谷達之助作曲

(☆☆☆◎◎◎)

【7】プッチーニ作曲のオペラ「トゥランドット」の中で歌われるアリアを選びなさい。

(1) Vissi d'arte, vissi d'amore　(2) All I Ask Of You
(3) Blowin'In The Wind　(4) Nessun dorma!

(☆☆☆◎◎◎)

【8】次の(ア)～(エ)は北原白秋作詞・山田耕筰作曲の「待ちぼうけ」の歌詞の一部です。曲中で歌われる順に並べたものを選びなさい。

(ア) うさぎぶつかれ　(イ) ころり転げた
(ウ) うさぎ待ち待ち　(エ) 今日はほおづえ

(1) (ウ)→(エ)→(ア)→(イ)　(2) (ア)→(イ)→(エ)→(ウ)
(3) (イ)→(ア)→(エ)→(ウ)　(4) (エ)→(イ)→(ア)→(ウ)

(☆☆☆◎◎◎)

【9】篠笛に関する説明として正しいものを選びなさい。

(1) 祭囃子や神楽，民謡，歌舞伎の音楽などで用いられる。
(2) 真竹の根元から七つ節を含むように切り取って作る，およそ一尺八寸の縦笛である。

(3)　古くは木製の横笛で，19世紀中頃から金属で作られるようになった。

(4)　雅楽で用いられる竜笛をルーツにもち，能や長唄で使われる竹製の横笛である。

(☆☆☆◎◎◎)

【10】箏に関する説明として誤っているものを選びなさい。

(1)　生田流は角爪を使う。

(2)　掻き手(掻き爪)という奏法がある。

(3)　本調子，二上り，三下りの3種類の調弦が主に使われる。

(4)　ツン，テン，コロリンシャンなどの唱歌を用いる。

(☆☆☆◎◎◎)

【11】2006年ユネスコの「無形文化遺産の保護に関する条約」が発効し，日本からも「人類の無形文化遺産の代表的な一覧表」に記載されたものがあります。2016年に記載された無形文化遺産を選びなさい。

(1)　アイヌの古式舞踊　　(2)　宮古島のパーントゥ

(3)　人形浄瑠璃文楽　　(4)　秩父祭の屋台行事と神楽

(☆☆☆◎◎◎)

【12】黒御簾音楽について，用語と説明の組み合わせが正しいものを選びなさい。

(1)　雪合方　－　三味線と虫笛で演奏される秋の情景を描いた音楽。

(2)　ドンタッポ　－　主役に大勢が打ちかかる大立ち回りに用いられる音楽。

(3)　忍び三重　－　「ヒュードロドロ」でよく知られる，笛と太鼓による幽霊が出る場面に用いる音楽。

(4)　天ツツ　－　静けさの中で緊張感のある場面に用いられる，

ヒグラシの鳴き声を模した音楽。

(☆☆☆◎◎◎)

【13】次の民族音楽と地域・民族の組み合わせが誤っているものを選びなさい。

(1) タンゴ ― アルゼンチン

(2) ホーミー ― モンゴル

(3) カタジュジャク ― イヌイット

(4) パンソリ ― ポリネシア

(☆☆☆◎◎◎)

【14】次の楽器のうち，インドが発祥でないものを選びなさい。

(1) ダルシマー (2) タブラー (3) シタール

(4) タンブーラー

(☆☆☆◎◎◎)

【15】次の楽器のうち，弦楽器でないものを選びなさい。

(1) アルフー (2) ウード (3) サンポーニャ

(4) ピーパー

(☆☆☆◎◎◎)

【16】ギターで次のコードを弾く際，どちらもセーハを使わなければ演奏できないコードの組み合わせを選びなさい。ただし，チューニングは通常のものとします。

(1) F ― Em (2) G ― Am (3) B ― G_7

(4) Csus4 ― Gm_7

(☆☆☆◎◎◎)

【17】ギターの演奏をする際，第3弦の2フレットを押さえたときに出る実音についての説明として正しいものを選びなさい。ただし，チューニ

ングは通常のものとします。

(1)　ドイツ音名で表すとEである。

(2)　ハ長調の平行調の主音である。

(3)　日本音名で表すとトである。

(4)　ハ短調の平行調の下属音である。

(☆☆☆◎◎◎)

【18】バリトン・サクソフォンで記譜音「ファ♯」を吹いたときに出る実音は，ドイツ音名で表すと次のうちどれか選びなさい。

(1)　A　　(2)　Dis　　(3)　H　　(4)　E

(☆☆☆◎◎◎)

【19】次の楽器の中でリード楽器でないものを選びなさい。

(1)　オーボエ　　(2)　ディジェリドゥ　　(3)　プーンギー

(4)　笙

(☆☆☆◎◎◎)

【20】イタリア語で「Piatti」という楽器を選びなさい。

(1)　Timpani　　(2)　Xylophone　　(3)　Cymbals　　(4)　Bass drum

(☆☆☆◎◎◎)

【21】リコーダーに関する語句でないものを選びなさい。

(1)　タンギング　　(2)　サミング　　(3)　ジャーマン式

(4)　フィンガーボード

(☆☆☆◎◎◎)

【22】歌唱法の一つで，歌詞の1音節にいくつもの音を対応させながら引き伸ばして歌うことを何というか選びなさい。

(1)　メリスマ　　(2)　オルガヌム　　(3)　コラール

(4)　ヴォカリーズ

(☆☆☆◎◎◎)

【23】次の声楽曲のうち，ルネサンス時代の世俗音楽として位置づけられているものを選びなさい。

(1)　オラトリオ　　(2)　ミサ　　(3)　レクイエム

(4)　マドリガル

(☆☆☆◎◎◎)

【24】バロック時代に活躍した作曲家を，生誕順に正しく並べたものを選びなさい。

(1)　ヴィヴァルディ　→　J.S.バッハ　→　モンテヴェルディ　→　コレッリ

(2)　コレッリ　→　ヴィヴァルディ　→　ヘンデル　→　モンテヴェルディ

(3)　モンテヴェルディ　→　コレッリ　→　ヴィヴァルディ　→　J.S.バッハ

(4)　モンテヴェルディ　→　ヴィヴァルディ　→　コレッリ　→　ヘンデル

(☆☆☆◎◎◎)

【25】作曲家フランツ・ヨーゼフ・ハイドンについての説明として誤っているものを選びなさい。

(1)　ソナタ形式を確立させた作曲家の一人である。

(2)　約30年間にわたりハプスブルク家に仕えた。

(3)　交響曲を100曲以上作った。

(4)　生涯二度にわたってロンドンを訪問している。

(☆☆☆◎◎◎)

【26】振り子式メトロノームが発明された時期は次のうちどれか選びなさい。

(1)　18世紀初頭　　(2)　17世紀終わり　　(3)　20世紀初頭

(4)　19世紀初頭

(☆☆☆◎◎◎)

【27】旧ソ連の社会主義体制の中で，外国に亡命することなく，交響曲を15曲残した作曲家を選びなさい。

(1)　ショスタコーヴィチ　　(2)　ラフマニノフ

(3)　プロコフィエフ　　(4)　ストラヴィンスキー

(☆☆☆◎◎◎)

【28】次の作曲者を，生誕順に正しく並べたものを選びなさい。

(1)　滝廉太郎　→　山田耕筰　→　武満徹　→　中田喜直

(2)　滝廉太郎　→　山田耕筰　→　中田喜直　→　武満徹

(3)　山田耕筰　→　滝廉太郎　→　中田喜直　→　武満徹

(4)　山田耕筰　→　滝廉太郎　→　武満徹　→　中田喜直

(☆☆☆◎◎◎)

【29】次の舞曲のうち，拍子が他と異なるものを選びなさい。

(1)　ジーグ　(2)　ポロネーズ　(3)　メヌエット

(4)　サラバンド

(☆☆☆◎◎◎)

【30】次の作品のうち，調性が他と異なるものを選びなさい。ただし，調性は第1楽章の冒頭とします。

(1)　クラリネット五重奏曲(W.A.モーツァルト作曲)

(2)　ピアノ五重奏曲「ます」(F.シューベルト作曲)

(3)　弦楽四重奏曲第12番「アメリカ」(A.ドヴォルジャーク作曲)

(4)　ヴァイオリン・ソナタ第9番「クロイツェル」(L.v.ベートーヴェン作曲)

(☆☆☆◎◎◎)

【31】ブルースについて書かれた次の文の中の(　　)にあてはまる数を選びなさい。

ブルースは，スリー・コードによる(　　)小節単位のコード進行で構成される。

(1)　16　　(2)　8　　(3)　4　　(4)　12

(☆☆☆◎◎◎)

【32】次の解説文は，どの作品について書かれたものか選びなさい。

冒頭はフルートによる16分音符と3連符を効果的に組み合わせた主題から始まる。

(1)　ボレロ(M.ラヴェル作曲)
(2)　牧神の午後への前奏曲(C.ドビュッシー作曲)
(3)　フルートとハープのための協奏曲(W.A.モーツァルト作曲)
(4)　ラプソディ・イン・ブルー(G.ガーシュイン作曲)

(☆☆☆◎◎◎)

【33】音楽のテクスチュアを表す語句とその具体例の組み合わせとして誤っているものを選びなさい。

(1)　ポリフォニー　－　グレゴリオ聖歌
(2)　インターロッキング　－　ケチャ
(3)　ヘテロフォニー　－　雅楽
(4)　モノフォニー　－　声明

(☆☆☆◎◎◎)

【34】1960年代に登場した，極めて短い単純な音型を執拗に繰り返す音楽を何というか選びなさい。

(1)　ミニマル・ミュージック　　(2)　ミュジック・コンクレート
(3)　ミュジック・セリエル　　(4)　トーン・クラスター

(☆☆☆◎◎◎)

【35】第3倍音がAのときの第7倍音は次のうちどれか選びなさい。

(1)　E　　(2)　B　　(3)　D　　(4)　C

(☆☆☆◎◎◎)

【36】4分の3拍子の曲を「♩＝60」の速さで演奏すると5分30秒かかりました。この曲は何小節か，正しいものを選びなさい。

(1)　100小節　　(2)　110小節　　(3)　200小節　　(4)　330小節

(☆☆☆◎◎◎)

【37】ロ短調を属調の同主調に転調したとき，その調の下属音を構成音に持たない調はどれか選びなさい。ただし，短調は和声短音階とします。

(1)　嬰ハ短調　　(2)　ハ短調　　(3)　嬰ト短調　　(4)　ハ長調

(☆☆☆◎◎◎)

【38】高等学校学習指導要領(平成21年3月告示)の「第2章　各学科に共通する各教科　第7節　芸術　第2款　各科目　第3　音楽Ⅲ　2　内容」に示された指導事項として誤っているものを選びなさい。

(1)　音楽の構造上の特徴と美しさとのかかわりを理解して鑑賞すること。

(2)　様々な様式や演奏形態の特徴を理解し，表現意図をもって個性豊かに音楽をつくること。

(3)　曲想を楽曲の背景とかかわらせて理解し，イメージをもって演奏すること。

(4)　音楽と他の芸術や文化とのかかわりを理解して鑑賞すること。

(☆☆☆◎◎◎)

【39】高等学校学習指導要領(平成21年3月告示)の「第3章　主として専門学科において開設される各教科　第11節　音楽　第2款　各科目　第8　鑑賞研究　2　内容」に示されているものを選びなさい。

(1)　いろいろな形態のアンサンブル　　(2)　我が国の音楽史

(3)　作品・作曲家に関する研究　　(4)　楽典，楽曲の形式など

(☆☆☆◎◎◎)

【二次試験】

【1】次はジュゼッペ・ジョルダーニ作曲の「カーロ・ミオ・ベン」と，フランツ・シューベルト作曲，ヴォルフガング・ゲーテ作詞の「野ばら」の歌詞です。この歌詞の大意をそれぞれ書きなさい。

Caro mio ben, credimi almen, senza di te languisce il cor.
Il tuo fedel sospira ognor. Cessa, crudel, tanto rigor!

Sah ein Knab ein Röslein stehn, Röslein auf der Heiden,
War so jung und morgenschön, Lief er schnell, es nah zu sehn.
Sah's mit vielen Freuden. Röslein, Röslein, Röslein rot,
Röslein auf der Heiden.

(☆☆☆◎◎◎)

【2】「カンツォーネ」と「シャンソン」について説明し，それぞれの代表曲を2曲ずつ書きなさい。

(☆☆☆◎◎◎)

【3】「カンカラ三線」について，歴史的背景を踏まえて説明しなさい。

(☆☆☆◎◎◎)

【4】次の用語について説明しなさい。

問1　サンバ

問2　トーキング・ドラム

(☆☆☆◎◎◎)

【5】生徒40人をいくつかのグループに分けて，「星に願いを」を用いた器楽アンサンブルの授業を行います。生徒が扱う楽器を示した上で，授業の学習内容を書きなさい。ただし，2単位時間扱いで指導し，導入・展開・まとめの流れに沿うものとします。なお，1単位時間は50分とします。

(☆☆☆◎◎◎)

【6】次のドラム譜の(ア)～(エ)の音符を演奏する楽器名と，その演奏方法を書きなさい。

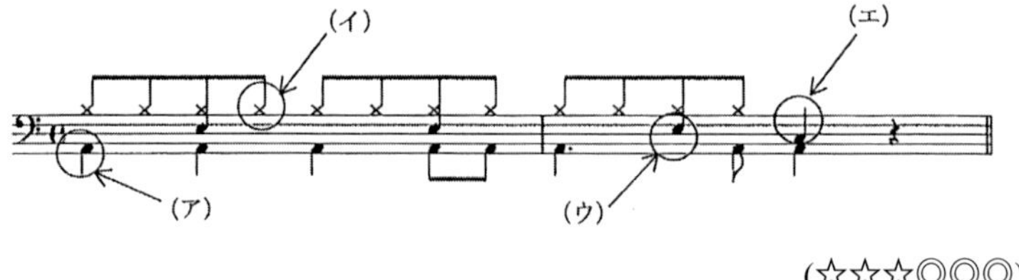

(☆☆☆◎◎◎)

【7】次の用語について説明しなさい。ただし，問2の説明の中には必ず代表的な作曲家とその作曲家の楽曲名を入れなさい。

問1　グレゴリオ聖歌

問2　標題音楽

(☆☆☆◎◎◎)

【8】鑑賞の授業で，ある楽曲をとりあげ，生徒が興味をもつように紹介します。次の4つの観点のうち3つ以上を含めたこの楽曲の紹介文を書きなさい。ただし，扱う楽曲は古典派のものとし，楽曲名と作曲家名を記入しなさい。

・自分とこの楽曲との出合いと，そのときの心情

・音楽のしくみの特徴，演奏の特徴など

・曲のなりたちやエピソード

・自分の心に残った理由および聴き所

(☆☆☆◎◎◎)

【9】次の「メリーさんのひつじ」の冒頭4小節の旋律を用いて，変奏曲を創作する授業を行います。下の例を参考にして，生徒に示す変奏曲の楽譜を2つ作成し，それぞれにタイトルと速度記号や発想記号をつけなさい。なお，調性を変更しても差しつかえありません。

「メリーさんのひつじ」

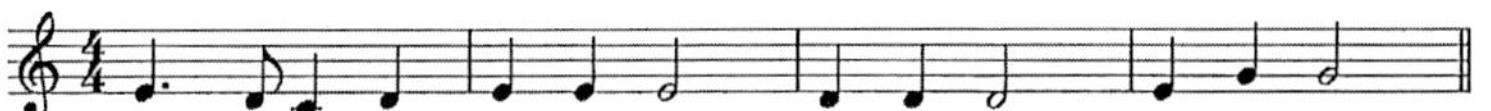

例　タイトル　「飛び跳ねるひつじ」

Scherzando

(☆☆☆◎◎◎)

【10】次の「エーデルワイス」の旋律を用いて，7人のアンサンブルによるハンドベルの演奏の授業を行います。あとの使用できる音にしたがって，楽譜に和声をつけ，生徒に演奏させる楽譜を作成しなさい。

使用できる音(異名同音も可)

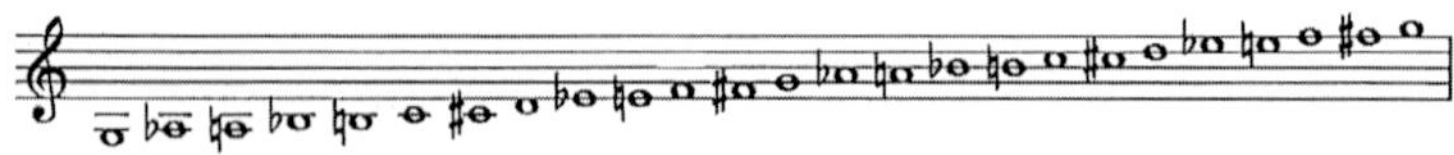

(☆☆☆◎◎◎)

解答・解説

中学校

【1】(1)　2　　(2)　1　　(3)　2

〈解説〉(1)　1は「悲しそうに」，3はテンポやリズムに微妙な変化をつけて，ニュアンス豊かに奏すること，4は「同じ速さで」という意味である。　(2)　2は「気品のある」，3は「荒々しい」，4は牧歌曲という意味である。　(3)　「テクスチュア」は共通事項の音楽を形づくっている要素の中に入っている。旋律と和声などの組合せなどを指す。

【2】(1)　1　　(2)　3　　(3)　4　　(4)　1

〈解説〉(1)　変ホ長調の下属調は変イ長調，その平行調がヘ短調である。　(2)　増三和音は根音の上に長3度の音を2つ重ねた和音，3のアルト記号の音のみ「ト・ロ・嬰ニ」の増三和音である。　(3)　旋律短音階は自然短音階の第6音，第7音を半音高めたもの。♯の付いた音が第7音なのでd mollと分かるが，♭の付いた音は♮でなければならない。ミスプリントまたは，和声短音階の構成音の誤りと思われる。　(4)　ホ長調の主和音(E・G♯・B)の上にさらに根音から7度上の音を積み重ねた「七の和音」である。

【3】2

〈解説〉gavotte(ガヴォット)は17世紀のフランスの舞曲，4拍子系，しばしば古典組曲の中に用いられた。

【4】4

〈解説〉長3度上に移調するときに留意すべきこととして，2小節の2番目の♯(A♯)はダブルシャープになること，3小節目の4～6拍目の各音について丁寧に1音ずつの音程を確認することがあげられる。

【5】3

〈解説〉♯系の記号を順に調べると，ロ音のみに付いていないので，Fis dur，あるいは平行調のdis mollと見当をつけ，旋律の流れが長調か短調かを調べるとよい。

【6】(1)　3　　(2)　4　　(3)　2　　(4)　4

〈解説〉(1)　楽曲は歌唱共通教材の「浜辺の歌」である。なお，作詞者は林古溪である。　(2)　「かぜのおとよ」はこの曲のクライマックスの部分である。歌唱共通教材は頻出なので，楽譜はきちんと学習すること。　(3)　この曲はa－a′－b－a′の二部形式である。　(4)　曲の冒頭ではソソドレミレドレラドと歌い，相対的な音程感覚を養うようにしたい。

【7】(1)　1　　(2)　2　　(3)　1

〈解説〉歌唱共通教材の一つである「花」(武島羽衣作詞，滝廉太郎作曲)からの出題である。　(1)　出題された音楽記号はすべて学習指導要領に示されているものである。頻出なので，他の記号も含めてきちんとおさえておくこと。なお，𝄐は延長記号で適当な長さに伸ばすことを意味する。　(2)　「げに」は本当に，「いっこくも(一刻も)」は一時さえも，「せんきんの(千金の)」は価値がある，という意味である。
(3)　この曲のテンポは$\frac{2}{4}$拍子で♩＝60である。

【8】(1)　1　　(2)　3　　(3)　2

〈解説〉(1)　出題の楽譜は歌舞伎「勧進帳」の長唄で，山伏に変装して北陸を目指す義経一行が，安宅の関へ着く様子を歌ったもの。「勧進帳」を読み上げた後の問答や弁慶による舞が見せ場になっている。

(2)　産字は日本の音曲で，一音節を長く延ばして唄う場合の延ばす母音の部分のこと。「し」を「しいー」と延ばした時の「いー」の類を指す。　(3)　我が国の伝統的な歌唱や和楽器の指導について，学習指導要領によると「言葉と音楽との関係，姿勢や身体の使い方についても配慮する」と示されている。

【9】(1)　4　　(2)　2　　(3)　3　　(4)　4　　(5)　3

〈解説〉(1)　本調子は三味線のもっとも基本的な調弦法で，一の糸と二の糸との音程が完全4度，二の糸と三の糸とは完全5度で絶対音高は決まっていない。　(2)　人差し指はⅠ，くすり指はⅢ，小指はⅣである。

(3)　三味線用楽譜である文化譜で，0は勘所を押さえない音を指す。調弦を見るとシ，ミ，シになっているので，一の糸はシとなる。

(4)　ウのスクイバチは，バチの先で糸の下から上へすくい上げるように弾く。エのハジキはバチを使わず左指で弦を打って音を出すことである。　(5)　原則として，「合方」は三味線を主とした器楽だけの間奏部分の曲のことを指す。

【10】(1)　ア　1　　イ　4　　(2)　ウ　2　　エ　3

〈解説〉(1)　中学校の授業では主にアルトリコーダーを演奏するため，出題もアルトリコーダーに絞っている自治体も多いが，埼玉県ではソプラノリコーダーの出題実績があるため，両リコーダーの奏法を学習しておくこと。アはソプラノリコーダーの運指で2点ホ音，イはアルトリコーダーの運指で2点ハ音である。　(2)　ウはE，エはAmのコードである。

【11】3

〈解説〉生徒A～Dが作った2小節の五線楽譜は次の通りである。Cは民謡音階(ミソラシレミ)を効果的に使って，明るくのんびりした前奏に…と述べているが，民謡音階が不完全で城下町の雰囲気も表現できていないと評価できる。

【12】(1) 2　(2) 1　(3) 4　(4) 2　(5) 4　(6) 1　(7) 2

〈解説〉(1) ベートーヴェン(独・1770～1827年)の交響曲第5番ハ短調に関連する設問である。ベートーヴェンが活躍した18世紀後半は，ドイツの民衆的オペラ「ジングシュピール〈歌芝居〉」が発展した。ただし，ベートーヴェンはそのようなオペラを作曲していない。なお，1のライトモティーフ(示導動機)はヴァーグナー(独・1896～1967)の楽劇が有名である。3のコンチェルト・グロッソ(合奏協奏曲)はバロック時代のコレッリ(伊・1653～1713)やヴィヴァルディ，ヘンデル，バッハが有名である。4のモノディーは，16世紀のリュートで伴奏される単声の歌曲である。　(2) 第5交響曲の冒頭の旋律では「運命の動機」とよく言われ，この曲の中でも数多く使われている。　(3) ヴィオラはフランスの弦楽器である。　(4) 2の観阿弥・世阿弥の時代はもっと古く，室町時代(14～15世紀)である。　(5) ソナタ形式の設問，「交響曲第5番　ハ短調」の提示部の第二主題は，下属調の平行調の「Es dur」になっている。　(6)　第二主題の導入部分を演奏しているのは「ホルン」であり，明るく，しかも運命の動機と同じリズムで響きわたる。　(7)　第1楽章を生徒が聴いて具体的にまとめる課題では，①音楽を形づくっている要素を「知覚」し，②それらの働きを「感受」して，③「価値や解釈」を十分に理解する視点で評価したいものである。

【13】(1)　4　　(2)　3　　(3)　4

〈解説〉(1)　ムソルグスキー(露・1839～81年)のピアノ組曲「展覧会の絵」は，後にラヴェルがオーケストラ編曲し有名になった。プロムナードの冒頭の旋律は「トランペット」で演奏される。　(2)　3の「巣鶴鈴慕(そうかくれいぼ)」は尺八だけで演奏するように作曲された「古典本曲」である。「鶴の巣籠(つるのすごもり)」と呼ばれることもあり，鶴の誕生，養育，巣立ち，死の流れが描かれている。　(3)　著作権法第35条の適用対象としては，学校の教育計画に基づくものと考えられており，教科研究会やPTAサークル活動は該当しないと考えられる。

【14】2

〈解説〉本指導内容について学習指導要領解説では「第1学年では，学校や生徒の実態に即しながら，必要に応じて様々な種類の楽器を用いることで，楽器の音を音楽の素材としてとらえ，その楽器の音でしか表せない表現を体験させることによって，音楽表現の豊かさや美しさに気付かせる」としている。

【15】3

〈解説〉なお，ここで示されている音楽を形づくっている要素として，学習指導要領解説では「音色，リズム，速度，旋律，テクスチュア，強弱，形式，構成」をあげている。本内容も頻出なので学習でおさえておくとよい。

【16】4

〈解説〉学習指導要領関連の問題で教科目標，学年目標は最頻出なので，文言だけでなく，その意味も学習指導要領解説などで確認しておくこと。なお，学年目標は各学年3つずつあり，(1)は音や音楽への興味・関心，生活とのかかわりなどの情意面に関する目標，(2)は表現に関する目標，(3)は鑑賞に関する目標，である。

【17】4

〈解説〉第1学年では「言葉や音階などの特徴を感じ取り，表現を工夫して簡単な旋律をつくること」となっており，第2学年及び第3学年との差異について，学習指導要領解説では「第1学年の学習を踏まえ，言葉や音階などの特徴を理解し，自己のイメージや音楽を形づくっている要素とかかわらせながら，それらを生かして旋律をつくっていく」としている。

【18】1

〈解説〉これらを受けて学習指導要領では歌唱共通教材として，「赤とんぼ」「荒城の月」「早春賦」「夏の思い出」「花」「花の街」「浜辺の歌」を示している。これらは最頻出の作品なので，曲の読譜はもちろん，作成背景や作詞者・作曲者のプロフィール，他の代表曲など十分に学習しておこう。

【19】3

〈解説〉【15】と関連付けて学習するとよい。学習指導要領解説によると，共通事項は第1学年でも示されているが，第2～3学年では，第1学年の内容を「知覚し感受することの一層の深化を図ることが大切」としている。

【20】1

〈解説〉学習指導要領総則(平成27年一部改正)によると，道徳教育は「特別の教科である道徳を要として学校の教育活動全体を通じて行うものであり，道徳科はもとより，各教科，総合的な学習の時間及び特別活動のそれぞれの特質に応じて，生徒の発達の段階を考慮して，適切な指導を行わなければならない」としている。音楽に関する感性や音楽による豊かな情操は道徳教育と関連すると位置付けていることに着目すること。

【21】1

〈解説〉変声期における心理面に関する指導について，学習指導要領解説では「変声は健全な成長の一過程であり，誰もが体験することであるということに気付かせて，変声に伴う不安や羞恥心をもつことがないよう配慮するとともに，声にはそれぞれの個性があること，自分の声に自信をもって表現することを大切にするような指導の工夫が望まれる」としている。

【22】3

〈解説〉世界の諸民族の楽器を学習することは，国際社会に生きる人間の一人として，世界の諸文化を理解することの一つとして捉えられている。それらを踏まえ，我が国の伝統の一つである和楽器への学習と理解の深化をはかることで，我が国や郷土の伝統音楽のよさを味わうことにつながると位置付けている。

【23】2

〈解説〉音楽科で環境音を学習することの意義について，学習指導要領解説では「自然音や環境音，さらには，音環境への関心を高めることは，人間にとっての音や音楽の存在意義について考えたり，生活や社会におけるよりよい音環境を希求する意識をもったりすることへとつながっていく」としている。人間が周囲にある音から音楽を発展させてきた経緯を踏まえ，音や音楽と社会生活の関連を学習することに意味を見いだしている箇所ともいえよう。

高等学校

【一次試験】

【1】(3)

〈解説〉“I Could Have Danced All Night” はフレデリック・ロウ作曲で，日本では「踊りあかそう」というタイトルである。マイ・フェア・レディは1956年に初演されたミュージカルで，ロングランを記録し，1963年にはオードリー・ヘプバーン主演で映画化された。

【2】(2)

〈解説〉歌曲はsong(英)，chant(仏)などが一般的であり，リート(Lied)はドイツのピアノ伴奏を有する歌曲を指す。シャンソンやカンツォーネが通俗歌曲を指すようになっているためか，フランスでは芸術歌曲をメロディ(melodie)と呼ぶようになったとのこと。

【3】(1)

〈解説〉「アニー・ローリー」はウィリアム・ダグラスの詩を基にしたスコットランド民謡だが，旋律が魅力的であり，鉄道の発着音楽などにも使用されている。「アニー・ローリー」はマクスウェルトン家の娘で17～18世紀に実在した人物である。

【4】(3)

〈解説〉モーツァルトの2幕のオペラ(ジングシュール)，「魔笛」の第1幕で活躍するのが，鳥刺し男の「パパゲーノ」である。なお，パパゲーナは女性である。

【5】(4)

〈解説〉中学校の歌唱共通教材「早春賦」はよく知られている名曲。「声」は1番，「雪」は2番，「胸」は3番で出る。

【6】(2)

〈解説〉成田為三作曲は「浜辺の歌」が有名であるため，あまり知られていない。「かなりや」は大正9年「赤い鳥」童謡レコードとして発売された。なお，(1)は野口雨情作詞，(3)は北原白秋作詞，弘田龍太郎作曲，(4)は中山晋平作曲が正しい。

【7】(4)

〈解説〉オペラ「トゥランドット」はプッチーニの未完のオペラで，アルファーノが完成させた。第3幕でカラフの歌うアリア「Nessun dorma!(誰も寝てはならぬ)」は最も有名である。

【8】(3)

〈解説〉「待ちぼうけ」は中国の説話が由来といわれる。木の根っこにつまずいて首の骨を折って死んだウサギを拾った農夫は，思わぬごちそうにありつけた。そこで，翌日からウサギが木の根っこにつまずかないかと毎日待っていたところ，農作業がおろそかになり畑がすっかり荒れ果ててしまったといった内容である。

【9】(1)

〈解説〉篠笛は獅子舞・里神楽などの民俗芸能や歌舞伎囃子に用いられ，指孔は7孔が標準，基音の高低により長短12本の種類があり，一本調子は最も低く，順次十二律に対応する。なお，(2)は尺八，(3)はフルート，(4)は能管に関する説明である。

【10】(3)

〈解説〉本調子，二上り，三下りの3種類は三味線の調弦法である。なお，箏などの多くの和楽器では，絶対音高は決まっていない。

【11】(4)

〈解説〉注意したいのは，(4)は2016年に記載された「山，鉾，屋台行事」

の一つであり，「山，鉾，屋台行事」は33の行事などで構成されていることである。なお，(1)は2009年，(3)は2008年記載。(2)は「来訪神：仮面・仮装の神々」の一つとして，2016年に申請されたが先送りされ，再審議となった。

【12】(2)

〈解説〉黒御簾音楽は歌舞伎などの劇場において，簾(すだれ)でさえぎり，見物人から見えないように効果音などを演出する。

【13】(4)

〈解説〉パンソリは朝鮮の民俗芸能で，唱劇と書く語り物。演者が1人で歌・台詞・振りを交えながら太鼓の伴奏で長編の物語を演唱する。

【14】(1)

〈解説〉ダルシマーの起源は中近東。台形の箱に弦を張りバチ又はハンマーで音を出す。ツインバロムやサントゥールが同型の楽器といわれる。

【15】(3)

〈解説〉「サンポーニャ」は南米の笛の一種，つまり管楽器に該当する。アルフーは中国の二胡，ウードはアラビアの複弦楽器，ピーパーは中国の琵琶である。

【16】(4)

〈解説〉セーハとはギターでコードを引く際に，人差し指など1本で数本の弦をおさえる奏法を指す。Csus4はコード(C・F・G)を出すために，高音のFとCを1本の指でおさえる必要がある。また，Gm7もコード(G・B♭・D・F)を弾くため，高音からG・D・B♭・Fの4弦をおさえる必要がある。

【17】(2)

〈解説〉ギターの調弦は高音の第1弦からE・B・G・D・A・Eである。第3弦の2フレットをおさえると半音＋半音でA音が出る。なお，ギターの実音は記譜よりも1オクターブ低いことも知っておきたい。

【18】(1)

〈解説〉バリトン・サクソフォンは，E♭管の移調楽器である。記譜音でドを奏すると「ミ♭」の音が出る。「ファ♯」を奏するとミ♭の増4度上の音，つまり「A」の実音が出る。

【19】(2)

〈解説〉ディジェリドゥはオーストラリア先住民(アボリジニ)の金管楽器で，白アリに食われて中が空洞となった丸太を，吹いて鳴らすもの。なお，(3)のプーンギーはインドのいわゆる蛇使いの笛であり，ビーン，マグティーとも呼ぶ。

【20】(3)

〈解説〉「Piatti」はイタリア語でシンバルを指す。なお，(1)はイタリア語でティンパニのこと，(2)はシロフォンのこと，(4)はバスドラムのことである。

【21】(4)

〈解説〉リコーダーに関する語句でないのは「フィンガーボード」で，「指板」のこと。弦楽器ギターなどのネック部分の表面の板のこと。

【22】(1)

〈解説〉メリスマは，1音節に対して多数の音符があてられる表情ゆたかな装飾的声楽様式のことである。1音節(シラブル)に対し，1音符があてられるものをシラブル型という。

【23】(4)

〈解説〉世俗的な多声の歌曲で，14世紀と16世紀の2度にわたりイタリアで栄えた。16世紀にはイギリスなどへも広まったルネサンス期の代表的ジャンルの1つである。マドリガーレともいう。なお，(1)は17世紀，(2)は14世紀だがミサ(曲)は宗教音楽の一つである。(3)のレクイエムも14世紀といわれているが，レクイエムは一般的に「鎮魂歌」と呼ばれる。

【24】(3)

〈解説〉モンテヴェルディ(伊・1567～1643年)はマドリガーレ及びオペラの作品を残した。コレッリ(伊・1653～1713年)はコンチェルト・グロッソ(合奏協奏曲)，トリオ・ソナタの形式の完成者として知られる。ヴィヴァルディ(伊・1678～1741年)はヴァイオリン協奏曲，和声と創への試みから「四季」など，リトルネロ形式に貢献した。J.S.バッハ(独・1685～1750年)は中世以来発展し続けた多声音楽の完成者で，ベートーヴェンがバッハを評して「和声の父」と言ったが，今や「音楽の父」と評せられている。

【25】(2)

〈解説〉ハイドンが楽長の地位につくなど永年にわたり仕えたのは，エステルハージ家である。ハプスブルグ家に縁のある音楽科としてはグルックやサリエリ等があげられる。

【26】(4)

〈解説〉メトロノームは1812年にオランダのヴィンケルが発明し，1816年にドイツのメルツェルが改良して現在の形のものになった。ベートーヴェンとチェルニーがはじめて用いた。M.M.はMälzel's metronome (英)の略である。

【27】(1)

〈解説〉ショスタコーヴィチ(露・1906～75年)は，交響曲第5番が代表作の1つに数えられる音楽家である。共産党から批判を受けたが，つねにソ連音楽をリードした。著名な曲として，オラトリオ「森の歌」があげられる。

【28】(2)

〈解説〉滝廉太郎は1879年，山田耕筰は1886年，中田喜直は1923年，武満徹は1930年生まれである。

【29】(1)

〈解説〉ジーグはバロック時代の「踊る，跳ね回る」の意味の急速な複合3拍子，つまり8分の6拍子，4分の6拍子の舞曲であり，古典舞曲ではいくつかの舞曲を組み合わせた最後におかれる。なお，ポロネーズ，メヌエット，サラバンドは3拍子であり，舞曲には3拍子の曲が多いという特徴がある。

【30】(3)

〈解説〉ドヴォルジャークの弦楽四重奏曲「アメリカ」はヘ長調であり，他の3曲はイ長調である。アメリカ滞在中の作品であり，黒人霊歌風の旋律が使用されているなど，弦楽器に多いイ長調やニ長調などを避けたことも考えられる。

【31】(4)

〈解説〉ブルース・コードはⅠ，Ⅳ，Ⅴの主要和音で形成され，例えばⅠ－Ⅰ－Ⅰ－Ⅰ－Ⅳ－Ⅳ－Ⅰ－Ⅰ－Ⅴ－Ⅴ－Ⅰ－Ⅰの12小節のコード進で構成される。

【32】(2)

〈解説〉曲の冒頭の印象から，ドビュッシー(仏・1862～1918年)作曲の

「牧神の午後への前奏曲」である。フランス象徴派の詩人の影響を受けて，印象主義音楽を開拓した近代音楽の方向性を示した作品である。

【33】(1)

〈解説〉ポリフォニーは「多声音楽」を意味するもので，複数の声部が独立性を保持しつつ動向する。グレゴリオ聖歌は単旋律聖歌(プレインチャント)であり，記譜はネウマ譜であった。

【34】(1)

〈解説〉ミニマル・ミュージックは，音の細かい変化に着目する音楽でインド音楽の周期的リズム，アフリカ音楽のドラムなど小さなフレーズの反復を素材に用いているアメリカの音楽。代表的作曲家は，スティーブ・ライヒ，フィリップ・グラス，テリー・ライリーなど。

【35】(4)

〈解説〉倍音は〈は音〉を基音とすると次のようになる。したがって，第3倍音がA音の場合，第7倍は長2度上のC音である。

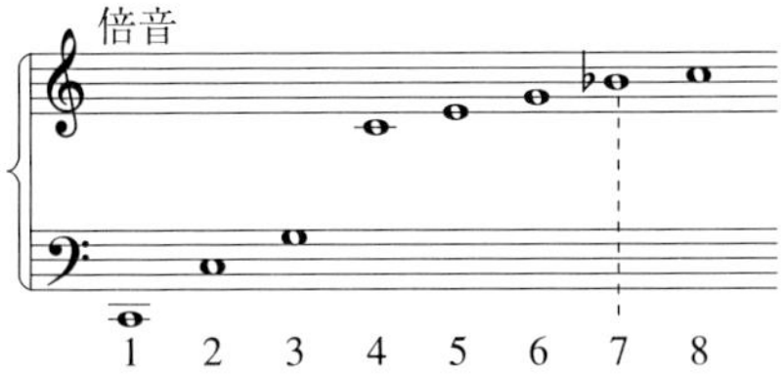

【36】(2)

〈解説〉♩＝60の速さで5分30秒(330秒)かかった，$\frac{3}{4}$拍子のため，$\frac{330}{3}=$ 110〔小節〕である。

【37】(1)

〈解説〉ロ短調の属調は嬰ヘ短調，その同主調は嬰ヘ長調である。嬰ヘ長調の下属音は「ロ音」であり，このロ音が音階に含まれない音階が答えとなる。(1)の嬰ハ短調は第7音の導音が嬰ロ音であり(和声和音階に留意)，ロ音は含まれない。

【38】(3)

〈解説〉(3)は「音楽Ⅱ」の器楽のアの指導である。

【39】(3)

〈解説〉高等学校の「主として専門学科において開設される各教科」の〈音楽の科目編成〉の第8「鑑賞研究」の内容に示されているものは，「作品・作曲家に関する研究」「地域や文化的背景に関する研究」「音楽とメディアとのかかわり」「音楽批評」の4つである。

【二次試験】

【1】「カーロ・ミオ・ベン」

いとしき私の恋人よ，せめて私を信じてください，
あなたなしでは私の心はしおれてしまいます。
あなたに真心捧げる男はいつも嘆き悲しんでいます，
やめてください，むごい人よ，こんな冷たい仕打ちは！
「野ばら」
少年が一輪の小さなばらが咲いているのを見つけた，荒れ野の小さなばら，
咲いたばかりで　朝のようにすがすがしく　美しかったので，
少年は，それを近くで見ようと急いで走り寄り，大喜びで眺めた。
小さなばら　小さなばら，赤い小さなばら，荒れ野の小さなばら。

〈解説〉どちらも高等学校の教科書で取り上げられる曲なので，十分な学習が必要である。「カーロ・ミオ・ベン」はジョルダーニ(伊・1743～98)の作曲したイタリア古典を代表する作品で，作詞者は不明である。「野ばら」はゲーテ(独・1749～1832年)が作った詩に，シューベルトが曲をつけ，歌曲に仕上げたものである。

【2】カンツォーネ：説明…イタリアのポピュラーソング，大らかに明るく歌うのが特徴。　代表曲…オー・ソレ・ミーオ，サンタ・ルチア
シャンソン：説明…フランスのポピュラーソング，歌詞を重視した語るような歌い方が特徴。　代表曲…枯葉，愛の讃歌
〈解説〉カンツォーネは1960年に「サン・レモ音楽祭」などにより世界に普及した。代表曲としては解答のほか「帰れソレントへ」,「海に来たれ」があげられる。シャンソンは現代フランスの大衆歌を指し，語るような歌い方が特徴的である。代表曲としては解答のほか「マイ・ウエイ」「さくらんぼの実るころ」等があげられる。

【3】第二次世界大戦後の物資が乏しい時代，缶詰の空き缶やパラシュートの紐などを利用して作られた三線の代用楽器。戦後の沖縄の文化の一つとして伝承され，現在でも多くの人々に愛用されている。
〈解説〉三線は沖縄・奄美を代表する弦楽器のこと。通常は胴に蛇皮を利用するが，カンカラ三線では空き缶などを代用する。「カンカラ」が空き缶などを指すことを知れば，歴史的背景もおよそ見当がつくだろう。最近では高校生の沖縄修学旅行で三線に触れ，学校に戻ってから三線の代りに作成・利用している例もある。

【4】問1　サンバはブラジルの民族舞踊・音楽。19世紀後半にリオ・デ・ジャネイロの黒人労働者の間で生まれたとされ，アフリカ由来の舞踊音楽とヨーロッパの舞踊音楽の混交がみられる。サンバの特徴である2拍子の軽快なリズムは，複数の打楽器のアンサンブルにより生み出される。20世紀初頭にリオのカーニヴァルでパフォーマンスが行われるようになり，多様に発展した。カーニヴァルではエスコーラ・ジ・サンバというグループを組み，音楽と舞踊をコンクール形式で競い合う。　問2　サハラ以南のアフリカで重要な楽器である太鼓の音によって，言葉のメッセージを伝えるのがトーキングドラム(話し太鼓)である。太鼓奏者は言葉の高低や音節の長短・強弱を太鼓で模倣しながら打つ。すべての言葉を太鼓の音へ置き換えるわけではなく，実

際にはメッセージに対応した太鼓のパターンがあり，太鼓奏者たちはその組み合わせを数多く記憶し，特定の集団の中で伝承してきた。

〈解説〉問1　サンバはブラジルのポピュラー音楽を代表する。ひと言でいえば「2拍子の音楽」で，複数の打楽器が刻むポリリズムと独特のシンコペーションの躍動感に特徴がある。　問2　トーキング・ドラムはガーナなどアフリカの太鼓で，かつてその音により通信手段としても使われた。さまざまなタイプのものがあり，西アフリカのものは両面の皮の間に多数の紐がわたされ，脇に挟んで締めることにより，音高を自由に調整しながら打った。ダマ，グンデなど種族によってさまざまな名で呼ばれる。

【5】扱う楽器…ハンドベル，ギター，キーボード

●学習の内容(1時間目)

導入…全体を13～14人ずつのA・B・Cの3グループにわける。

展開…Aにハンドベルのメロディ譜，Bにギターのタブ譜，Cにキーボードの伴奏譜を配布する。A・B・Cそれぞれの楽器ごとにグループ練習をさせる。

まとめ…ワークシートを使って，進み具合の振り返り，次への課題をまとめさせる。

●学習の内容(2時間目)

導入…前時の復習としてグループ練習をさせる。

展開…3種類の楽器がほぼ同数集まるように13～14人ずつグループを組み替える。アンサンブルの練習をさせる。

まとめ…どのような点に注意したのか，どのようなことを工夫したのか，発表させてからアンサンブルの発表をさせる。

〈解説〉曲目「星に願いを」は，1940年製作ディズニーのアニメーション映画「ピノキオ」の主題歌である。解答ではハンドベルが使われているが，「星に願いを」は西欧ではクリスマスソングとして歌われることから，賛美歌などで使われるハンドベルの使用が適切と判断したものと思われる。

【6】(楽器名：演奏方法の順)　(ア)　バスドラム：右足でペダルを踏んで演奏する。　(イ)　ハイハットシンバル：左足でペダルを踏む。ペダルはつま先で踏むとよい。スティックを用いる。8ビートを演奏する際は右手で叩くことが多い。　(ウ)　スネアドラム：スティックを用いる。8ビートを演奏する際は左手で叩くことが多い。

(エ)　フロアタム：スティックを用いる。右側に設置することが多いので右手で叩くことが多い。

〈解説〉なお，ドラム・セットの場合にはさらに多種のクラッシュシンバル，ライトシンバルなどが用いられる。また，リズム伴奏にのせた舞曲のリズム例は以下の通りである。

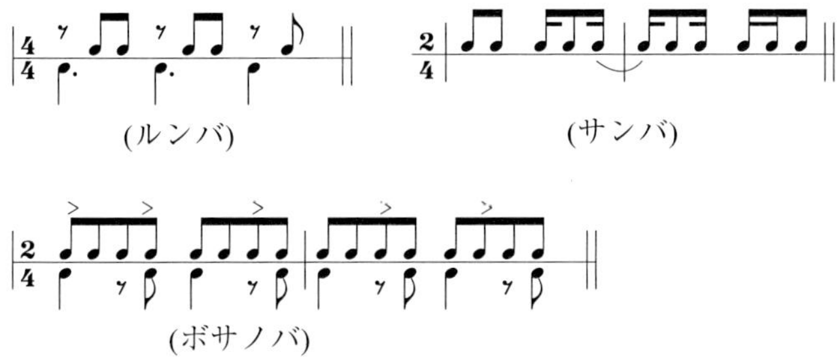

【7】問1　中世にローマ・カトリック教会で礼拝用の聖歌として歌われた。歌詞はラテン語で，無伴奏で斉唱された。楽譜はネウマ譜と呼ばれる譜で書かれている。　問2　ロマン派時代，文学などの影響が器楽曲にも及び，文学的内容や絵画的情景描写の要素を持つ音楽が発展した。それを標題音楽と呼ぶ。交響詩は主にこの標題音楽であり，リスト作曲交響詩「前奏曲」はこれにあたる。標題音楽という用語はF.リストが作った。標題を持たない音楽を「絶対音楽」と呼ぶ。

〈解説〉問1　グレゴリアン・チャントとも呼ばれる。ローマ・カトリック教会の典礼で用いられた中世のラテン語の単旋律聖歌。かつて，グレゴリウス1世の編纂と伝承されたためこのように呼ばれた。

問2　標題音楽は19世紀のロマン派音楽で隆盛した文学的内容・絵画的描写などの観念や表象と直接結びついた音楽で，ベートーヴェン(田園交響曲)，ベルリオーズ(幻想交響曲)，リスト(交響詩「前奏曲」)などが作曲している。これに対し，純粋に音の構築物として作曲された音楽(概念として)を絶対音楽と言う。

【8】楽曲名…レクイエム　ニ短調　K.626　　作曲家名…W.A.モーツァルト　　紹介文…この曲との出合いは高校生の頃，映画「アマデウス」を見たときです。「黒服のサリエリが作曲を依頼し，モーツァルトを死に追いやった」という架空のエピソードを非常にドラマティックに描いていて，病床のモーツァルトがうわごとのように歌うメロディをサリエリが書き写す，レクイエム作曲シーンは誰しもがレクイエムを聴きたくなるでしょう。その後，合唱団でオーケストラと一緒に歌う機会があり，難しく，でも美しすぎるメロディを必死に練習した覚えがあります。「レクイエム」とは死者のためのミサ曲で数多くの作曲家が作っていますが，その中でもっとも演奏されることが多い傑作がモーツァルトのものです。編成はオーケストラと独唱および混声四部合唱です。フルートやオーボエなどの明るい音が出る楽器が使用されていません。全14曲からなりますが，8曲目の「ラクリモサ(涙の日)」が特に有名です。弦楽器とオルガンによって終始繰り返される音型に，ホモフォニーの混声四部合唱が展開され，最後はアーメンで終わります。そして作曲の途中でモーツァルトは亡くなり，弟子により補作されたそうです。そう思って聞くと，この美しい旋律が一層心に迫ってきます。

〈解説〉紹介文で自身の体験を具体的に示すと，より親近感がわき，生徒の興味を引くことが多い。多少の誇張は効果を増大させるが，度が過ぎるとかえって現実離れしてしまうことに注意したい。本問では古典派について出題されているが，ロマン派などについても準備をしておくとよいだろう。

【9】●タイトル…「落ち込んだひつじ」

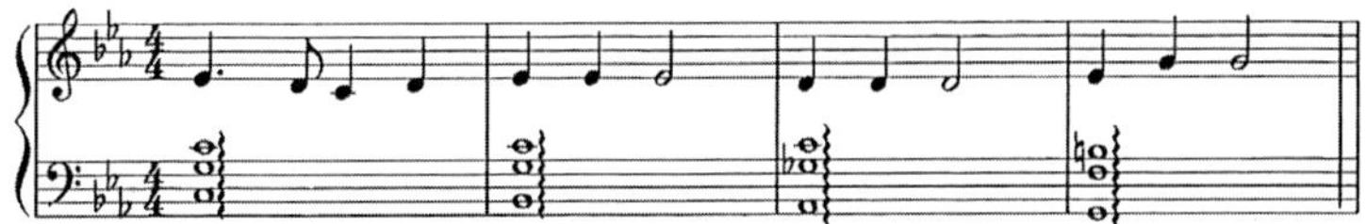

●タイトル…「上機嫌なひつじ」

〈解説〉解答のように，タイトルからそのねらいが分かるほうがよいだろう。解答はタイトルや発想記号，伴奏型がユニークである。なお，Lamentosoは「痛ましい，悲しい」，Giocosoは「おどけて，楽しく」であり，問題の例にあるScherzandoは「浮かれた，陽気な」という意味である。

【10】

〈解説〉ハンドベルは楽器として音高の異なる6～100個以上の鐘を用いる。また，1人が1～数個ずつ分担して奏するので，タイミングとチームワークも要求される。解答例のように2小節目の和声をGではなくGm6，4小節目もFではなくFmのコードにしているのが特徴といえよう。

●書籍内容の訂正等について

弊社では教員採用試験対策シリーズ（参考書，過去問，全国まるごと過去問題集），公務員試験対策シリーズ，公立幼稚園・保育士試験対策シリーズ，会社別就職試験対策シリーズについて，正誤表をホームページ（https://www.kyodo-s.jp）に掲載いたします。内容に訂正等，疑問点がございましたら，まずホームページをご確認ください。もし，正誤表に掲載されていない訂正等，疑問点がございましたら，下記項目をご記入の上，以下の送付先までお送りいただくようお願いいたします。

① **書籍名，都道府県（学校）名，年度**
（例：教員採用試験過去問シリーズ　小学校教諭 過去問　2025 年度版）
② **ページ数**（書籍に記載されているページ数をご記入ください。）
③ **訂正等，疑問点**（内容は具体的にご記入ください。）
（例:問題文では“ア～オの中から選べ”とあるが，選択肢はエまでしかない）

〔ご注意〕
○ 電話での質問や相談等につきましては，受付けておりません。ご注意ください。
○ 正誤表の更新は適宜行います。
○ いただいた疑問点につきましては，当社編集制作部で検討の上，正誤表への反映を決定させていただきます（個別回答は，原則行いませんのであしからずご了承ください）。

●情報提供のお願い

協同教育研究会では，これから教員採用試験を受験される方々に，より正確な問題を，より多くご提供できるよう情報の収集を行っております。つきましては，教員採用試験に関する次の項目の情報を，以下の送付先までお送りいただけますと幸いでございます。お送りいただきました方には謝礼を差し上げます。
（情報量があまりに少ない場合は，謝礼をご用意できかねる場合があります）。
◆あなたの受験された面接試験，論作文試験の実施方法や質問内容
◆教員採用試験の受験体験記

送付先
○電子メール：edit@kyodo-s.jp
○FAX：03-3233-1233（協同出版株式会社　編集制作部 行）
○郵送：〒101-0054　東京都千代田区神田錦町2-5
協同出版株式会社　編集制作部 行
○HP:https://kyodo-s.jp/provision（右記のQRコードからもアクセスできます）

※謝礼をお送りする関係から，いずれの方法でお送りいただく際にも，「お名前」「ご住所」は，必ず明記いただきますよう，よろしくお願い申し上げます。

教員採用試験「過去問」シリーズ

埼玉県・さいたま市の
音楽科 過去問

編　集　　© 協同教育研究会
発　行　　令和6年1月25日
発行者　　小貫　輝雄
発行所　　協同出版株式会社
〒101-0054　東京都千代田区神田錦町2 - 5
電話　03－3295－1341
振替　東京00190－4－94061
印刷所　　協同出版・POD工場

落丁・乱丁はお取り替えいたします。